Ruth Mitschka

Sich auseinander setzen – miteinander reden

Ein Lern-und Übungsbuch zur professionellen Gesprächsführung

Illustrationen:
Klaus Pitter

VERITAS

Die Deutsche Bibliothek - CIP-Einheitsaufnahme

Mitschka, Ruth:
Sich auseinander setzen - miteinander reden : ein Lern- und Übungsbuch zur professionellen Gesprächsführung für LehrerInnen, SozialarbeiterInnen und BeraterInnen / Ruth Mitschka. - Linz :
Veritas, 2000
ISBN 978-3-7058-5564-9

4. Auflage (2008)
Gedruckt in Österreich auf umweltfreundlich hergestelltem Papier
Lektorat: Anna Jungreithmayr, Linz
Herstellung: Martin Grasl, Feldkirchen; Germana Kolmhofer, Hartkirchen
Umschlaggestaltung: Germana Kolmhofer, Hartkirchen
Illustrationen: Klaus Pitter, Wien
Satz und Repro: druck- und werbeagentur tanczos KEG, linz/leonding
Druck und Bindung: LVDM Landesverlag-Denkmayr, Linz

ISBN 978-3-7058-5564-9

Vorwort

Die Leidenschaft für die Beschäftigung mit der Sprache habe ich von meiner Mutter. Als geschiedene Alleinerzieherin besserte sie ihr Lehrerinnengehalt mit schriftstellerischer Tätigkeit auf. Ihre heimliche Liebe gehörte der Lyrik. Ihre Mitmenschen schätzten ihre Gabe lebendig und humorvoll zu erzählen, Situationen und Personen treffend, oft durch „spitze“ Bemerkungen zu beschreiben.

Durch die Alzheimer-Krankheit hat sie völlig ihre Fähigkeit verloren, sich sprachlich auszudrücken. Wir beide bemerken schmerzlich, welchen Verlust das bedeutet.

Meine Mutter entstammt einer großen Familie. Am intensivsten erlebte ich diese an den Sommersonntagen meiner Kindheit, wenn sich gut zehn Erwachsene und etwa 15 Kinder im Garten der Großeltern versammelten. Die Erwachsenen saßen unter riesigen Obstbäumen im Schatten und tratschten. Auch wir Kinder begleiteten unsere Spiele mit viel Reden. Kein Wunder, dass aus diesen Kindern später Wirtschaftsfachleute, PsychologInnen, Ärztinnen, Lehrerinnen, ein Schauspieler und Medienfachleute wurden. Am Wort sein, jemand anderem im Wort bleiben waren hohe Werte.

Ich erfuhr das miteinander Sprechen als Instrument der Bestätigung, als ein Zeichen von Harmonie und Verbundenheit. In der Ursprungsfamilie trainierte ich: **miteinander reden.**

Doch etwas fehlte.

Ich lernte meinen Mann kennen, für den Harmonie etwas Verdächtiges und Streit etwas Lustvolles bedeutete. Ich ergriff – nicht immer mit Freuden – diese zweite Lernchance. Allmählich verlor ich die Angst, dass **Sich-auseinander-Setzen** gleichbedeutend mit Trennung (für ewig) ist.

Zwei weitere Lehrmeister, unsere Kinder, schulten mich so, dass ich während deren Pubertät endlich „maturierte“ in der Erkenntnis: Distanz gewinnen, streiten und Unterschiede schätzen gehören untrennbar zum Miteinander-Reden dazu.

Eifrig wandte ich diese Erkenntnisse als Lehrerin und Beraterin an. Mittlerweile gebe ich das erworbene Wissen weiter. Und ich lerne immer noch: Zum Beispiel von und gemeinsam mit meiner sprachlosen Mutter. Ich lerne, was Interaktion ermöglicht. Staunend und dankbar registriere ich, wie sie zufrieden oder gar glücklich nickt und lächelt, wenn sie sich von mir verstanden fühlt. Wie ich das mache, wenn sie nichts sagt oder (für mich) bloß sinnlose Silben aneinander reiht? Ich achte auf ihre Mimik, ich höre den Ton. Daraus erschließe ich, was sie bewegt. Und dieses Gefühl fasse ich in Worte: „Das ist mühsam für dich!“ „Irgendwas ärgert dich fürchterlich.“ „Das freut dich.“ „Das macht dir Sorgen, gelt?“ Ich habe keine Ahnung, was „DAS“ ist. Jedesmal stelle ich staunend fest, dass das „DAS“ völlig unwichtig ist für das Gelingen unserer Interaktion. Dank der Krankheit meiner Mutter bin ich zum Kern vorgedrungen: Miteinander reden, einander wirklich verstehen bedeutet: zum Ausdruck bringen, dass ich die Gefühle meines Gegenübers wahr-nehme.

Vielleicht können Sie sich, liebe Leserin, lieber Leser, durch die Lektüre des vorliegenden Buches den einen oder anderen mühsamen oder schmerzhaften Umweg, den ich gegangen bin, ersparen.

Inhalt

Einleitung

„Gibt es das auch als Buch?“ So fragen die StudentInnen und andere lernwillige Personen, die meine Veranstaltungen zur Gesprächsführung besuchen. Irgendwann reifte der Gedanke, mein Skriptum zu jenem eingeforderten Buch umzugestalten.
Oft und oft verfluchte ich mich, wenn ich an heißen Sommertagen vor dem Computer schwitzte. Mein Über-Ich verbot mir, einmal Begonnenes einfach liegen zu lassen.
Zudem ergab sich die Schwierigkeit, dass ich für all die verschiedenen Berufsgruppen schreiben wollte, mit denen ich am Thema Gesprächsführung arbeitete: für StudentInnen verschiedener Fachrichtungen, für „einfache“ LehrerInnen und solche, die beratend tätig sind, für TheologInnen, SozialarbeiterInnen und TherapeutInnen. Und alle sollten auch noch für ihr Privatleben profitieren. Wie konnte ich diesen Spagat schaffen? Mein Mann meinte lapidar: „Na, machst halt mehrere Bücher draus!“ Ich sah mich schon weitere Sommer opfern. „Nein!“
In den Lehr- und Fortbildungsveranstaltungen widme ich mich folgenden Fragen: Wie können Menschen in unterschiedlichsten Situationen und beruflichen Zusammenhängen dazu beitragen, einander besser zu verstehen? Welche Grundkenntnisse und -fähigkeiten brauchen Menschen, die nicht bloß organisieren, informieren und verwalten wollen? Wie können Menschen sich selbstständig vertreten? Wie können sie andere verstehen lernen, die das unzulänglich tun? Und wie kann das Verstehen erhalten bleiben, selbst wenn die GesprächspartnerInnen Ärgernisse oder Verletzungen verursacht haben?
Dieses Buch wurde also mit dem Anspruch geschrieben, Lebenshilfe und Unterstützung – besonders für Menschen in sogenannten Helferberufen – zu sein.
Für egomanische SelbstdarstellerInnen und Menschen, die nur Worte absondern oder andere manipulieren wollen, ist dieses Buch absolut ungeeignet.

Was das Buch bietet

In diesem Buch geht es um das Verstehen. Nicht um oberflächliche, sprachliche Verständlichkeit, sondern um das Erfassen dessen, worum es sprechenden Menschen wirklich geht.
Dabei dreht sich alles um die Basiskompetenzen, die unabhängig von der jeweiligen Gesprächssituation (privat und beruflich) vonnöten sind. Was brauchen LehrerInnen gleichermaßen wie SozialarbeiterInnen, was sollten BeraterInnen ebenso wie Eltern für ihre Gespräche beachten?
Der Ausgangspunkt ist in jedem Kapitel derselbe: Jemand hat ein Anliegen. Auch die Grundfrage ist jeweils ident: **Wie kann das Verstehen gefördert werden?**
Der Ordnung halber werden nacheinander verschiedene Schwerpunkte gewählt.

- Wie kann die Senderin selbst ihr Anliegen verständlich vorbringen?
- Wie kann der Zuhörer durch das Verstehen seinen Gesprächspartner unterstützen?
- Welches Verstehen brauchen Streitende?
- Wie kann ich jemanden, der mich verärgert (wütend gemacht, verletzt ...) hat, trotzdem weiterhin verstehen?
- Wie können komplexe Sachverhalte in schwierigen Situationen (Desinteresse, Feindschaft, Konkurrenz usw.) verständlich transportiert werden?

Walk the Talk

„Klick!“ Auf dieses vorher vereinbarte Wort hin öffnet die Frau ihre Augen. Erstaunt betrachtet sie den Blumentopf am Fenstersims. Dann überlässt sie sich wieder „blind“ (vertrauend) ihrem Partner, der sie durch den Seminarraum führt. Sie macht ungewohnte Erfahrungen bei dieser Übung, die „Vertrauensspaziergang“ heißt. Sie überlässt sich der Verantwortung einer anderen Person, die einen Weg auswählt. Und sie genießt die Augen-Blicke, die ihr ungewohnte Eindrücke ermöglichen.
Haben Sie, lieber Leser, liebe Leserin, Lust, sich nun auf ein ähnliches Abenteuer einzulassen? Dann lade ich Sie ein zu einem Erkundungsausflug auf einen Berg namens Gesprächsführung. Am Gipfel erwartet uns eine prächtige Aussicht.
Während unserer Ausflugsfahrt werden wir immer wieder Halt machen, an wichtigen Stellen verweilen, uns die Umgebung genauer anschauen. Doch vieles können Sie nur im Vorbeiflitzen aus den Augenwinkeln wahrnehmen und manches nur kurz, etwa für einen Fotostopp („Klick!“), betrachten und aufnehmen.
Fünf große Wandergebiete werden wir anfahren: Fünf Arten von Gesprächen werden Kapitel für Kapitel vorgestellt. In jedem Kapitel finden Sie nach einer Einleitung und einer Warnung vor Wirkungen und Nebenwirkungen Grundlagenwissen (Teil A) und im Teil B methodisches Know-how sowie Übungen und Bei-

spiele. Der Schwierigkeitsgrad und die Komplexität steigern sich von 1 zu 5.
Dieses Buch bietet keine umfassende Auseinandersetzung (dafür gibt es Verweise auf weiterführende Literatur). Um im Bild zu bleiben: Diese Fahrt kann Ihnen nur einen ersten Eindruck geben, Sie selbst müssen sich auf den Weg machen, müssen wandern und Höhen erklimmen. Kondition und Fitness für das Gespräche-Führen werden Sie nur durchs Tun bekommen.
Der Taoismus liefert ein geeignetes Bild für die Verknüpfung von Lernen und Lehren, von Selber-Tun und Davon-Reden. Denn TAO bedeutet Weg. Und zwar gleichermaßen den Weg weisen = Weg gehen = begangener Weg = Straße = LehrerIn.
„Walk the talk", sagen die Briten.

Worte verkaufen

Sprechen bestimmt unser Leben. Nicht einmal wenn wir schlafen, schweigen wir immer. Pro Sekunde äußern wir in flüssiger Rede 2–3 Wörter, also etwa 15 Laute. Sprechen ist ein komplizierter Vorgang: Zuerst ist die gedankliche Vertretung, der Begriff, da. Sekundenbruchteile später formulieren wir die dazugehörige Lautgestalt, das Klanggebilde.
5.000 Wörter brauchen wir, um uns im Alltag aktiv verständlich zu machen. Unser passiver Wortschatz jedoch geht weit darüber hinaus. Schon im Alter von 6 Jahren verstehen wir etwa 24.000 Wörter. Allerdings drängt es uns viel weniger zu verstehen, als verstanden zu werden.
Das bekam ich deutlich zu spüren, als ich vom Hals-Nasen-Ohren-Spezialisten einen Monat absolutes Sprechverbot aufgebrummt bekam. Ich fand in mir oft eine geballte Ladung an Gefühlen, die ich nicht loswerden konnte. Die einfachsten Situationen wurden zu spannungsgeladenen Abläufen. Ich fühlte mich unverstanden, dem verständigen Reagieren anderer ausgeliefert. Meine extreme Erfahrung ermöglichte mir, Wut, Ungeduld und Ohnmachtsgefühle von Menschen zu verstehen, die nicht über die Macht der Sprache verfügen.
Die soziale Bindekraft von Wörtern ist gewaltig. Was Wunder, wenn sich die ExpertInnen der Sozialberufe in besonderem Maße der Sprache bedienen. Schon AUGUSTINUS hat Lehrer als „Wortverkäufer" bezeichnet.

Natürlich verfügen wir auch über andere Ausdrucksmittel. Doch obwohl – oder weil? – wir über unendlich viele Zeichen und Codes verfügen, beherrscht uns allzu oft das Gefühl: Ich werde nicht verstanden.
Wir versuchen es stets aufs Neue, wir führen Gespräche. Die Politik, das Wetter, Organisationsprobleme sind vorrangige Themen:
„Ich komme heute um ...“
„Was soll ich kochen?“
„Wir haben kein Klopapier mehr!“
„Dieser Nebel ist schrecklich!“
„In der Zeitung steht, ...“

Die Gesprächsformen im Überblick

Wir Erwachsene produzieren Sprechblasen, leiden an Logorrhöe (= „Sprechdurchfall“) beim verwaltenden Sprechen, beim Reden über Sachthemen. Wenn es jedoch um Verständigung geht, fehlen uns die Worte, dann haben wir Sprechschwindsucht.
Worin besteht der Unterschied? Jürgen HABERMAS unterscheidet erfolgsorientierte und verständigungsorientierte Gespräche. In den erfolgsorientierten Gesprächen steht ein sachliches Ziel im Vordergrund, bei den verständigungsorientierten Gesprächen geht es um die Beziehung zwischen SenderInnen und EmpfängerInnen. Ich unterscheide fünf Arten, professionell Gespräche zu führen:
die Selbstdarstellung
das Beratungsgespräch
die Vermittlung oder Mediation
das Konfliktgespräch
die Verhandlung
Jede Gesprächsart baut auf der vorigen auf. Die ersten vier sind vorwiegend verständigungsorientiert, Nummer 5 ist am stärksten erfolgsorientiert. Doch auch einer sachlich geführten Verhandlung ist ohne Verständigungsorientierung kein Erfolg beschieden. Daher ist es wichtig, das Verstehen zu üben. Wenn eine Verständigungsbrücke gebaut ist, kann über schwierige Sachthemen verhandelt werden.
Das Lernen und Üben erfolgt am besten Schritt für Schritt: Wer 1 kann, lernt am besten 2, ehe er/sie sich den schwierigen Gesprächsformen 3, 4 oder 5 widmet. Was Sie brauchen, um eine Gesprächsart zu beherrschen, brauchen Sie ebenso für die nächstschwierigere. Aber diese fordert noch eine zusätzliche Fähigkeit.

Im Brennpunkt ist immer jemand/etwas anderes:

1. Zur **Selbstdarstellung** zähle ich alle Gelegenheiten, bei denen ich mich in den Mittelpunkt stelle: ich vertrete mich, sage meine Meinung, stelle mich vor, nehme Stellung, äußere einen Wunsch.
   Im Brennpunkt: ich selbst.

2. Die **Beratung**: Ich konzentriere mich auf eine/n andere/n. Es sind damit auch Alltagsgespräche gemeint, in denen ich hellhörig auf mein Gegenüber reagiere. Mein Interesse ist darauf gerichtet, jemand anderem Zeit zu widmen und ihn/sie zu unterstützen. Diese Unterstützung kann (im professionellen Zusammenhang) erbeten sein oder ich biete sie an.
   Im Brennpunkt: der/die andere.

3. **Mediation**: Oft werden wir stumme Zeugen von Konflikten oder gezielt in Streitereien hineingezogen, die andere Menschen miteinander haben. Mediation ist die Tätigkeit des Vermittelns. Sie setzt voraus, dass ich mit dem Konflikt nichts zu tun habe und gleiche Distanz bzw. Nähe zu den Beteiligten einnehmen kann, während ich das Verfahren regle.
   Im Brennpunkt: die Streitenden.

4. Das **Konfliktgespräch** führe ich, wenn in mir gar nichts mehr neutral ist, sondern heftiger Ärger im Zusammenhang mit einer oder mehreren Personen entstanden ist. Unterschiedliche Wünsche, Meinungen, Wertvorstellungen usw. prallen entzweiend aufeinander und heftige Energie entlädt sich im Streit.
   Im Brennpunkt: der/die andere/n und ich selbst als Streitende/r.

5. **Verhandlung** ist (im weitesten Sinn) geplantes, erfolgsorientiertes Sprechen. Es findet in beruflichen und privaten Zusammenhängen statt: beim Autokauf, in der pädagogischen Konferenz, bei der gemeinsamen Urlaubsplanung, in der Teambesprechung. Die meisten Alltagssituationen bieten reichlich Gelegenheit dazu. Dabei entdecken wir, dass es hilfreich ist, alles, was wir für die Gesprächsformen 1 bis 4 gelernt haben, anwenden zu können.
   Im Brennpunkt: das Ziel.

Vom Lesen zum Handeln

Sie kennen Ihr Ziel am besten und entscheiden, ob Sie vielleicht nur für einzelne Wegabschnitte Begleitung wünschen. Nach unserer Fahrt obliegt es in jedem Fall Ihnen, die Landschaft intensiver zu erforschen, indem Sie selbst die erforderlichen Schritte tun.

Die für die verschiedenen Gesprächsformen notwendigen Kenntnisse und Fähigkeiten bauen aufeinander auf. Wer sich nicht angemessen selbst darstellen kann, berät nicht gut. Wer ein Konfliktgespräch führen will, muss mehr können als beraten. Und für eine Verhandlung brauchen Sie alle vorher genannten Kompetenzen.

Beim Lesen nicken und etwas bejahen ist eines. Die neu gewonnene Erkenntnis selbst anwenden ist etwas ganz anderes. Lernen ist immer ein Wagnis. Es heißt, bekanntes Terrain zu verlassen, sich auf Neuland zu bewegen und Neues zu probieren. Folgende Abfolge erweist sich dabei als günstig:

1. Jedes Lernen, jede Verhaltensänderung beginnt mit der differenzierten, also genauen Wahrnehmung. Das ist schon der allererste Schritt. Was genau mache ich im Gespräch?
2. Der zweite ist Selbstlob: Was mache ich so, dass ich es unbedingt beibehalten und nicht ändern will?
3. Der dritte Schritt erst heißt eine Mini-Verhaltensweise auszuwählen und zu erproben: Was werde ich künftig anders machen?

Auch ich habe lange geübt. Das, was ich Ihnen heute vermittle, beruht auf Erfahrungen, gewonnen in mehr als 30 Jahren Ehe, Gesprächen mit meinen Kindern, Schwiegerkindern, Enkeln, Jahrzehnten an Beratungstätigkeit und vielen Jahren von Vermittlung und Unterricht darüber. Meine heutigen Fähigkeiten habe ich erworben durch hilfreiche Lektüre und indem ich einfach ausprobiert und Rückmeldungen dazu eingeholt habe.

Wie auch immer Sie sich entscheiden, eines kann ich versprechen: Nach der Lektüre des Buches werden Sie Gespräche nie mehr „unschuldig“ führen! Überlegen Sie also gut, ob Sie einsteigen wollen.

Warnung

Wenn Sie auf Nummer Sicher gehen wollen, klappen Sie das Buch gleich wieder zu. Es wird Sie verleiten, Ihre Gespräche fünf Arten zuzuordnen. Wozu soll das gut sein? Wozu sollten Sie wissen, ob das jetzt Selbstdarstellung oder ein Konfliktgespräch ist? Wo bitte bleibt da die Unbefangenheit? Nach der Lektüre werden Sie sich ständig verunsichert quälen, welcher Schritt der Beratung nun dran sei. Habe ich Nummer drei schon abgehakt?

- Bis in die detaillierte Formulierung wird herumgetüftelt. Das sind doch bloß Wortklaubereien! Wo bleibt da die Natürlichkeit? Und das soll Verbesserung bringen? Verunsicherung bringt das! Da kommen total verwirrende Gefühle hoch statt des ganz normalen Ärgers, wenn das eine oder andere Gespräch halt nicht so läuft, wie man sich's vorstellt. Lieber die alte Leier, das bekannte Lamento statt des künstlich erzeugten Psycho-Sprechquatschs.
- Wozu Gesprächsführung lernen? Dann wird alles so künstlich. Da kriegen Sie bloß Hemmungen und bringen kein Wort mehr ohne Selbstkontrolle heraus. Lieber: Reden wie Ihnen der Schnabel gewachsen ist. Munter drauf los. Wozu diese therapeutischen Methoden? Die töten jegliche Spontaneität. Haben TherapeutInnen ihr Leben etwa besser im Griff? Na eben.
- Und außerdem: Reden ist Silber, Schweigen ist Gold. Wissenschaftlich wollen Sie's? Worüber man nicht reden kann, darüber soll man schweigen (WITTGENSTEIN).
- Zurück zur Natur. Dann ist's eindeutig. Wenn Sie der Zuhörer nicht versteht: Sein Problem! Im Konfliktfall kann man zur Keule greifen und solcherart die Deutlichkeit fördern. Eine Streiterei handgreiflich auszutragen hat noch niemandem geschadet.
- Dieses Herumgerede ist nur Ablenkung. Klartext ist angesagt. Es gibt schon genug Schwätzer. Lernt wieder eure Hände zu benutzen, ihr großkotzigen an Logorrhöe leidenden Klugsch…!

1. Selbstdarstellung

Einleitung

„Åbe, åbe“, johlt die Menge.
Der milde Sonnenschein eines Sommerabends liegt auf den Körpern der Rufenden. Sie sind rechts und links vom Sportbecken aufgefädelt, starr und erwartungsvoll dem Zehnmeter-Turm zugewandt.
Ein Jüngling nach dem anderen stürzt sich in die Tiefe, nur selten ein Mädchen.
„Schleich di auße!“, treibt der Bademeister die Zögerlichen nach vollbrachter Tat aus dem Schwimmbecken.
Es ist ein Spektakel für Jung und Alt.
Die Springer wissen genau, dass sie beobachtet werden. Sie liefern – jeder und jede auf seine, auf ihre Art – eine Show. Die Show mit dem Titel: Wie stelle ich mich am besten dar? Wie mache ich Eindruck?

Nun, Eindruck macht jede, jeder. Aber welchen? Die meisten rudern ziemlich hilflos mit Armen und Beinen, ehe die verdrängten Wassermassen in Fontänen hochzischen.
Ein wichtiger Beweggrund unseres Handelns ist, einen guten Eindruck zu machen.
„Die Pläne, Gedanken, Motivationen und Kompetenzen, die unsere Kommunikationen mit anderen beeinflussen, nennt man auch ‚Eindruckssteuerung‘.“[1] **Eindruckssteuerung** ist nicht gleichbedeutend mit unredlicher Interaktion. „Gemeint ist vielmehr die grundlegende menschliche Neigung, uns ein bestimmtes Bild von unserem Sozialverhalten zu machen, es zu planen und zu regulieren, dass der Eindruck, den wir machen, unserem Bild von uns selbst und anderen entspricht.“[2]
Das Publikum spielt dabei eine wichtige Rolle. Wir passen unsere Selbstdarstellung an jene an, die wir sympathisch finden und mögen, und schärfen den Kontrast zu Menschen, die uns unsympathisch sind. Gleichzeitig sind wir beeinflussbar durch die Reaktionen unserer Mitmenschen. Werden wir in unserer Selbstdarstellung bestärkt, dann sind wir auch zufrieden mit unserem Selbstbild.

Wir tun alles, um unser Bild von uns selbst zu erhalten oder uns mehr Bedeutung zu geben.

Dazu ist es erforderlich, sich ständig von anderen abzugrenzen und zu unterscheiden. Um uns in ein gutes Licht zu rücken, kontrollieren einige von uns ihr Verhalten und dessen Wirkung sehr stark, andere handeln unbefangen und unbedachtsam. Sich an die Situationserfordernisse anzupassen, das eigene Verhalten kritisch einschätzen zu können und gleichzeitig ein in sich geschlossenes Selbstbild zu übermitteln, das ist die Kunst der Eindruckssteuerung.
Selbstdarstellung gelingt nicht losgelöst von anderen, sondern erfordert in hohem Maße soziale Kompetenz.

Warnung

Rücken Sie sich ins rechte Licht. Aber bitte nur Ihre Schokoladenseite. Brillieren Sie mit Ihrem Wissen und Ihren Fähigkeiten. Wenn Sie nichts wissen, reihen Sie sich vorsichtshalber an die letzte Stelle.
Sagen Sie, was Sache ist. Gefühle sind unwichtig. Verstecken Sie bloß, was Sie bewegt! Wer weiß! Besser sich nicht in die Karten schauen lassen. Pokerface, Tarnen und Täuschen, was das Zeug hält. Nur so können Sie das Spiel (des Lebens) gewinnen. Schon SCHNITZLER wusste: Wir spielen alle. Wer es weiß, ist klug. Erfolgreiche Leute haben gelernt, wie man gestenreich nichts preisgibt. Schon gar nicht die Wahrheit über einen selbst.
Smalltalk ist angesagt: Reden Sie übers Wetter, über Nachbars Hund, über den Benzinpreis … Aber sagen Sie bitte ja nicht irgendetwas Persönliches. Man könnte Ihnen daraus den Strick drehen, an dem man Sie aufhängt!
Lassen Sie sich ja nicht festlegen. Lernen Sie die Kunst der doppelten Verneinung. Die versteht sowieso niemand nicht. Keep smiling. Maske aufsetzen! Schon die alten Römer hatten für die Schauspieler verschiedene Masken parat, um die Charaktere darzustellen. „Persona“ nannten sie sie. Unser Wort Person leitet sich davon ab. Also Sie haben sogar eine wissenschaftliche Begründung dafür, dass multiple Persönlichkeiten gefragt sind: eine Maske für jede Gelegenheit!
Von den Jugendlichen können wir lernen: Keep cool. Nur ja keine heißen Gefühle haben, wenigs-

[1] Joseph P. FORGAS: Soziale Interaktion und Kommunikation, S. 162
[2] Joseph P. FORGAS: Soziale Interaktion und Kommunikation, S. 163

tens nicht zeigen. Sonst sitzen Sie schon auf der Verliererbank. Ein nettes „cheeese“ werden Sie sich doch leisten können, wo's doch so billige Jacketkronen im Ausland gibt. Und bitte nicht vergessen: Breiten Sie beim Reden die Arme einladend – sprich: mindestens weltkugelumfassend – aus. Anleihen können Sie sich im Zweifelsfall bei amerikanischen TV-Predigern oder mitteleuropäischen Politikern holen.

Bitte nie die Arme verschränken oder die Beine verkrampft um die Stuhlbeine wickeln. Was dadurch der Psychiater alles auf Ihre Kindheit schließen kann!

Seien Sie Mamas Liebling, der – weil so schrecklich manierlich – gern zu Kaffeekränzchen eingeladen wird. Als Frau halten Sie am besten überhaupt Ihren Mund und hören andächtig zu, fangen also erst beim Kapitel „Beratung“ zu lesen an.

Erlernen Sie auf jeden Fall die Sprachkunst des Bemäntelns und Umschreibens. Sagen Sie nie „Ja“ oder „Nein“ oder gar „Ich“, wenn „vielleicht“, „eigentlich“ und „man“ Ihr Ego dezent verkleinern kann. Irgendwann – spätestens im Jenseits – fahren Sie die Ernte dieser Sprachkunst ein. Sie wissen schon: Denn die Letzten werden die Ersten sein …

A) Grundlagen

Nicht-Verstehen ist der Normalzustand

Aus zwei Teilen besteht das
menschliche Ich:
der eine Teil trachtet danach,
sich selbst zu erkennen,
der andere will von den Menschen
erkannt werden.[1]

Wir sprechen mit anderen und lassen uns dabei von einer völlig falschen Vorannahme leiten: Ich werde verstanden, und wenn ich wirklich will, verstehe ich andere.

„Versteh mich doch!“ Das wünschen wir uns.
„Du verstehst mich überhaupt nicht!“ So klagen wir.
„Wir verstehen einander einfach nicht mehr.“ So erklären wir Trennungen.
„Ich versteh dich nicht.“ Damit wünschen wir uns jemand anderen her.

Reinhard SPRENGER meint:

> Nicht-Verstehen ist der Normalzustand und Verstehen unwahrscheinlich.[2]

Übung

Lassen Sie folgende Sätze aus drei verschiedenen Gesprächen auf sich wirken:
Mutter zu Martin: „Hör endlich auf! Wie oft soll ich dir noch sagen, dass du das nicht tun sollst!“

Ehefrau zum Ehemann: „Du hast mir schon sooo lang keine Blumen mehr geschenkt!“

---

[1] Khalil GIBRAN: Über das Leben, S. 32
[2] Reinhard SPRENGER: Prinzip Selbstverantwortung, S. 120

Lehrerin zu Schülerin oder Sozialarbeiter/Berater zum Klienten: „Meier, das wird noch ein schlechtes Ende mit dir nehmen. Du musst endlich lernen …“

Aufgabe 1

Wie geht's der angesprochenen Person? Wie fühlt sie sich?

Martin hat folgende Empfindungen:

Der Ehemann hat folgende Empfindungen:

Die Schülerin hat folgende Empfindungen:

Der Klient hat folgende Empfindungen:

Aufgabe 2

Martin antwortet: „Aber die Susi sekkiert mich doch!“

Der Ehemann antwortet: „Hast eh so viele Rosen im Garten!“

Die Schülerin Meier antwortet: „So wie Sie das erklären, kennt sich kein Schwein aus. Aber die anderen sind einfach zu feig, Ihnen das zu sagen!“

Der Klient Meier antwortet: „Wie alt sind Sie eigentlich? Sie haben doch keine Ahnung vom wirklichen Leben …“

Wie geht's der Mutter/der Ehefrau/derLehrerin/dem Sozialarbeiter jetzt?

Die Mutter hat folgende Empfindungen:

Die Ehefrau hat folgende Empfindungen:

Die Lehrerin hat folgende Empfindungen:

Der Sozialarbeiter/Berater hat folgende Empfindungen:

Wer fühlt sich verstanden?
Verstehen sie einander?

Jeder glaubt vom anderen, dass die eigene Vorstellung auch die gemeinsame ist. Das Erwachen aus dieser Illusion ist oft sehr schmerzhaft. Vor allem dann, wenn eine vertraute, geliebte Person sich als StörerIn der gedachten Ordnung erweist. Da ist der Computer schon zuverlässiger. Er unterliegt meiner Kontrolle, er ordnet, speichert, erinnert, wie ich das möchte. (Wie groß ist das Entsetzen, wenn sogar dieser Blechtrottel mich im Stich lässt!)
Das Bedürfnis nach Ordnung ist groß. „Ich versteh nicht, warum du dich aufregst! Ich werd dir gleich einen Grund geben, damit du weißt, warum du dich aufregst!“
Verstehen hat in der Umgangssprache verschiedene Bedeutungen:[1]

- Zeichen erkennen: Ich verstehe einen Satz der Fremdsprache, die ich beherrsche.
- Wahrnehmung: Ich verstehe einen Satz, der laut und deutlich ausgesprochen wird, nicht aber einen leise genuschelten.
- Bedürfnisbefriedigung: Die Mutter des Säuglings versteht, was dessen Schreien bedeutet, indem sie das darin laut werdende Bedürfnis erfüllt. „Du verstehst mich nicht“ oder „Wir verstehen einander nicht“ in Beziehungsgesprächen bedeutet meist: „Du erfüllst meine Bedürfnisse nicht …“
- Nähe: „Wir verstehen uns ohne lange Erklärungen …“ Das Verstehen schafft Nähe, Erklären(müssen) schafft Distanz. Das wortlose Verstehen rührt an Heimat- und Geborgenheitsgefühle in den vorsprachlichen Welten der frühen Kindheit.

[1] Vgl. Wolfgang SCHMIDBAUER: „Du verstehst mich nicht!“, S. 217ff.

„Ein Mann – ein Wort, eine Frau – ein Wörterbuch“

Schon früh wachsen die meisten Kinder in unterschiedliche Sprachwelten hinein: Mädchen erlernen die Beziehungssprache, die Sprache der Samariterinnen, die Sprache der Gefühle. Knaben lernen die Sprache der Helden, der Sieger, die Sachsprache. Sprachforscher bezeichnen das als „genderlect“ (von gender & dialect, etwa Geschlechtsdialekt[1]).
Mädchen und Knaben unterscheiden sich wesentlich durch ihr Verhältnis zur ersten (leiblichen) Bezugsperson: die Mädchen erleben Ähnlichkeit, Gemeinsamkeiten, Nähe, aber auch Benachteiligung (z. B. bei der Stilldauer); für die Knaben ist das Trennende, Unterscheidung, Distanz, aber auch Bevorzugtwerden (geschlechts-)identitätsstiftend.
Diese Geschlechtsunterschiede schlagen sich im Sprechverhalten nieder und werden durch Sozialisation oft verstärkt und konserviert (s. dazu auch das Kapitel Streitformen, S. 107).
Männer neigen zu Scherzen, Hänseleien, spielerischen Herabsetzungen, bohren eher nach. Frauen neigen zu Entschuldigungen, schwächen Kritik ab, bedanken sich häufiger, haben einen indirekten selbstkritischen Stil.[2]
Männer sprechen in Diskussionen mehr und distanzierter. Sie unterbrechen ihre GesprächspartnerInnen häufiger, bestimmen eher die Themen. Frauen beziehen sich in ihren Beiträgen mehr auf andere Menschen, äußern Zweifel und Gefühle, lächeln häufiger und rechtfertigen sich mehr. Sie müssen um Redezeiten kämpfen, besonders in Großgruppen.[3]
Weibliche Formen oder der Gebrauch der -Innen-Endung für den Plural ist immer noch ungewohnt und selten. Frauen bezeichnen sich noch immer als „Lehrer“, als „Therapeut“ oder „Berater“ und verzichten dabei auf das ihnen zustehende “-in“.

Sprache spiegelt gesellschaftliche Verhältnisse wider.

Redegewohnheiten

Das Reden tut dem Menschen gut,
besonders, wenn er’s selber tut –
von Angstprodukten abgesehn,
denn so etwas bekommt nicht schön.[4]

Wir sprechen immer weniger. Stattdessen lauschen wir anderen bei Talkshows. Sie vermitteln das angenehm-schaurige Als-ob-Gefühl: Das könnte auch ich sein – zum Glück (leider?) bin ich’s nicht.
EntwicklungspsychologInnen konstatieren bei Kindern einen eklatanten Mangel an physiologischem Sprechvermögen (Stottern, Lispeln, Nuscheln nehmen zu), spätes Sprechenlernen oder geringen Wortschatz, restringierten (= eingeschränkten) Sprachcode. DeutschlehrerInnen beklagen wie ihre KollegInnen in anderen Fächern die Sprechschwindsucht, die sinkende Beherrschung der Kulturtechniken: Sprechen, Lesen, Schreiben.
Wir bevorzugen verwaltendes Sprechen: Wir reden **über etwas** statt von uns. Wir benutzen Sprechblasen und „Plastikwörter“ (nichts sagende Begriffe, Oberbegriffe). Zu Bagatellen fällt uns jede Menge ein. Wir reden über das Wetter, das TV-Programm, eine aufregende Zeitungsnotiz, die neuesten Rezepte oder Fußballergebnisse.

„Wer leicht ‚über etwas‘ reden kann, vermag häufig nur schwer von sich zu sprechen.“[5]

Einer jüdischen Anekdote zufolge sagt Moishe zu Iljuscha: „Meine Alte red’t und red’t und red’t. Ich wird noch meschugge.“ Sagt Iljuscha zu Moishe: „Aber was red’t se denn?“ Sagt Moishe zu Iljuscha: „Was se red’t, das sagt se nicht.“
Viele Gespräche sind Ablenkungsmanöver – von unserem eigenen Inneren. Wie sonst könnte eine Lehrerin mit hochrotem Gesicht und sich überschlagender Stimme so zur Klasse reden: „Wenn wir jetzt vielleicht einmal ruhig sind, dann …“?

---

1 Mehr dazu in: Deborah TANNEN: Du kannst mich einfach nicht verstehen
2 Deborah TANNEN, In: Psychologie heute
3 Charlotte KERNER: Das Fräulein ging den Bach hinab, S. 174
4 Wilhelm BUSCH: Maler Klecksel
5 Michael Lukas MOELLER: Die Wahrheit beginnt zu zweit, S. 17

Nur selten lassen wir die Abwehrstrategien gegen wichtige Gefühle, zum Beispiel unsere Ängste, sein. Aus Fried-höflichkeit („Im Deutschen lügt man, wenn man höflich ist", formulierte GOETHE im Faust 2) wird dann Wein-seligkeit.

Übung

„Die linke Spalte" (nach einer Idee von Chris ARGYRIS)

1. Teilen Sie ein Blatt in zwei Spalten. Notieren Sie in der in der **rechten** Spalte möglichst wörtlich einen kurzen Ausschnitt aus einem Gespräch, an dem Sie selbst beteiligt waren.

2. Finden Sie in einem zweiten Durchgang alle Stellen heraus, wo Sie etwas hinuntergeschluckt haben. Was haben Sie gedacht und empfunden, aber nicht ausgesprochen? Schreiben Sie diese Gedanken und Empfindungen in die **linke Spalte.**

3. Wie viel haben Sie verschwiegen? Um was genau handelt es sich? Was wäre passiert, wenn Sie das gesagt hätten? Was hätte sich dadurch verändert? Und was wäre geschehen, wenn auch Ihr Gesprächspartner seine „linke Spalte" offen gelegt hätte? Was verhindern wir durch das Verbergen?

In der linken Spalte finden sich meist Schubladen. Auf der einen steht drauf: abschätzige Etikettierungen. In der anderen finden wir Gefühle und Wünsche, die wir uns nicht gestatten.

Beispiel

Ich denke und empfinde:	*Ich sage:*
Du Idiot! Wie ich dich verabscheue! usw.	Wie nett dich zu sehen! Wie geht's?

Falls in Ihrem Übungsbeispiel in der linken Spalte auffallend viel steht, ist für Sie dieses Kapitel besonders wichtig.

Mündig werden

Das Kind benutzt die Sprache als Mittel der Wunscherfüllung. PIAGET unterscheidet die egozentrische Sprache des Kleinkindes von der sozialisierten Sprache des Schulkindes. Das Kleinkind erzählt von sich selbst und hat Vergnügen beim Gebrauch der Sprache. Dieses ursprüngliche Vergnügen geht immer mehr verloren, je sachlicher die Sprache eingesetzt wird. Die künstliche a-pathische (gefühllose) Sprache der Erwachsenen wird als erstrebenswert geschult. Das Ansprechen der Gefühle wird mit Verschleierungstaktik (um von wahren Problemen oder mangelndem Agieren abzulenken) gleichgesetzt.
„Du sollst nicht merken" heißt die Botschaft (Alice MILLER). Reinhard SPRENGER hingegen sagt:

> „Wer bei sich selber bleibt, der kommt am weitesten."

Der Bevor-mund-ung entwachsen, münd-ig werden (d. h., von einem Vor-mund unabhängig sein), das ist die Hauptbotschaft der meisten Erziehungsprogramme. Zwei unterschiedliche Worte haben sich im Lauf der Geschichte in ihrer Bedeutung überlagert. Den Mund richtig zu gebrauchen und verantwortlich sein gehören heute zusammen.

Täglich treffe ich zigmal die Entscheidung,
- ob ich den Mund halte,
- ob ich mir den Mund verbrenne,

- ob ich mundfaul bin,
- ob ich auf den Mund gefallen bin,
- ob ich ein gutes Mundwerk habe,
- ob ich eine lose, böse, spitze Zunge habe.

Der Mund ist ein wichtiges Mittel, um die eigene Mündigkeit zu beweisen.

Ohne Worte sagen (Körpersprache I)

Ein Blick sagt mehr als 1000 Worte. Was ist ohne Sprache möglich? Oder anders: Was leistet die Körpersprache?

Stan Laurel rauft sich stumm das Haar und blickt mit weit geöffneten Kulleraugen und herabgezogenen Mundwinkeln auf Ollie. „Dick und Doof", zwei Meister der Pantomime.

Rotes hautenges Kleid, wiegender Gang auf hohen Stöckeln, Haarmähne wird zurückgeworfen.

> *An ihr spricht alles, Auge, Wang' und Lippe,*
> *ja selbst ihr Fuß. Der Geist der Lüsternheit*
> *blickt vor aus jedem Glied und Schritt und Tritt.*[1]

Unser gesamtes Verhalten ist Kommunikation. Wir kommunizieren immer; besonders eindrücklich mit Hilfe unseres Körpers.

Zur Sprache unseres Körpers gehören Mimik, Gestik, Haltung und Bewegung. Die Körpersprache begleitet unsere Worte. Darüber berichtet der Volksmund in treffenden Bildern:[2]

> *Einen über die Schulter ansehen.*
> *Einem unter die Arme greifen.*
> *Einen mit offenen Armen empfangen.*
> *Atemlos zuhören.*
> *Den Atem anhalten.*
> *Aufatmen können.*
> *Der Augenblick.*
> *Ein Auge zudrücken.*
> *Große Augen machen.*
> *Einer murmelt in seinen Bart.*
> *Einem um den Bart gehen.*
> *Auf den Bauch fallen.*
> *Sich vor Lachen den Bauch halten.*
> *Jemandem Beine machen.*
> *Sich die Beine ablaufen.*
> *Ein heißblütiger Mensch.*
> *Einer wirft sich in die Brust.*
> *Einen breiten Buckel haben.*
> *Den Daumen drauf haben.*
> *Der Fingerzeig.*
> *Einer leckt sich alle Finger nach etwas.*
> *Dafür rührt er keinen Finger.*
> *Zwei stehen auf gespanntem Fuße.*
> *Einem läuft die Galle über.*
> *Einem stehen die Haare zu Berge.*
> *Das Wort bleibt ihm im Halse stecken.*
> *Er lebt von der Hand in den Mund.*
> *Er legt die Hände in den Schoß.*
> *Es schnürt einem die Kehle zu.*
> *Es lässt sich nicht übers Knie brechen.*
> *Sich auf die Lippen beißen.*
> *Einer hat sich den Mund verbrannt.*
> *So ließe sich fortfahren von A–Z, vom Achselzucken bis zum Zungenschlag. Alles dies sind Übersetzungen von Körpersprache, Übersetzungen des permanenten Dialogs zwischen Körper und Geist.*

[1] William SHAKESPEARE: Troilus und Cressida
[2] Samy MOLCHO: Körpersprache im Beruf, S. 25

Wir senden ständig Signale

Alles, was wir denken und fühlen, wird vom Körper übersetzt. Und umgekehrt beeinflusst der Körper unser Erleben. „Reiß dich zusammen!" Wer dieser rüden Aufforderung Folge leistet, hat – ob er will oder nicht – danach ein anderes (Körper-)Gefühl als vorher, als alles an ihm ohne Muskelspannung traurig herabhing.
Aggressiv sein hat mit Entschiedenheit zu tun. Wenn Sie Ihre Hände sanft ineinander legen, fällt es schwer, gleichzeitig aggressiv zu sein. Diese weiche, lockere Gebärde schließt geballte Fäusten aus.[1]
Hochgezogene Augenbrauen machen es uns schier unmöglich, gleichzeitig aggressiv zu sein. Hochgezogene Augenbrauen signalisieren Informationsbedürfnis. Ein offener Mund, die hängende Kinnlade zeigen an: Ich kann nichts mehr aufnehmen. Ich bin baff.
Umgekehrt wehren wir Informationen durch Anspannung, Verkrampfung unseres Muskelpanzers ab. Überforderung macht sich oft in Muskelschmerzen im Schulter- oder Rückenbereich bemerkbar. So, als ob wir eine zu große Last zu tragen hätten. Allein schon das feste Zusammenbeißen der Zähne erhöht die allgemeine Muskelanspannung: „Du musst da durch. Du musst nur die Zähne zusammenbeißen!" So lauten entsprechende Durchhalteparolen.
Samy MOLCHO berichtet, wie leicht Menschen in seinen Seminaren einer solchen Aufforderung folgen. Und wie schwer sie sich im Gegensatz dazu tun, wenn er sie einlädt, die Zunge genussvoll über die locker geöffneten Lippen gleiten zu lassen.
Körpersprache wirkt wesentlich stärker als Worte: „Der Ton macht die Musik." Sie wirkt viermal so stark! Unsere Entscheidungen werden zu 80 % von der Körpersprache bestimmt. Albert MEHRABIAN zeigt, dass wir bei widersprüchlichen Botschaften (jemand schreit „Halt deinen Mund" und lächelt gleichzeitig) den Körpersignalen wesentlich mehr trauen. Die nonverbale Sprache annulliert und verwandelt die verbale.[2]

Turnübung mit Wasserball

Die Körpersprache bringt das zutage, was wir als vernünftige Erwachsene aus unserer wortreichen Sprache mühevoll ausklammern: unsere Gefühle und Empfindungen.
Dazu meint Samy MOLCHO: „Was geschieht, wenn wir nach den gesetzten und jedem von uns früh eingetrichterten Spielregeln versuchen, unsere Gefühle nicht zu zeigen? Wir scheitern regelmäßig daran ... Gefühle sind einfach da und lassen sich nicht ignorieren. Wer seine Gefühle zu unterdrücken sucht, tut dasselbe wie einer, der einen riesigen Wasserball unter Wasser halten will. Stellen wir uns die Szene einmal real vor: Der Ball wird immer wieder aufsteigen, während wir damit beschäftigt sind, ihn unten zu halten. Und nun versuche einer mal, während dieser Turnübung vernünftig mit einem anderen zu sprechen."[3]

Erwachsene haben meist gelernt, sich einen Gefühlspanzer zuzulegen. Je massiver der geworden ist, desto weniger kann der Betroffene mit extremen Gefühlsäußerungen eines anderen Menschen umgehen. Gefühle selbst auszudrücken und sie in der Körpersprache anderer Menschen entdecken zu können gehört zur professionellen Gesprächsführung.
Wie oft setze ich die linke Hand, die Gefühlshand, ein? Wird sie oft von meiner rechten Hand, der Vernunfthand, festgehalten? Wenn ich die Hand zur Nase führe,

[1] Vgl. Samy MOLCHO: Körpersprache im Beruf, S. 18ff.
[2] Vgl. Bernard ASBELL / Karen WYNN, Du bist durchschaut, S. 33
[3] Samy MOLCHO: Körpersprache im Beruf, S. 72

wird eine Sache kritisch betrachtet. Verschränkte Arme lassen darauf schließen, dass ich (noch) nicht bereit bin zu handeln.

Es ist allerdings ein Irrtum zu glauben, man könne mit einem Verzeichnis aller Bedeutungen in der Hand die Körpersprache anderer einwandfrei übersetzen. Das funktioniert nicht. Zu groß sind individuelle und kulturbedingte Unterschiede.

Auch die eigene Körpersprache zu trainieren gelingt nur begrenzt. Meist wirkt das Verhalten dann künstlich und befremdend. Der Tausendfüßler-Effekt macht sich bemerkbar: Ein Tausendfüßler, der seine Beine kontrollieren will, kommt nicht vom Fleck.

Doch wir können lernen, differenzierter wahrzunehmen. Lernen zu sehen, was das eigene Verhalten beim anderen auslöst. Es geht nicht darum, das Gesehene einfach zu deuten. Es geht darum, die Wirkung auf einen selbst zu beachten und bezüglich der Deutung rückzufragen. Gefühle werden so zum Gegenstand unseres verbalen Austausches. Allerdings fehlen uns dazu meist Modelle und Erfahrungen.

Experimente zeigten, dass Menschen, die über persönliche Dinge sprechen, den Interviewer seltener anschauen als bei Fragen über Freizeitinteressen. Ein Mensch, der sich selbst erklärt und dabei nicht unterbrochen werden möchte, blickt sein Gegenüber nicht an. Wenn er auch bei einer Pause nicht aufschaut, möchte er nicht unterbrochen werden. Denn das Aufschauen am Ende des Gesagten ist das Signal für das Gegenüber: Jetzt bist du dran! (Nur jemand, der sich dessen, was er sagt, ganz sicher ist, hält auch beim Sprechen häufig Blickkontakt.)

Wer mit einem Freund oder einer Freundin spricht, spricht in kürzeren Sätzen, weniger lang und dafür häufiger. Im Gespräch mit Fremden gibt es seltener Pausen, gleichzeitig werden die Ausführungen länger.

B) PRAXIS

Gelungene Selbstdarstellung

Je nach Absicht wird der Sender seine Nachricht an die Empfängerin unterschiedlich gestalten. Der Lehrer und Buchautor Hans LOBENTANZER stellt das Kommunikationsmodell in seinem Buch „Deutsch muss nicht schwer sein" so dar:[1]

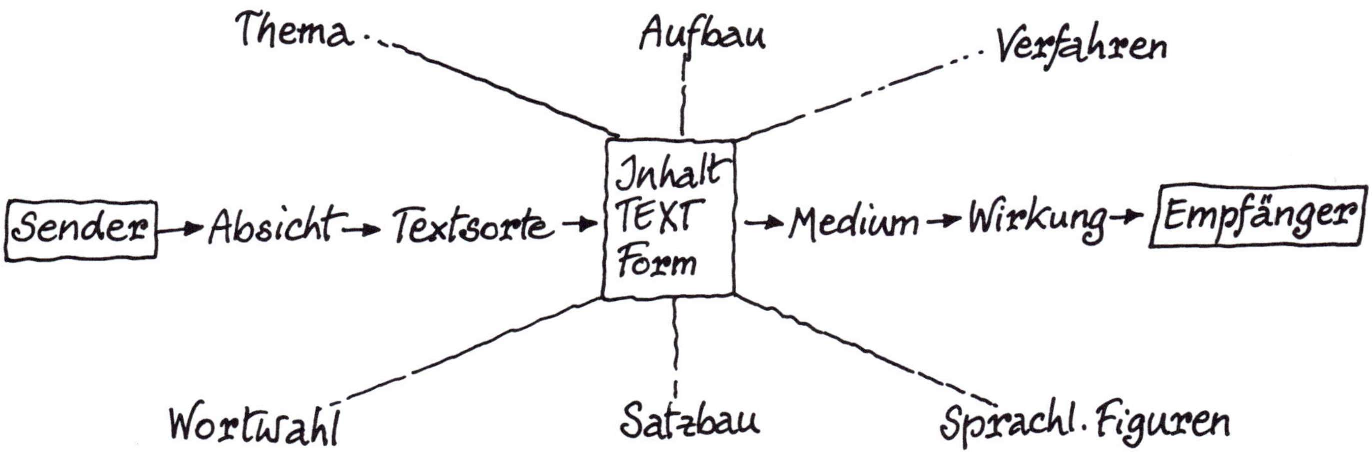

(Wenn Sie durch das Gespräch in erster Linie ein bestimmtes Ziel erreichen wollen, lesen Sie weiter im Kapitel Verhandlung, S. 115ff. Dort finden Sie, wie Sie Sachverhalte verständlich darstellen können.)

Wolf SCHNEIDER, der Praktiker und Guru der Journalisten-Ausbildner, bringt die Botschaft auf den Punkt: „Vor allem ziele der Redner aufs Gefühl. Man rühre den Hörer, stachle ihn auf, treffe ihn ins Rückenmark. Unter Lehrern, Analytikern und Praktikern der Rede herrscht hier totale Einigkeit. Denn wie schrieb Pascal: Für die Wahrheiten, die wir fassen können, ‚sind der Geist und das Herz gleichsam die Tore, durch die sie von der Seele eingelassen werden, aber sehr wenige gehen durch das Tor des Geistes.'"[2]

Zumeist wird Persönliches jedoch wortreich versteckt. Sachverhalte gelten als überprüfbar und objektiv. Man erhält damit vermeintlich mehr Renommee. Deshalb enthält die Selbstdarstellung der Erwachsenen meist ausschließlich das „Geistvolle". Je älter wir werden, je mehr Bildung wir konsumieren, desto mehr wird uns die gemessene, verhaltene, wissenschaftsgenährte Ausdrucksweise empfohlen.

Der Schriftsteller Peter HOEG bilanziert in seiner Autobiographie:

> *Es ist nicht leicht zu sprechen. Sein ganzes Leben hat man zugehört oder so ausgesehen, als ob man zuhörte. Das lebendige Wort kam zu einem herunter, es war nichts, was man selber in den Mund nahm. Wenn man selbst sprach, dann, nachdem man sich gemeldet hatte und wenn man gefragt worden war, und was man sagte, war das Sichere und Richtige, woran kein Zweifel bestand.*[3]

Andererseits: Manche Menschen erobern die Herzen ihrer ZuhörerInnen im Sturm: „Sie neigen dazu, in kurzen Sätzen mit vielen Pronomen und Verben in

---

[1] Hans LOBENTANZER: Deutsch muss nicht schwer sein, S. 106

[2] Wolf SCHNEIDER: Deutsch für Profis, S. 118

[3] Peter HOEG: Der Plan von der Abschaffung des Dunkels, S. 251

Verbindung mit lebhaften Adverbien zu sprechen: Bei Ihren Zuhörern erwecken Sie den Eindruck, Sie seien locker, persönlich, lebhaft und abwechslungsreich. Haben Sie demgegenüber eine Vorliebe für lange, durch Präpositionen aneinander gefügte Sätze mit vielen Nomen und Artikeln und einer Vielzahl von Adjektiven, so vermitteln Sie den Eindruck, Sie seien förmlich, unpersönlich, konventionell, etwas langweilig, und dass Sie Ihre Zuhörer nicht sonderlich mögen und mitnichten mit diesen Personen identifiziert werden möchten.“[1]
Kurz: Wir empfinden also diejenigen Menschen als fähige Selbstdarsteller, die eine lebhafte Ausdrucksweise haben. Sie beschreiben Tätigkeiten, anstatt beflissen Hauptwörter aneinander zu reihen. Und sie benutzen das Herz als Tor zum Ohr.

Säuglinge sind Meister der Selbstdarstellung. Was drücken sie lebhaft aus? Ihre „Herzensangelegenheiten“: Gefühle und Bedürfnisse. Babys schreien und verfügen damit über die fundamentalste Ausdrucksform, die vermittelt, worauf es ankommt. Sie drücken Gefühle („Die nasse Windel ist unangenehm“, „Ich bin hungrig“, „Mir ist fad“ …) und Bedürfnisse („Wickle, füttere, unterhalte mich!“) aus. Sie tragen ihr Herz auf der Zunge.

Herzensangelegenheiten

Es kommt von Herzen.
Das Herz auf der Zunge tragen.
Das Herz ist mir in die Hose geruscht.
Jemand schüttet sein Herz aus.

> Das Herzstück unserer Selbstdarstellung sind Gefühle und Bedürfnisse. Sachliches ist weniger bedeutsam, als wir glauben.

Dazu eine Geschichte:[2]

Das passende Wort

Ein Herrscher aus alten Zeiten grübelte über die Fragen des Lebens nach. Weil ihn das Wesen von Gut und Böse beschäftigte, befahl er seinem Diener, die Organe zu bringen, die am besten, schönsten und wertvollsten seien. Der Diener brachte das Herz und die Zunge eines Tieres. Der Herrscher schaute sich die Organe an, dachte über deren Sinn nach und schickte den Diener nun, die hässlichsten und schlechtesten Organe zu holen. Der ging und brachte wiederum ein Herz und eine Zunge.
Erstaunt fragte der Herrscher seinen Diener: „Du bringst Herz und Zunge als die besten Organe, aber gleichzeitig als die schlechtesten, wie kommt das?“ Der Diener antwortete bescheiden: „Wenn das, was ein Mensch fühlt und denkt, offen von Herzen kommt und die Zunge nur Wahres ehrlich sagt, sind Herz und Zunge die wertvollsten Organe. Der Mensch, dem sie gehören, fühlt sich gesund und glücklich. Wenn aber das Herz zu einer Mördergrube wurde, die Wünsche verleugnet, und die Zunge Unwahres und Falsches sagt, sind beide Organe die reine Strafe für den Menschen, dem sie gehören. Die Zwietracht, die er nach außen sät, erfüllt auch sein Inneres, und das Glück hat sich von ihm gewandt.“

Giraffen sind die Tiere mit dem größten Herzen. Daher bezeichnet Marshall ROSENBERG jene Sprache, mit Hilfe derer jemand ausdrückt, wie er/sie sich fühlt und was er/sie will, als „Giraffensprache“. Wie geht diese Sprache? Wie können Sie lernen, Ihre Gefühle und Wünsche verständlich auszudrücken?

[1] Bernard ASBELL / Karen WYNN: Du bist durchschaut, S. 89
[2] Nossrat PESESCHKIAN: Auf der Suche nach Sinn, S. 195

Wer Zugang zu psychologischem Wissen hat, hat schon etwas von **Ich-Botschaften** gehört; die Bezeichnung stammt von Thomas GORDON (mehr dazu in seinen Büchern „Familienkonferenz“, „Lehrer-Schüler-Konferenz“ und „Managerkonferenz“). Die Ich-Botschaften sollen nämlich das Nonplusultra der gekonnten Selbstdarstellung sein und quasi ein „Sesam, öffne dich“ für alle Gelegenheiten.
Selbstquälerisch vermeiden SprecherInnen nun jegliches „man“ oder „die Gesellschaft“, werfen ihr „ich“ ganz kühn in die Redeschlacht und ... sind enttäuscht, wenn das keinerlei Wirkung zeitigt:
Ich finde, wir sollten ...
Ich denke, dass wir ... könnten ...
Ich hätte gern, dass du ...
Ich würde gern haben, dass ihr ...
Ich finde wichtig, dass wir ...
Ich fühle, es wäre am wichtigsten ...
Ich muss Sie enttäuschen. Das sind keine klaren Selbstdarstellungen. Das sind bestenfalls Pseudo-Ich-Botschaften. Unsere „Herzensangelegenheiten“ sind oft in solchem Geschenkpapier eingewickelt. Wir machen es den ZuhörerInnen nicht leicht, unsere Gefühle und Wünsche in dieser kunstvollen Verpackung zu entdecken. Ich-Botschaften sind noch lange keine solchen, nur weil der Satz mit „Ich“ anfängt. Analysieren wir das doch genauer.

Beispiel

Schüler tratschen. Die Lehrerin reagiert. Sie vermeidet folgende Varianten, die sie früher gebrauchte: „Findet ihr nicht, dass ihr euch benehmen könntet?“ „Hört endlich auf zu tratschen!“ „Wenn ihr nicht sofort aufhört, gibt's eine Eintragung!“ usw.
Die Lehrerin will stattdessen eine Ich-Botschaft formulieren und sagt daher zu den schwätzenden SchülerInnen: „Ich hätt gern, dass ihr nicht ständig tratscht!“

- Zuerst überprüfen wir, ob ein streichelweicher Konjunktiv zu entdecken ist. Gibt es andere unnötige „Verpackungen“ (z. B. das Wort „eigentlich“) ?
  Die Lehrerin korrigiert: „Ich möchte, dass ihr nicht ständig tratscht!“
- Dann achten wir darauf, ob die Ich-Botschaft eine Verneinung (= Negation) enthält. Sie halbiert die Verständlichkeit.
  Die Lehrerin ist lernbereit und streicht die Negation. Ihr wird sogar bewusst, dass sie Letztere manchmal durch die Verbform „aufhören“ ersetzt. Auch damit sagt sie nur, was die SchülerInnen nicht mehr tun sollen.
  Sie sagt beim nächsten Mal stattdessen: „Ich möchte, dass ihr im Unterricht aufpasst!“
- Überprüfen wir, ob die Lehrerin ihren Wunsch erkennbar geäußert hat. Handelt es sich nun um eine gelungene Selbstdarstellung?
  Statt eigener Bedürfnisse (Was will ich für mich?) werden Befehle, moralische Appelle, wissenschaftliche Analysen an andere gerichtet. „Ich möchte, dass du/ihr ...“ Diese Besitzansprüche unter pädagogischem Deckmantel sind **Kolonialisierungen**.
  Die Lehrerin überlegt betroffen, was sie für sich will. Was erreicht sie, wenn die SchülerInnen aufpassen?
  Sie sagt: „Ich brauche Ruhe!“

Kolonialisierungen

= Straßensperren = Gesprächsstörer = Kommunikationsblockaden = Du-Botschaften
Keine Fragen. Keine Ratschläge. Jeder über sich. So lautet der Dreisatz von Selbsterfahrungsgruppen. Doch bei uns selbst zu bleiben fällt uns ziemlich schwer. Wir merken selten, wie unbedacht wir die Grenze zwischen uns und dem anderen überschreiten. Die Grenze markiert den „Übergang vom Gefühlsausdruck zur Verhaltensvorschrift“.[1]

> Oftmals wird mangelnde „Innenpolitik“ durch eine kolonialisierende Außenpolitik verdeckt.

Ärgerlich wird's für die EmpfängerInnen sogenannter Wunsch„packerln“, wenn sich dahinter Befehle, moralische Appelle, Wahrheitsbehauptungen, wissenschaftliche Analysen u. ä. verbergen, auf jeden Fall Wünsche, was sie anders tun und wie sie anders sein sollen. Thomas Gordon nannte sie **Straßensperren**.

[1] Michael Lukas MOELLER: Die Wahrheit beginnt zu zweit, S. 145

„Beim andern sein heißt meist, von sich ablenken. Es gibt nur wenige Ausnahmen. […] Vorwürfe, Übergriffe, Unterbrechungen, Wahrheitsbehauptungen, Rechthabenwollen. Sie haben ein gemeinsames Ziel: den anderen ändern zu wollen, nicht sich selbst. Das ist der Holzweg. Das ist gemeint mit dem Begriff ‚Kolonialisierung'. Unausrottbar scheint diese falsche Hoffnung. Den andern ändern gelingt nie. Wenn wir Glück haben, sind wir imstande, uns selbst zu ändern."[1]

Straßensperren sind verunglückte Wünsche.

Wir haben Bedenken, Wünsche zu äußern und überlegen stattdessen krampfhaft, wie wir andere dazu bringen können, sie zu erfüllen. Das Auftreten als außenpolitisch aktive ImperatorInnen scheint uns ein besonders wirksamer Weg der Selbstdarstellung zu sein. Wir wählen dazu verschiedene Formen. Thomas GORDON unterscheidet zwölf Arten von Straßensperren oder Du-Botschaften:[2]

Befehlen, anordnen, auffordern
Warnen, mahnen, drohen
Moralisieren, predigen
Raten, Lösungen liefern
Durch Logik überzeugen
Be-/urteilen, Vorwürfe machen
Loben, schmeicheln
Lächerlich machen, beschimpfen
Interpretieren, diagnostizieren
Beruhigen, trösten
Forschen, fragen, verhören
Ablenken, aufziehen, ausweichen

Virginia SATIR reduziert auf vier besonders häufige Formen,[3] die geschlechtsspezifische Verteilung bei den Original-Abbildungen ist sicher kein Zufall, sondern gibt die Realität der Sozialisationsergebnisse wieder (s. auch S. 19).

1. **Beschwichtigen:**
   macht sich selbst klein; stimmt anderen zu; ist immer versöhnlich, um zu gefallen; Ja-SagerIn, entschuldigt sich, fordert nichts für sich …
2. **Anklagen:**
   Diktator; Boss; Fehler-Sucher; überheblich; tyrannisch; harte, feste Stimme; klagt an; fordert Begründungen; kümmert sich nicht um Antworten …
3. **Rationalisieren:**
   vernünftig; unbewegter, gespannter Körper; sehr korrekt; ruhig; kühl; gesammelt; gebraucht abstrakte Wörter; vermeidet Fehler …
4. **Ablenken:**
   sehr beschäftigt; ignoriert Fragen; reagiert eventuell mit einer Frage zu einem ganz anderen Thema; redet Belangloses; putzt imaginäre Faser oder Brösel weg; ist ständig in Bewegung …

[1] Michael Lukas MOELLER: Die Wahrheit beginnt zu zweit, S. 136
[2] Vgl. Thomas GORDON: Familienkonferenz, S. 48f.; ders.: Lehrer-Schüler-Konferenz, S. 51f.
[3] Virginia SATIR: Selbstwert und Kommunikation, S. 86ff.

Die Sprache des Schakals

Marshall ROSENBERG nennt die Ausdrucksform, die er der Giraffensprache gegenüberstellt, die Sprache des Schakals:
„Der ‚Schakal' (…) ist unsere einprogrammierte Art, wie wir jemand anderem etwas mitteilen, was ihn sofort dazu veranlasst, zurückzuschrecken, etwas scharf zu erwidern, einen leise anzustarren oder noch viele Monde über die Bemerkung nachzugrübeln. Typische Schakalbemerkungen, die man im Klassenzimmer hören kann, sind: ‚Du bist doof!' – ‚Ich fasse es nicht, das hast du noch nicht gewusst?' – ‚Die meisten Leute können das schon in der Vorschule!' – ‚Du bist so fies!' – ‚Wir alle müssen mal Dinge tun, die wir nicht wollen.' – ‚Ich habe hier das Sagen.'"[1]
ROSENBERG erklärt Kindern, dass die BenutzerInnen der Schakal-Sprache im Moment innen „kaputt" sind und meint damit, dass sie nicht mit ihren tatsächlichen Gefühlen und Wünschen verbunden sind – jedenfalls nicht im Augenblick.

Wir kolonialisieren,

- wenn wir uns selbst minderwertig fühlen,
- wenn uns Schuldgefühle plagen,
- wenn wir uns unsicher fühlen,
- wenn wir Macht und Kontrolle behalten wollen.

Wir sperren unsere Angst aus und konzentrieren uns auf die anderen. Die wollen wir kontrollieren. Dazu setzen wir die Gewalt der Worte ein. Wir verhalten uns wie ImperatorInnen: Tu das, lass jenes. Der Imperativ scheint uns in pädagogischen und therapeutischen Zusammenhängen angemessen. Wir teilen Rat-schläge aus.

Wörter können wie vergiftete Pfeile wirken. Mobbing im Berufsleben kommt ganz ohne körperliche Gewalt aus. Tratschen, sich lustig machen, Geheimnisse verraten etc.: Dieses Konfliktverhalten (häufiger von Frauen gelernt) empfinden Knaben als sehr verletzend. Wo ImperatorInnen Angst erzeugen, brodelt die Gerüchteküche.

Ängstliche AußenpolitikerInnen machen mit Hilfe von **„Killerphrasen"** die Grenzen dicht:
„Da könnte ja ein jeder kommen!"
„Das haben wir immer so gemacht!"
„Das ist unmöglich!"
„Du musst nur überlegen!"
„Man kann nicht …"
„Später musst du auch …"
„Wenn das jeder so machen würde!"
„Das kommt nicht in Frage!"
„Wie Ihnen sicher bekannt ist, …"
„Man muss doch bloß …"
„Das ist lächerlich!"
„Wir haben keine Zeit!"
„Das kann nicht funktionieren!
„Darum geht es nicht!"
Aber auch schmeichelweiche, weil nichts sagende Worte lenken von uns selbst, von unseren Gefühlen ab. Inhaltsleere, pseudowissenschaftliche Ausdrücke (z. B. Kommunikation, Funktion, Beziehung) verdrängen immer mehr die lebendige bildhafte, an Ort und Zeit gebundene Sprache. Das jedenfalls meint Uwe PÖRKSEN. Er entdeckt in unserem Sprachgebrauch viele „Plastikwörter" als neue Form der Kolonialisierung, als Entfremdung: „Metaphorische Kolonisation entstellt das Leben zum Labor."[2]

[1] Marshall ROSENBERG: Das Giraffen-Klassenzimmer, S. 60
[2] Uwe PÖRKSEN: Plastikwörter, S. 115

Beispiel

Straßensperren = Kolonialisierungen = die „Schakalsprache“

Situation: Eine Schülerin (oder ein Schüler) arbeitet nicht mit. Alle anderen schreiben schon in ihr Heft. So reagieren LehrerInnen kolonialisierend:

- Befehlen, anordnen, kommandieren: Mach endlich dein Heft auf.
- Warnen, ermahnen, drohen: Wenn du nicht gleich dein Heft aufmachst, wirst du was erleben!
- Zureden, moralisieren, predigen: Du kannst das später im Beruf auch nicht machen!
- Ratschläge erteilen, Lösungen vorschlagen: Ich schlage vor, du reißt dich einmal zusammen.
- Belehren, Vorhaltungen machen, logische Argumente bringen: Jeder hat hier seine Pflichten zu erfüllen, auch du!
- Urteilen, kritisieren, beschuldigen: Du wirst auch noch lernen, dass wir hier nicht im Schlaraffenland sind!
- Von oben herab loben, zustimmen: Du bist doch sonst nicht so!
- Beschimpfen, lächerlich machen: Na schau, wer hat denn da ein so schwaches Händchen, dass er nicht einmal ein Heft anfassen kann!
- Interpretieren, analysieren, diagnostizieren: Typisch Anstrengungsvermeidung!
- Forschen, fragen, verhören: Warum schaffen es alle, nur du nicht, zu tun, was man ihnen sagt, ha?
- Bemitleiden, trösten: Na, du bist halt ein Patscherl, du wirst es schon schaffen.
- Ablenken, aufheitern: Denk an die Freizeit am Nachmittag, dann kannst du das bisserl Lernen auch noch überstehen.

Übung

Aufgabe 1

Suchen Sie in der Übung von Seite 14f. in den drei Gesprächsausschnitten Kolonialisierungen oder Straßensperren. Um welche handelt es sich?
Auflösung s. S. 126

Aufgabe 2

Um welche Straßensperren handelt es sich bei folgenden Bemerkungen, die Erwachsene gegenüber Kindern oder Jugendlichen äußern?
„Du solltest wissen, dass man das nicht tut!“
„Ihr führt euch wieder einmal wie die Wilden auf!“
„Du bist jetzt ruhig oder es passiert was!“
„Warum passt du nicht endlich auf?“
„Du benimmst dich wie ein Baby!“
„Du hörst sofort damit auf!“
Auflösung s. S. 126

Aufgabe 3

Um welche Straßensperre handelt es sich jeweils? Welche Gefühle des Schülers (der Schülerin) werden dabei nicht ernst genommen? Hat die Lehrerin auch ein eigenes Gefühl versteckt? Welches?

Die Lehrerin bittet Max, sechs Bälle zu zeichnen.
Max hört mittendrin auf und sagt: „Ich kann nicht gut Bälle zeichnen.“
Lehrerin: „Bälle sind doch nicht schwer zu zeichnen! Deine sind sehr gut!“
Max: „Nein, ich find sie nicht gut!“
Er schickt sich an, das Blatt zu zerreißen.
Lehrerin: „Jetzt mach schon, gib deine Zeichnung endlich ab!“
Auflösung s. S. 126

Aufgabe 4

Wie lautet die angemessene Selbstdarstellung der Lehrerin?
Auflösung s. S. 126

Gefühle ausdrücken

Am wichtigsten: Es gibt nicht gute oder schlechte Gefühle. Gefühle sind der Kitt, der die Welt zusammenhält. Ich drücke sie aus; ich verberge sie nicht, um andere zu verschonen. Sie schleichen sich meist durch die Hintertür mittels Körpersprache ein. Wie der Wasserball, den ich vergeblich unter Wasser drücke (s. S. 19). Wenn die Körpersprache nicht zu unseren Worten passt, verwirren wir die ZuhörerInnen.

Übung

Statt	besser so
Würdet ihr bitte so freundlich sein und auch euer Buch herausnehmen.	Ich fühl mich behindert, wenn ich warten muss …
Schon wieder diese Sauerei!	Ich halte es schlecht aus, wenn ein Arbeitsplatz so aussieht.
Euer Benehmen ist einfach unmöglich!	Ich ärgere mich, wenn ich nicht gegrüßt werde/mit einem ordinären Umgangston angesprochen werde.
Trauen Sie sich doch zu reden!	Ich werde ungeduldig, wenn ich den Eindruck habe, dass Zeit vergeudet wird.
Endlich hast du's kapiert!	
Warum tut ihr nicht, was man euch sagt?	
Sollen wir jetzt da oder da weitertun?	
Nie kümmerst du dich um … Du schaust nur auf dich!	
Machst du das zu Hause auch so?	
Ich wiederhole das nicht zum tausendsten Mal!	
Du nervst mich!	
Mach nicht so ein ernstes Gesicht!	

Auflösung s. S. 126

Wenn Sie Ihre Gefühle ausdrücken wollen, statt kolonialisierend aufzutreten, dann sagen Sie öfter:

Aktuelles Empfinden	**Zusammenhang mit der auslösenden Situation** (konkretes Verhalten benennen, statt Person verurteilen)
„Mir geht's …,"	wenn/sobald
„Ich fühl mich jetzt …"	(wenn)
„Ich (ärgere, sorge, freue …) mich, …"	(weil)

Wichtig ist die linke Spalte (es könnte ja auch allein Ihre „Leistung" sein, dass Sie so empfinden)!
Es geht darum, möglichst authentisch bei sich und den eigenen Gefühlen zu bleiben. Vor allem dann, wenn sie sehr stark sind. Dann ist es Illusion, ganz sachlich bleiben zu wollen, weil ich glaube, dass es ja niemanden interessiert oder etwas angeht, wie es in mir drinnen ausschaut. Intensive Gefühle bahnen sich immer ihren Weg! Sie schauen bei jeder Pore unseres Körpers heraus.

Die ergänzende Information, welches Verhalten oder welche Situationen dieses Gefühl erzeugen oder verstärken, sind für die ZuhörerInnen hilfreich. Weil es aber auch sein könnte, dass mich bestimmte Verhaltensweisen oder Situationen prinzipiell aufregen und das gar nichts mit meinem aktuellen Gegenüber zu tun hat, vermeide ich möglichst die Kolonialisierung. Damit vergrößert sich die Bereitschaft der EmpfängerInnen meiner Mitteilung, etwas für mich zu tun. Sie können autonom entscheiden, ob und was sie zu meinem Wohlbefinden beitragen wollen. Wenn niemand das will, kann ich noch immer für mich selbst sorgen. Dann muss ich entscheiden, was genau ich will.

Wünsche und Bedürfnisse vermitteln

Mündige Selbstdarstellung besteht auch darin, einen Wunsch klar und eindeutig zu formulieren. Ich stelle mir selbst die Frage: Was will ich **für mich**? Was brauche ich? Was wäre mein Gewinn, wenn der/die andere sich änderte?

Beispiele

Statt	besser so
Ich will, dass Sie 3 kg Orangen abwiegen!	Ich möchte 3 kg Orangen!
Ich will, dass du zu schreien aufhörst!	Ich brauche Ruhe!
Unterbrechen Sie mich nicht!	Was ich sage, ist mir sehr wichtig. Ich will ausreden/gehört werden!
Ich finde, wir sollten kooperieren.	Ich will nur einen Teil der Verantwortung und Arbeit übernehmen, (nämlich folgende ...).
Ihr werdet schon sehen, wohin das führt.	Ich möchte auf mich achten. Ich werde künftig auf folgende Weise darauf reagieren ... Ich fang jetzt an!
Kommt ihr bitte?	Ich fang jetzt an!
Hört ihr bitte zu reden auf?	Ich brauche eine Arbeitsatmosphäre, die konzentrierten Einsatz möglich macht.
Was fällt dir ein?	Ich möchte respektvoll behandelt werden.
Ihr solltet pünktlich kommen!	Ich möchte pünktlich beginnen.

Übung

Aufgabe 1

Setzen Sie fort und tragen Sie in die rechte Spalte ein:

Statt	besser so
„Halt den Mund!“	
„Findest du das witzig?“	
„Sie müssen sich drum kümmern!“	

Auflösung s. S. 126

Aufgabe 2

Übersetzen Sie nun die drei Sätze von S. 14f., indem Sie die Gefühle und die Wünsche, also das Herzstück der Selbstdarstellung, an die Stelle der Kolonialisierungen setzen:

- Was empfindet die Mutter? Was will die Mutter? Wie lautet die Ich-Botschaft, wenn sie 1) ihr Gefühl und 2) ihren Wunsch klar äußert?

1)

2)

Auflösung s. S. 126

- Was empfindet die Ehefrau? Was will die Ehefrau? Wie lautet die Ich-Botschaft, wenn sie ihr Gefühl und ihren Wunsch klar äußert?

1)

2)

Auflösung s. S. 126

- Was empfindet der Lehrer/die Sozialarbeiterin? Was will der Lehrer/die Sozialarbeiterin? Wie lautet die Ich-Botschaft, wenn er/sie sein/ihr Gefühl und seinen/ihren Wunsch klar äußert?

1)

2)

Auflösung s. S. 126

Ein erster Schritt kann schon sein, mir überhaupt das Wünschen zuzugestehen. Nämlich Wünsche **für mich**, nicht an andere.

Aufgabe 3

- Meine drei wichtigsten Wünsche im Berufsleben: Was will ich für mich erreichen?

  Statt: „Ich will, dass meine SchülerInnen/KlientInnen/Kinder …“
  formuliere ich: „Ich will/möchte …“

  Erstens:

  Zweitens:

  Drittens:

- Was kann ich ab morgen tun, um mir einen Wunsch zu erfüllen?

Die anderen Menschen sind nicht dazu da, mir meine Wünsche von den Augen abzulesen. Als mündiger Mensch kann ich eine ganze Menge dazu beitragen, mein Leben nach meinen Vorstellungen zu gestalten.
Wenn ich also durch das Äußern von Wünschen nicht heimlich kolonialisiere („Also, jetzt sag ich meine Wünsche und dann muss er/sie parieren!“), eröffne ich damit das Gespräch mit einer/m mündigen PartnerIn, der oder die genauso Gefühle und Bedürfnisse hat. Stehen die in krassem Gegensatz zu den meinen, sodass wir emotionsgeladen aneinander krachen, befinden wir uns mitten im Konfliktgespräch. Aber so weit sind wir noch nicht.
Wenn Sie sich dazu entschieden haben, Ihr Inneres zu offenbaren, statt den x-ten Beitrag zur „Außenpolitik“ zu liefern, sind Sie auf einem effizienten Weg zur Selbstdarstellung: Sie formulieren Ihre Gefühle und Wünsche klar und deutlich. Nur wenn Sie sich selbst solcherart ernst nehmen, haben andere eine Chance, es auch zu tun.

„Die Wahrheit ist den Menschen zumutbar." (Ingeborg BACHMANN)

Die eigene, innere Wahrheit ist gemeint.

Zusammenfassung

Wir reden über Sachverhalte und betreiben Außenpolitik durch Kolonialisieren. SelbstdarstellerInnen richten ihre Aufmerksamkeit nach innen. Sie erkennen und respektieren die eigenen Gefühle und Bedürfnisse, Empfindungen und Wünsche. Diese werden mündig und deutlich in Form von Ich-Botschaften geäußert, statt kunstvoll verpackt. Dabei wird der situative Kontext beachtet.

Die Sprache des Herzens, die „Giraffensprache", verzichtet auf Verhaltensvorschriften und andere (gut gemeinte) Grenzüberschreitungen und Straßensperren.

Kern: ICH über mich.

2. Beratung

Einleitung

Gesprungener Lack, abgeblätterte Farbe, Triefauge, schütteres Haupthaar … So präsentierte sich meine Lieblingspuppe, ehe sie beim Puppendoktor landete. Er sollte sie heil machen. Zu Weihnachten kam sie wieder, meine Lisi: Fülliges Plastikhaar hatte die Natursträhnen ersetzt und ein ständig lächelnder Kussmund die mehrdeutig definierbaren Gesichtszüge. Nein, das war nicht meine Lisi, dieses fremde Ding. Die alte Vertrautheit konnte nie mehr zurückgewonnen werden.

Der Puppendoktor hatte wohl sein Bestes gegeben, seine Vorstellungen einer heilen und schönen Puppe diesem alten zerschundenen Ding aufgestülpt. Er, der Experte, war sicher zufrieden mit seinem Werk.

So ähnlich wirkt manchmal das hilfreiche Expertentum im Menschenreich. Statt ein Trostpflaster anzubieten, wird ungefragt eine Runderneuerung vorgenommen. Sie ist gebunden an eine mechanistische Vorstellung von Investition und Erfolg, die auf der Automatentheorie vom Verhalten und dem Maschinenmodell vom Menschen beruht.

Beraten hat viel mit der Lust an der Macht zu tun. Aber wir meinen es doch so gut. Das Gegenteil von gut ist gut gemeint. Und Rat-schläge sind auch Schläge.

WARNUNG

Lassen Sie sich nicht zu sehr ein; es könnte Therapie draus werden. Möglicherweise sogar Eigentherapie. Wer sich in anderen verliert, wird sich selbst wiederfinden, heißt es. Und wozu brauchen Sie das? Sie wollen doch anderen ganz selbstlos helfen.

Sie sind der Experte für die Diagnose und für die Therapie, also die Lösung. Anders ausgedrückt: Sie sind zuständig für eine Generalsanierung des Klienten-Hauses, und zwar vom Keller bis zum Dachboden. Sie haben die entsprechende Ausbildung genossen. Laien sind möglichst auszuschalten. Wer sonst als ExpertInnen sind zur Hilfestellung berufen?

Wenn Ihr Angebot vom Patienten nicht akzeptiert wird – sein Problem. Wagen Sie es nicht, keine Lösung anzubieten. Dazu sind Sie schließlich da. Dafür werden Sie bezahlt.

Was, Sie tun das ohne großartige Ausbildung, zum Beispiel als LehrerIn, gratis, nebenbei? Na, was nichts kostet, kann nichts wert sein.

Handeln Sie wenigstens zeitökonomisch, indem hauptsächlich Sie am Wort sind und der Patient, die Patientin (ja, auch SchülerInnen sind leider PatientInnen) Sie nur bestätigt! Stellen Sie Fragen, auf die die PatientInnen nur Ja, Nein oder eine knappe Information liefern können.

Besser nicht zuhören, sondern lieber die eigene Position darstellen. Was kümmert Sie's, wie es anderen geht? „Wie's da drin aussieht, geht niemand was an." Diese Liedzeile sollte Ihr Motto sein.

Es genügt, wenn Sie den anderen anschauen. Dann wissen Sie ohnehin schon alles. Es genügt, wenn er den Mund aufmacht. Zu diesem Stichwort fallen Ihnen tausend Gegenargumente ein, und die wollen Sie wohl formuliert an den Mann bringen (Frauen tratschen doch ohnehin nur hirnlos). Dabei lenkt weiteres Zuhören nur ab. Was brächte es? Doch bloß eine weitere Bestätigung dessen, was Sie immer schon gewusst oder zumindest geahnt haben.

Holen Sie das Letzte aus sich heraus, das gehört zu Ihrem beruflichen Ethos. Seien Sie eine Eier legende Wollmilchsau. Fleisch allein genügt nicht! Wie es Ihnen dabei geht, ist Ihr Problem.

Natürlich geht es Ihnen super, wenn Sie gleich während der Beratung merken, dass Ihre Ratschläge und Lösungsangebote auf fruchtbaren Boden fallen. Suchen Sie daher nach den für Ihre Psychohygiene nötigen Bestätigungen und Danksagungen. Dann können Sie schließlich noch besser helfen.
Falls sich der Ratsuchende uneinsichtig zeigt oder bockig auf irgendwas beharrt, was Sie nur als infantilen Widerstand im Rahmen einer Übertragung deuten können, tun Sie sich was Gutes. Vielleicht sollten Sie eine Expertin zu Rate ziehen? Irgendwo findet sich doch auch für Sie solch eine selbstlose Eier legende Wollmilchsau. Die zeigt Ihnen, wie Sie Ihr Bestes geben können. Denn schließlich ist für einen hilflosen Tropf nur das Beste gut genug. Oder?
Schauen Sie doch jemanden einmal genau an, der zuhört. Mit Kuhaugen und völlig bewegungslos sitzt der da, ein Bild des Jammers: so inaktiv! Würden Sie so jemandem Power zutrauen? Na eben.

„Quatsch, Eliza!"

Higgins: Falls ich Sie jemals unterrichte, werde ich schlimmer als zwei Väter zu Ihnen sein. Da! (gibt Eliza sein seidenes Taschentuch)
Liza: Und der Zweck der Übung?
Higgins: Zum Augen-Abwischen. Für jeden feuchten Fleck in Ihrem Gesicht. Das ist Ihr Taschentuch, merken Sie sich's, und das ist Ihr Ärmel. Wenn Sie ein Ladenmädchen werden wollen, verwechseln Sie das lieber nicht.
(...)
Higgins (überrascht, liebenswürdig): Ich überfahre jeden? Meine liebe Mrs. Pierce, mein lieber Pickering, ich hatte niemals auch nur die leiseste Absicht, irgendwen zu überfahren. Ich schlage nur vor, nett zu dem armen Mädchen zu sein. Wir müssen ihr helfen, sich vorzubereiten, sich fit zu machen für ihre neue Stellung im Leben.
(...)
Mrs. Higgins: Ihr seid mir zwei richtige kleine Kinder, die mit einer lebenden Puppe spielen.
Higgins: Spielen? Der schwierigste Job, den ich je übernommen habe? Täusche dich nicht, Mutter! Du hast ja keine Ahnung, wie furchtbar interessant es ist, einen Menschen zu nehmen, ihm eine neue Sprache zu geben und ihn damit in einen anderen Menschen zu verwandeln. Es füllt die tiefste Kluft aus, die Klasse von Klasse und Seele von Seele trennt.
(...)
Liza: Ich habe Blumen verkauft. Nicht mich. Nun haben Sie eine Dame aus mir gemacht, und ich kann nichts anderes mehr verkaufen. Hätten Sie mich nur da gelassen, wo Sie mich gefunden haben.
Higgins: Quatsch, Eliza! Setzen Sie doch durch dieses Gerede über Kaufen und Verkaufen rein menschliche Beziehungen nicht herab.

Treffend schildert Bernard SHAW die zahlreichen Aspekte der Helfer-Beziehung.[1]

A) Grundlagen

Das Arbeitsfeld „Beratung"

Zwei Psychoanalytiker treffen sich auf der Straße. Sagt der eine: „Ihnen geht es gut. Wie geht es mir?" – Ist das die Professionalität, die wir uns wünschen?
Professionelle Beratungen von Einzelnen, Gruppen, Teams und Organisationen boomen. Sie scheinen das Vakuum von Ratlosigkeit in einer „neuen Unübersichtlichkeit" (HABERMAS) zu füllen. Kritischen Geistern fällt allerdings eben jene „neue Unübersichtlichkeit" im Berufsfeld Beratung selbst auf. Einheitliche Theorie und Methodik fehlen: Je nach Anwendungsbereich und wissenschaftlichem Hintergrund differieren die Erklärungsmodelle, die verwendeten Begriffe sowie deren Verständnis. Es ist von Führung, Beratung, Supervision, SCHILF, Betreuung, Coaching, Therapie die Rede.
Private Hilfe wird immer stärker professionalisiert. Ein Markt ist entstanden. Die einen bekommen etwa 90 € für 45 Minuten Beratungstätigkeit, andere werden so nebenbei um Rat gefragt.

[1] Bernard SHAW: Pygmalion

Was ist unter Beratung zu verstehen?

> Beratung im weitesten Sinn ist Unterstützungsmanagement.

Dieses geht davon aus, dass die Person, die Gruppe oder Organisation, der es zugute kommt, zuviel oder zuwenig von etwas hat. Durch das Angebot soll ein Ausgleich geschaffen werden. Erziehung, Therapie, Beratung, Schulung wirken in diesem Sinne unterstützend. Sie haben folgende Merkmale gemeinsam:

- ein Angebot im Doppelpack (versorgen, unterstützen einerseits und bewerten andererseits – Hilfe plus Kontrolle)
- das Aufeinander-Reagieren, die Interaktion (mindestens) zweier Personen

Tun die BeraterInnen in diesem sozial-pädagogisch-therapeutischen Arbeitsfeld alle dasselbe? Wodurch unterscheiden sich ihre Tätigkeiten? Hans-Ulrich PFEIFER-SCHAUPP stellt das Arbeitsfeld „Beratung im weitesten Sinn“ als Kontinuum dar. Die professionellen Zuständigkeiten sind zwischen zwei Polen anzusiedeln (siehe Grafik).

SozialarbeiterInnen werden als „spezialisierte GeneralistInnen“ bezeichnet.[1] PFEIFER-SCHAUPP stellt ihren beruflichen Kontext so dar:[2]

- Die Auftragslage ist diffus und bewegt sich zwischen Hilfe, Kontrolle und Therapie.
- Die Klienten haben häufig selber kein Interesse an einer „Beratung“ oder „Betreuung“. Oft sind es andere, die meinen, dass der/die Betreffende Hilfe bräuchte.
- Die Beratungsbeziehungen zu KlientInnen und das „Setting“ sind unklarer als in therapeutischen Situationen.
- Die „Indikation“ der Hilfe und Struktur der Beratung lässt sich oft erst im Verlauf der Beziehung klären.
- Die Hilfe vollzieht sich überwiegend im Übergang zwischen professioneller Beratung und Alltagsbeziehung. Die Beziehung zum/zur SozialarbeiterIn fungiert als „Ersatz“ für verloren gegangene soziale Bindungen.
- Erfolgskontrollen der Arbeit sind eher die Ausnahme.

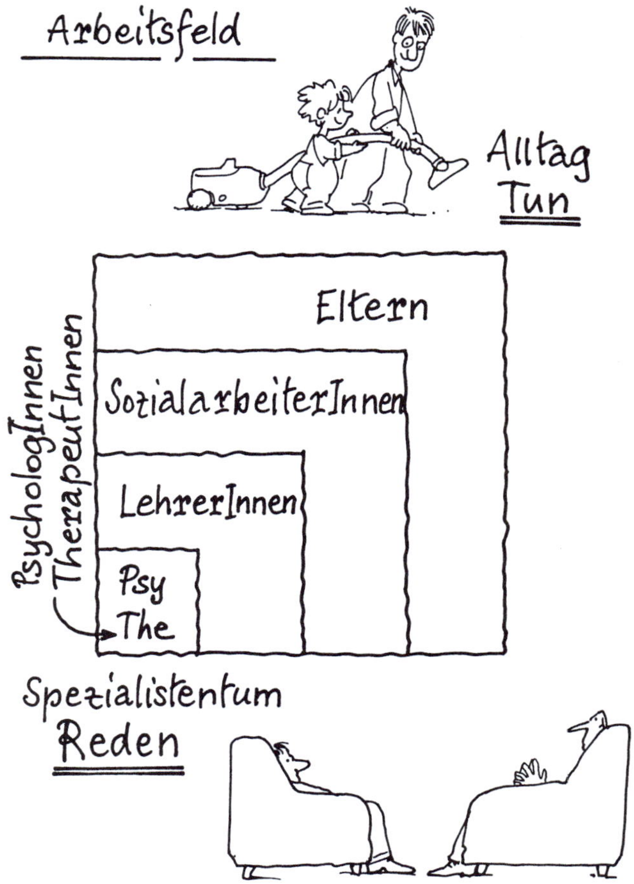

- Soziale Arbeit umfasst zunehmend mehr wirtschaftliche Tätigkeiten, etwa mit „Sozialmanagement“ umschreibbar.

Bis auf den letzten Punkt treffen die Aussagen auch auf die Schule zu. LehrerInnen spüren einen wachsenden Erwartungsdruck. Sie sollen zusätzliche Aufgaben erfüllen, die der Sozialarbeit und Therapie/Beratung. Viele LehrerInnen distanzieren sich davon (weil sie keine Ausbildung dafür haben, keine Zeit haben, das nicht ihre Aufgabe sei, sie dafür nicht bezahlt würden etc.).

ILLICH kritisiert wie Johannes BECK die „Pädagogisierung sämtlicher Lebensverhältnisse“, deren heimliches Curriculum der (erziehungs-)bedürftige Mensch ist und der Glaube: je mehr Behandlung, desto besser die Ergebnisse.[3]

---

[1] STAUB-BERNASCONI, zit. nach Hans-Ulrich PFEIFER-SCHAUPP: Jenseits der Familientherapie, S. 150

[2] Vgl. Hans-Ulrich PFEIFER-SCHAUPP: Jenseits der Familientherapie, S. 148ff.

[3] Ivan ILLICH: Entschulung der Gesellschaft, S. 16ff.

Brauchen wir professionelle BeraterInnen? Wie notwendig oder sinnvoll ist der Erwerb spezieller Fähigkeiten? Kann nicht die beste Freundin, der Ehemann, die Großmutter die allerbeste Beraterin, der allerbeste Berater sein? Woran erkennt die oder der Ratsuchende die Qualität? Wer definiert die Gütekriterien?

Expertentum und Abgrenzungen

> Der Glaube an das Expertentum ist das größte Hindernis der Eigeninitiative,

meint Reinhard SPRENGER.[1]
ROGERS, der Begründer der klientenzentrierten Gesprächsführung, meinte, Therapie sei nichts anderes als ein intensives Gespräch. Und eindrucksvolle Untersuchungen belegen, dass sogenannte Laien mindestens denselben Erfolg bei Beratungen aufzuweisen haben wie berühmte ExpertInnen.[2]
Gibt es keine speziellen Erfordernisse für berufliche Helfergespräche? Keine beruflichen Tricks? Da könnte ja ein jeder kommen ... Wie kommt ROGERS zu seiner Behauptung?
Wenn er Recht hat, gelten für ein gutes Gespräch mit dem Partner, dem Nachbarn, der Bürokollegin dieselben Merkmale wie für die Therapie. Witze stellen das Expertentum von HelferInnen gern in Frage.

Ein Psychiater zu einem anderen: „Ich habe einen Patienten, der sich einbildet, ein Taxi zu sein." – „Und was tun Sie dagegen?" – „Nichts. Er bringt mich immer umsonst nach Hause!"

Oder kennen Sie den?

Ein Psychiater zum anderen: „Neulich war ein Patient bei mir, der klagte, niemand könne ihn leiden. Seine Mutter nicht, sein Vater nicht, nur er selber könne sich leiden." – „Und welchen Erfolg haben Sie erzielt?" – „Jetzt kann er sich auch nicht mehr leiden!"

Witze erzählen, dass die Ratsuchenden nicht als Menschen wie du und ich respektiert werden, sondern eine besondere Rolle zugewiesen bekommen, die eines Patienten, einer Patientin. Und natürlich wollen

der Partner, der Nachbar oder die Bürokollegin nicht als PatientIn gelten.
Sie spüren, dass das mit dem Verlust von Selbstbestimmtheit und Würde einhergeht. Würde, Selbstbestimmungsrechte, ja darüber hinaus Macht und Kontrolle über andere sind dann einseitig in der Hand und in der Sprache des Experten für das Helfen.
Was verlieren HelferInnen, denen die Unterscheidung zwischen guten Alltagsgesprächen und ihren beruflichen Fähigkeiten nicht so wichtig sind?
SCHMIDBAUER fordert: „Erst wenn die Experten lernen, sich selbst in Frage zu stellen, werden sie ihren Klienten und sich selbst nicht mehr die Last der Problemlösung aufbürden, die nur durch gemeinsames Handeln möglich ist."[3]

Machtspiele

> *... Hier sitz ich, forme Menschen*
> *Nach meinem Bilde,*
> *Ein Geschlecht, das mir gleich sei,*
> *Zu leiden, zu weinen,*
> *Zu genießen und zu freuen sich,*
> *Und dein nicht zu achten,*
> *Wie ich!*[4]

Prometheus formt nach seinem Bild und genießt diese göttliche Macht.

---

[1] Reinhard SPRENGER: Das Prinzip Selbstverantwortung, S 109ff.
[2] Christa MEVES: Kleines ABC für Seelenhelfer, S. 32
[3] Wolfgang SCHMIDBAUER: Angst vor Nähe, S. 181
[4] Johann Wolfgang GOETHE: Gesammelte Werke I, S. 87

Ich als Lehrerin, Therapeutin, Sozialarbeiterin bin o. k. Ich kann über Gut und Böse, gesund und krank, richtig und falsch entscheiden. Ich bewerte und habe die Definitionsmacht über dich: Ich zeige deine Defizite auf, benenne sie und weise dir den richtigen Weg aus deinem Ungenügen. Wenn du ihm folgst, bin ich zufrieden und ein bisschen stolz.

Der/die eine ist in der Rolle des/der Hilfsbedürftigen, Ohn-Mächtigen, der/die andere hat scheinbar die Macht.

> Macht ist immer eine Eigenschaft der Beziehung.

Die beiden sind in ihren Rollen aufeinander angewiesen. Das ergibt **Kollusion** (= Zusammenspiel). Eric BERNE, Begründer der **Transaktionsanalyse** (= abgekürzt: TA), hat durch Beobachtung diese „Spiele der Erwachsenen" erforscht.[1]

Er meint, dass jede/r von uns über drei verschiedene Ich-Zustände verfügt, die wir je nach Situation einsetzen. Sie äußern sich in unterschiedlichem Verhalten (siehe Zusammenstellung im Kasten).

Ich versuch nur, dir zu helfen

> Unsere Kommunikation, also die sozialen Verbindungen, bestehen aus einzelnen Transaktionen.

Eine Transaktion auf der Erwachsenen-Ich-Ebene sind etwa zwei Sätze aus einem Verkaufsgespräch: Einer fragt nach dem Preis. Der Verkäufer nennt ihn. Das nennt BERNE eine **komplementäre Transaktion**.

Was würde wohl der Fragende denken, wenn der Verkäufer so reagiert hätte: „Ätsch, ätsch, ich weiß ihn und du nicht. Aber ich sag ihn dir nicht. Haha!" Der potenzielle Käufer wäre wohl verstört und würde fluchtartig das Geschäft verlassen. Er wäre verstört durch die **Überkreuz-Transaktion**. Denn diese Antwort stammt nicht von einem vernünftigen Erwachsenen, sondern wird vom Kind-Ich geleitet.

Die Kommunikation verläuft reibungslos, solange Transaktionen komplementär sind. Dann fühlen wir uns sicher. Um die Sicherheit im Alltag zu vergrößern, grei-

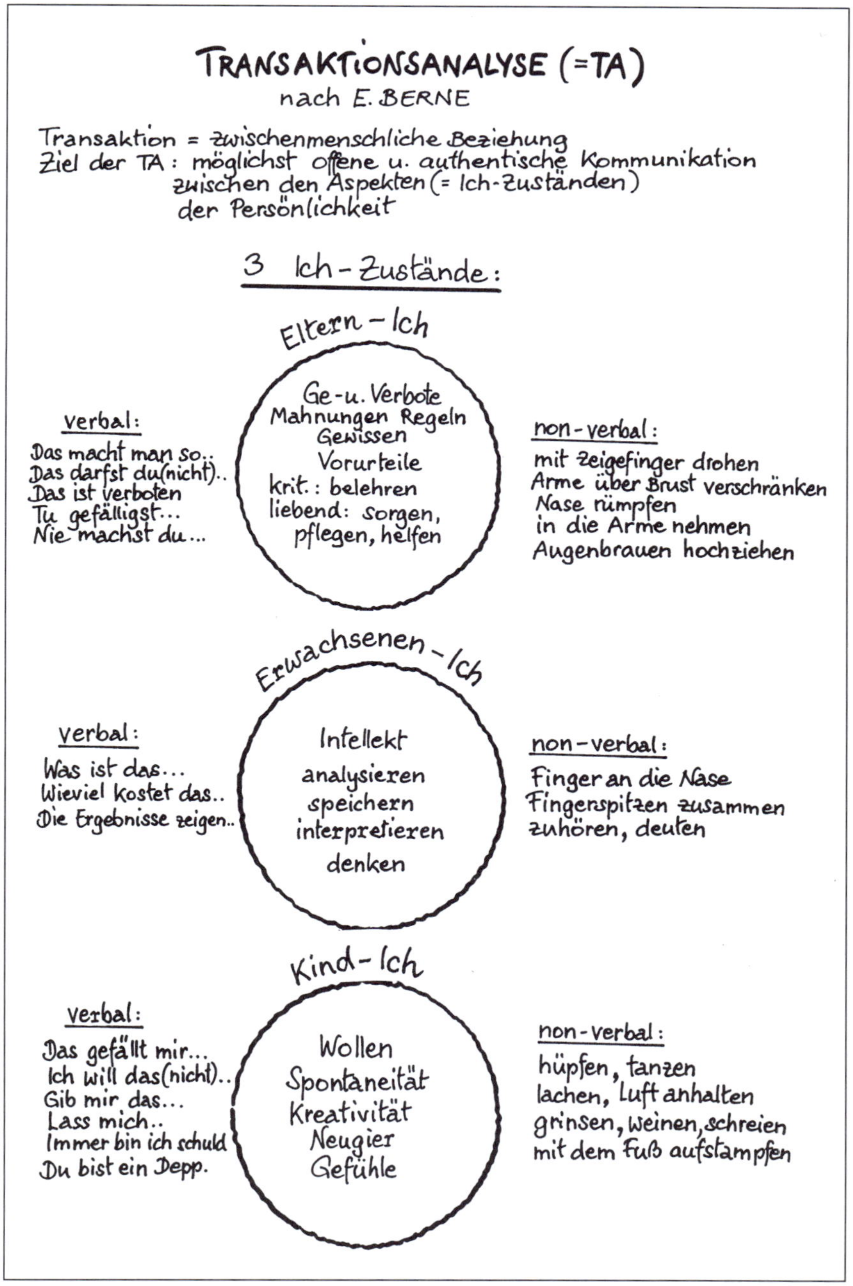

[1] Eric BERNE: Spiele der Erwachsenen

fen wir oft auf gewohnte Kommunikationsabläufe zurück, auf Rituale: „Wie geht's?" „Danke, gut!" Wir fühlen uns unbehaglich, wenn das Ritual abgeändert wird. „Wozu fragst du? Das interessiert dich doch gar nicht!" Eine Abfolge komplementärer Transaktionen, die von einem verborgenen Motiv beherrscht sind und einen Nutzen bringen, nennt BERNE **Spiel**. Er meint, dass unsere menschlichen Beziehungen durch eine Menge von Spielen gekennzeichnet sind. Auch die Beratungs-Beziehung.

Zwei häufig angewandte Spiele sind:

Ich **ve**rsuch nur, **di**r zu **h**elfen (IVEDIH-Spiel)

Warum **n**icht?-**Ja a**ber!-Spiel (WANJA-Spiel)

Das IVEDIH-Spiel braucht zwei Mitspieler, die sich folgendermaßen zueinander verhalten: Der Helfer, die Helferin versucht vergeblich zu helfen, die Lage des Klienten bessert sich nicht. Und der Klient, die Klientin bemüht sich um Änderungen, die ihm/ihr aber nicht gelingen. Solange diese wechselseitige Abhängigkeit und Bestätigung gleich bleibt, kann das Sicherheit gebende Spiel fortgesetzt werden.

Das WANJA-Spiel braucht die Übereinkunft zwischen einem Helfer, einer Helferin, die Warum-Fragen stellt, die Vorschläge macht, Ratschläge erteilt, und dem Klienten, der Klientin, der oder die sie aus irgendwelchen Gründen nicht befolgen kann oder über Misserfolge bei der Durchführung berichten muss: „Ja, aber das geht nicht, weil ..." „Ja, aber das hab ich doch schon probiert und ..."

Manchmal werden beide Spiele abwechselnd gespielt und tragen so dazu bei, dass die Beratungs-Beziehung lange, lange aufrechterhalten werden kann und niemand dabei das Gesicht verlieren muss. Denn beide bemühen sich ja redlich.

Beratungskonzepte

In der Beratung wird deutlich, welches Konzept das Handeln des Beraters, der Beraterin leitet. Je nachdem ist die Vorgangsweise verschieden. Auch Expertentum ist nicht objektiv, wertneutral und abgehoben von menschlichen Belangen. Es ist abhängig von historischen und gesellschaftlichen Bedingungen, vom daraus abgeleiteten **Paradigma**.

> „Ein Paradigma bezeichnet das jeweils gültige oder für gültig gehaltene Gesamtweltbild der Wissenschaft. Ein solches Paradigma ist natürlich eine Konstruktion."[1]

Unterschiedliche Paradigmata liefern unterschiedliche Erklärungsmodelle für Verhalten und die Möglichkeiten, es zu beeinflussen.

In der Psychologie des 20. Jahrhunderts gibt es drei zeitlich aufeinander folgende Paradigmata. Heute werden alle drei von verschiedenen Wissenschaftern nebeneinander vertreten.

1. **Der Expertenansatz** = das medizinische Modell = das lineare Modell = das personale Modell

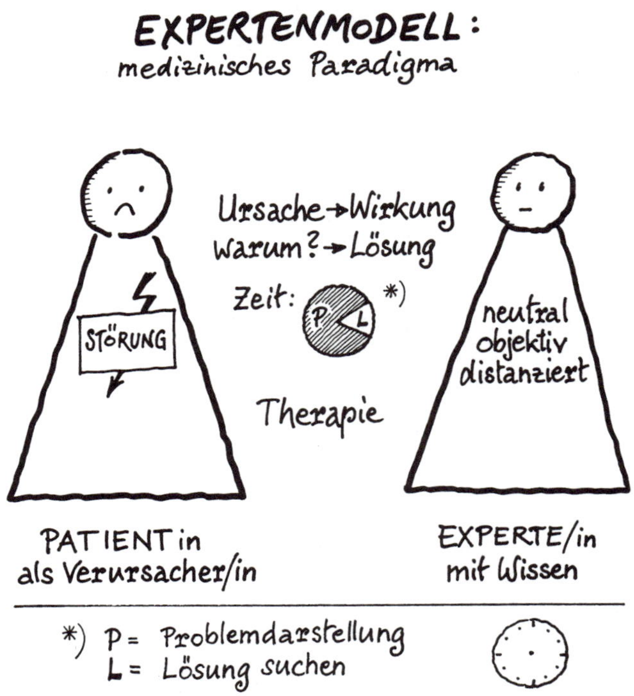

[1] Paul WATZLAWICK: Die Unsicherheit unserer Wirklichkeit, S. 138

Das Verhalten ist eine „Eigenschaft“ der Person. Dieses wird mit einem wissenschaftlichen Etikett versehen, besonders die Verhaltens„störungen“. Wenn die Ursachen der Symptome in einer Therapie aufgedeckt werden, folgen Veränderungen.
Im linearen Modell ist Beratung pathologiezentriert (auf eine psychische Erkrankung gerichtet) und Veränderung meint Gesundwerdung, Heilung, Normierung, Anpassung. Das Interesse richtet sich auf die Vergangenheit, auf das Warum. Der Berater ist der Experte für die Erklärungen und Deutungen. Dieses Modell liegt der Tiefenpsychologie zugrunde.

2. **Das interaktionistische Modell** = das interpersonale Modell = die Lerntheorien
   Jedes Verhalten ist gelernt (ähnlich der Dressur bei Tieren): durch Gewöhnung und durch positive oder negative Verstärkung, durch Versuch und Irrtum oder Nachahmung eines Modells.
   Dieser Zugang findet sich im Behaviorismus.
   Das verhaltenstherapeutische Vorgehen besteht darin, nach einem Plan das Verhalten nach und nach so zu ändern, dass es allmählich dem erwünschten entspricht.
3. **Das systemische Modell**
   Jede und jeder ist Teil von Systemen. Jedes Verhalten hat innerhalb des Systems eine Funktion. Auch auffälliges Verhalten ist eine „gesunde“ Reaktion und bringt Gewinn. Veränderungen werden z. B. möglich, wenn derselbe Gewinn auf andere Weise erzielt werden kann oder wenn neue „Landkarten“, also veränderte Sichtweisen, benutzt werden. Dazu können alle im System etwas beitragen.
   Viele therapeutische Richtungen der Humanistischen Psychologie bauen auf dem systemischen Modell auf.

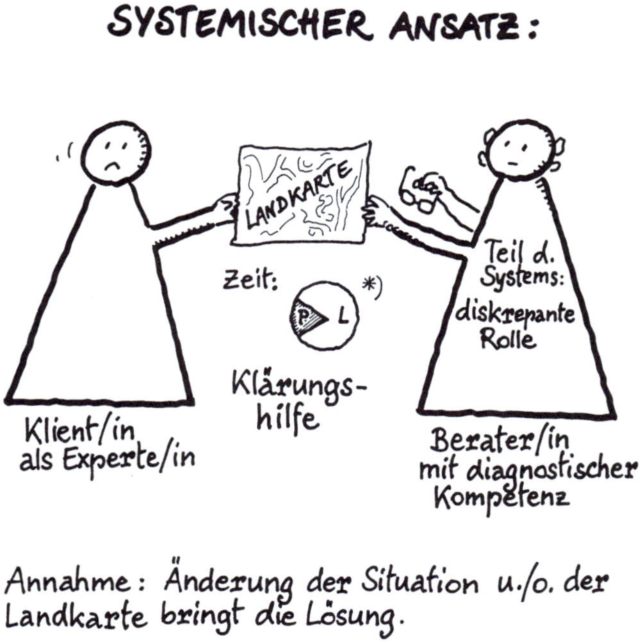

Wirklichkeit als Übereinkunft

Worin besteht das systemisch-konstruktivistische Konzept?
Wir leben (selber als komplexe Systeme) in und sind ein Teil von Systemen: die Familie, der Freundeskreis, die Schulklasse, das Kollegium, am Arbeitsplatz. Die Teile des Systems sind nicht lose zusammengefügt wie die Sandkörner in der Sandburg, sondern sie wirken aufeinander ein. Jeder Teil hat eine Funktion. Klappt etwas nicht, so hat nicht ein Teil das Problem, sondern das Zusammenwirken der Systemkomponenten liefert die Erklärung. Rückkopplung hält das System in einem (labilen) Gleichgewicht. Jede Veränderung eines Teils wird mit der Änderung eines anderen beantwortet. Wie bei einem Mobile.
Die Bedeutung, die wir Ereignissen zumessen, bestimmt unser Verhalten. Die Beratung hilft, der individuellen (Be-)Deutung auf die Spur zu kommen. Sachinhalte lenken dabei eher ab. Denn: Jede Information ist eine Mitteilung über einen Unterschied (Gregory BATESON). Statt sich nach einer Inventarliste der Speisekarte zu erkundigen, kann die Beraterin nach dem Geschmack bestimmter Speisen fragen, welche der Ratsuchende bevorzugt und welche er weniger mag, ob das immer gleich ist, ob andere (Familienmitglieder, KollegInnen, MitschülerInnen ...) ganz andere Vorlieben haben ...
Werte und „Wahrheiten“ sind Äußerungen von Menschen. Sie sind verhandlungsfähig durch Gespräche. Das vertreten Karl-Otto APEL und sein Schüler Jürgen HABERMAS in ihrer **Diskursethik:** Es geht um das gemeinsame Entwickeln, Prüfen und Aushandeln von Normen. Um eine Verfahrensethik und nicht ein bestimmtes inhaltliches Ethikkonzept. Die sogenannte Wirklichkeit ist das Ergebnis von Kommunikation. Sehr eindrücklich wird das im japanischen Buch bzw. Film

„Rashomon“ gezeigt: Vier Personen schildern denselben Mord aus jeweils ihrer Sicht. Was ist die „Wahrheit“? Aus systemisch-konstruktivistischer Sicht kann das nicht entschieden werden.

> Jede und jeder hat seine subjektive Wirklichkeit. Jede, jeder hat ihre bzw. seine Landkarte der Welt.

Beratung wird nicht als medizinische Behandlung angesehen, sondern als Beziehung.

> Die Beratung ist ein zukunftsorientiertes Gespräch mit dem Klienten, der Klientin als Experten, als Expertin.

HelferInnen haben nicht Verantwortung für Inhalte und schon gar nicht für Bewertungen. Bewertungen schaffen Machtverhältnisse (wie bei der Leistungsbeurteilung in der Schule: Wer darf wessen Leistungen mit welchen Konsequenzen beurteilen?). Macht hat damit zu tun, wer den Kontext definiert und damit das Verhalten bewertet. Im systemischen Modell heißt Beratung: Verantwortung für den Prozess. Die Aufmerksamkeit richtet sich auf die Wechselbeziehungen, auf die zwischen dem Klienten und seiner Umwelt und die zwischen dem Klienten und dem Helfer.
Zeit und Energie werden für das Klären und Vergleichen von Landkarten verwendet. Mit Blickrichtung Zukunft werden (auch ungewöhnliche) Lösungen ausprobiert. Das Ziel ist: Voraussetzungen für die Veränderung **durch** das System schaffen.

Der „Polizist im Kopf“

„Wir reden, aber wir begreifen nicht.“[1]

Das Leitprinzip für Gespräche lautet auf der Seite des Sprechenden: Wie kann ich mein So-Sein, mein Selbstbild darstellen? Auf der Seite des Hörenden: Wie erkenne und respektiere ich das Anderssein des anderen?
Bei der Beratung geht es um eine „strukturelle Kopplung“[2] mit Hilfe der Sprache: Lebende Systeme übersetzen Interventionen von außen aufgrund ihrer inneren Struktur. Sie entscheiden, ob und wie sie Botschaften aufnehmen. Sie entscheiden sich für oder gegen das Lernen.
Lernen ist ein Aspekt des Sich-miteinander-Entwickelns. Ohne anregende Umwelt, ohne Menschen, die etwas vormachen, Situationen und Gegenstände, die Neugier verursachen, lernt der Mensch nichts. Aber auch die anregendste Umwelt, noch so gut gemeinte Ratschläge nutzen nichts, wenn sich das Individuum nicht für das Neue entscheidet.
Lernen heißt: Bekanntes Terrain verlassen, Verunsicherung aushalten, die gewohnte Orientierung aufgeben. Das muss man/frau sich trauen, dazu muss er oder sie sich bewusst entschließen.
Lernen ist ein Selektionsprozess, eine Störung (= Perturbation), Veränderung, ein Infragestellen. Wer sich in einer verunsichernden Situation befindet (Pubertät, Scheidung, Versagen, Verlust des Arbeitsplatzes ...), braucht all seine Energie, um wieder sicheren Boden unter den Füßen zu gewinnen. Ratschläge, was man alles ändern könnte, wirken dann bedrohlich.
Lernen heißt nicht: das aufnehmen, was in den Nürnberger Trichter geschüttet wurde. Instruktive Intervention ist unmöglich! Wenn der Klient, die Klientin nicht will, nutzt alles nichts.
Schon früh haben wir Abwehrstrategien erworben, um das Lernen zu verhindern:

Vermeiden
Leugnen
Täuschen
(Ver)schweigen
Verhindern
Ignorieren
Rückzug

Meist werden solche Verhaltensweisen bei KlientInnen, SchülerInnen, Eltern ... bekämpft. Oft vergeblich. Denn es handelt sich um eine wertvolle Ressource: Es ist der **„Polizist im Kopf“** (Augusto BOAL), der uns beschützt. Er hält unsere Ängste vor Peinlichkeit oder Bedrohung unter Verschluss. Durch verschiedene Einflüsse ist er groß oder klein geraten.

> Lernfeindliches, defensives Verhalten ist ein Schutz.

---

[1] Franz GRILLPARZER: Der Traum ein Leben
[2] Humberto R. MATURANA / Francisco J. VARELA: Der Baum der Erkenntnis

Ein Schutz, den ich nur dann aufgeben kann, wenn ich mich stark genug fühle oder die Situation meine Sicherheit gewährleistet.

„Das größte Missgeschick der Menschen ist der Glaube an das Missgeschick, denn er verhindert die Umkehr." (Martin BUBER)

BeraterInnen helfen anderen, aktionsfähiges Wissen zu gewinnen. Sie tragen zur Stärkung bei, zum Empowerment, zur **Ermächtigung**. Das geht nur, wenn sie sich mit dem „Polizisten" verbünden. Sie zeigen dem Polizisten

- dass es gut ist, dass es ihn gibt,
- dass er im Moment arbeitslos ist.

Doch halt! Sind allzu mächtige Ratsuchende nicht gefährlich? Ist es nicht notwendig, als BeraterIn immer noch ein bisschen mehr Macht als der Klient, die Klientin zu haben? So flüstert der „Polizist im Kopf" den BeraterInnen zu. Er rät zu folgenden Aktionsstrategien:[1]

- eigene Position verteidigen
- andere bewerten
- bei allem, was Sie verstehen wollen, Ursachen suchen
- Diagnose und neue Regeln vorgeben

[1] Chris ARGYRIS: Wissen in Aktion, S. 58 f.

Diese Selbstdarstellung wählen BeraterInnen, die ihr kleines Ich verstecken wollen. Dann wird dafür in großem Stil kolonialisiert. Vor dieser „Kolonialisierung von Lebenswelten" warnt Jürgen HABERMAS. Ivan ILLICH spricht von der „Entmündigung durch Experten". Manchmal gleicht das Kontrollbedürfnis der professionellen HelferInnen dem Vorgehen eines Pyromanen, der einen Flächenbrand erzeugt, um gleich darauf seine Kontrollmacht als Feuerwehrmann zu beweisen.

Vom Zauberer und Frühjahrsputz

Worin besteht die Aufgabe, die Funktion, der Job des Beratens?

Was ist ein Neurotiker? Einer, der Luftschlösser baut. Und ein Psychotiker? Einer, der darin wohnt. Und der Psychotherapeut? Das ist der, der die Miete kassiert. Das ist natürlich ein gemeiner Witz.

Viele Beratungsdienste werden gratis geleistet. Besonders arg empfinden es die BeraterInnen, wenn sie nicht einmal autonom entscheiden dürfen, ob und

wen sie beraten. Wenn sie selbst nur die „InkassantInnen“ sind, die Aufträge zu erfüllen haben.
Auftraggeber (Institution) und Ratsuchende mischen bei der Aufgabendefinition mit. Der oder die Beratende ist wie …

- der **Trainer einer Fußballmannschaft.** Er oder sie beobachtet unendlich viel und kommuniziert über diese Beobachtungen. Er hilft, ein funktionierendes System direkter Kommunikation zu entwickeln, in der jeder Sinn erkennt. Das Ziel ist Selbstorganisation.[1]
- eine **Zauberin**: Sie oder er lenkt die Aufmerksamkeit des Zuhörers auf etwas anderes. Die Frage ist: Was hilft Ratsuchenden, „den Übergang aus dem zu engen oder nicht mehr zutreffenden Wirklichkeitsbild in ein anderes zu bewerkstelligen?“[2]
- ein **Stratege fürs Putzen**. Er/sie ist nicht zuständig fürs Hausaufräumen, nicht Mädchen für alles oder der Mann fürs Grobe. Er/sie fragt bestenfalls, wo die Bewohnerin, der Bewohner Besen und Schaufel hat und entwirft mit ihr bzw. ihm gemeinsam eine Strategie für den Frühjahrsputz. Ob die/der Ratsuchende den dann wirklich macht oder ihre/seine Zeit lieber anderswie verbringt, ist letztendlich ihre/seine Entscheidung.[3]

> Beratung ist solidarische Begleitung (lat. solidare = verstärken, fest machen).

Das Ich des Ratsuchenden wird so gestärkt, dass sein „Polizist im Kopf“ fast keine Arbeit hat und hilfreiche ExpertInnen überflüssig werden. Die Botschaften müssen ankommen, passen. Die Form der Beratung, das WIE, ist die eindrucksvollste Information.

Abstinenz und Doppelpack

Eine idealisierende, missverständliche Auffassung legt nahe, dass der Berater, die Therapeutin sich in Abstinenz üben solle. Das ist unmöglich, denn BeraterInnen sind immer Partei und immer (mit ihren Gefühlen) Beteiligte.
In ihrer beruflichen Tätigkeit haben sie in mehrfacher Hinsicht eine **diskrepante** (widersprüchliche) **Rolle:** Sie sind Anwalt/Anwältin der **Ambivalenz,** d. h., sie setzen Hilfe und Kritik ein. Sie haben ein **Doppeltes Mandat**, d. h., sie vertreten die Trägerinteressen und Klientenbedürfnisse.
Ihr Arbeitsprinzip ist von **Zweigleisigkeit** geprägt:

- Bearbeitung der aktuellen Anliegen und akuten Probleme
- Wahrnehmung und Bearbeitung der Interaktion

einerseits	**andererseits**
Trägerinteressen	Klientenbedürfnisse
Kritik, Kontrolle	Hilfe
Konfrontation	Bestätigung
Beobachtung der Interaktion	Bearbeitung aktueller Anliegen
Wahrnehmung „von außen“	„MitspielerIn“
Neutralität, Distanz	eigene Gefühle und Empfindungen
Allparteilichkeit	Vertretung von Anliegen der Klienten, Parteinahme
Grenzen respektierend	Grenzen überschreitend
Forderung nach Authentizität	Beschränkung der eigenen Offenheit

[1] Fritz B. SIMON: Die Kunst, nicht zu lernen, S. 129ff.
[2] Paul WATZLAWICK: Die Unsicherheit unserer Wirklichkeit, S. 21
[3] Thomas WEISS: Familientherapie ohne Familie, S. 84

Beratung, das Angebot im Doppelpack (Hilfe + Kontrolle), erfordert als Berufsethos Allparteilichkeit und Neutralität. Und gleichzeitig sind diese Spieler nie Außenstehende, distanzierte, objektive Beobachter des Geschehens, sondern MitspielerInnen, Mitglieder des lernenden Systems. Hinzu kommt manchmal die (scheinbare) Notwendigkeit, Partei zu ergreifen gegenüber anderen (Vertretung bei Behörden, bei KollegInnen, Eltern ...). Das bewirkt eine ambivalente, eine diskrepante Rolle und damit eine gespaltene Identität, Spannung.
Beratung (Therapie, Sozialarbeit, Erziehung, Lehren) ist immer auch **Grenzverletzung**. UNO-Hilfstruppen, das Rote Kreuz, Organisationen, die humanitäre Hilfe im Krieg führenden Ausland leisten, müssen Grenzen überschreiten. Die Frage ist: auf welche Weise, für wie lange, gebeten oder ungebeten, und mit welcher Bereitschaft, sich an gegebene Regeln zu halten?
„Die sinnvolle Abstinenz liegt darin, dass er die Klienten nicht mit seinen eigenen Problemen belastet." Noch deutlicher formuliert es SCHMIDBAUER wenig später: „Die Vorstellung einer vollkommen unparteiischen Haltung des Therapeuten gehört zu den lebens- und nähefeindlichen Idealen der Industriewelt wie die Vorstellung von einer ‚wirklich abgeschlossenen' Trauerarbeit, von einer ‚verarbeiteten' Trennung, von einem ‚gelösten' Beziehungsproblem. Reale Nähe und Liebe sind unvollkommen, bedroht, subversiv."[1]

Rollen der BeraterInnen

Die beratende Funktion ist eine Tätigkeit. Wie sie ausgeübt wird, hängt u. a. von den Zugängen, Fähigkeiten, Begabungen und Vorlieben der Person ab, die sie verrichtet.
Der/die **BrückenbauerIn** ist eine Person, die leicht Kontakt findet. Ihr ist Nähe und eine gute Beziehung zum Klienten, zur Klientin wichtig. Sie kann auch gut zwischen Konfliktparteien vermitteln. Einverständnis und Harmonie sind ihr ein Anliegen. Sie kann gut zuhören und sich in andere einfühlen.
Der/die **WissensvermittlerIn** ist eine Person, die Begreifen für eine wichtige Qualität hält. Sie kann entsprechende Daten und Fakten liefern, sich auf wissenschaftliche Erkenntnisse beziehen und wichtige Informationsquellen nennen. Sie hat den Anspruch, Wissen klar zu vermitteln, sodass daraus Hilfe bezogen werden kann.
Der/die **KulissenschieberIn** ist eine Person, die sehr einfallsreich und flexibel ist, wenn es darum geht, Bekanntes in einem neuen Licht erscheinen zu lassen. Sie verändert Rahmenbedingungen und stellt neue Brillen zur Verfügung. Durch den ungewohnten Blickwinkel kann auch die Kehrseite der Medaille betrachtet werden. Ver-rückte Standpunkte machen Umdeutungen möglich.
Der/die **KoordinatorIn** ist eine Person, die alles in die Reihe bringt. Sie ordnet und sortiert die Faktoren (Zeit/Personen/Themen) in einem komplexen Geschehen so, dass zielgerichtetes Handeln möglich wird. Sie hält den roten Faden gut sichtbar in der Hand. An dieser Richtschnur entlang ergibt sich eins nach dem anderen. Struktur und Planung sind zentrale Elemente ihrer Hilfestellung. Das erfordert auch ein entschiedenes (Durch-)Trennen und Konfliktbereitschaft.
Viele haben den Anspruch, Eier legende Wollmilchsau zu sein: möglichst immer alles und das sofort zu bieten. Das führt unweigerlich zur eigenen Überforderung. Es gehört zur Eigenvorsorge, die eigenen Stärken wertzuschätzen und Nein sagen zu können.

Übung

Eine Klientin, ein Klient hat Sie gefragt, worin eigentlich Ihre Tätigkeit besteht; was Sie können und bieten. Antworten Sie auf diese Frage in wenigen verständlichen Sätzen:

Ich ...

Auflösung s. S. 127

Die/der Ratsuchende muss wissen, womit sie/er rechnen kann. Lieber positiv überraschen als enttäuschen. Wenn Sie vermuten, dass Ihr Gegenüber in das Gespräch mit völlig überzogenen Erwartungen einsteigt, dann ist möglichst rasch entsprechende Aufklärung angesagt. Ebenso verhält es sich mit der Rolle der Ratsuchenden. Will Ihr/e GesprächspartnerIn tatsächlich etwas von Ihnen? Und wenn ja, was? Braucht er/sie tatsächlich Beratung oder sucht er/sie etwas anderes?

[1] Wolfgang SCHMIDBAUER: Die Angst vor Nähe, S. 157f.

Rollen der Ratsuchenden

„Können Sie mir raten ...?" „Wissen Sie vielleicht ..." „Was soll ich deiner Meinung nach tun ...? „Wie war das damals bei dir ...?"

Solche Einleitungen verführen die AdressatInnen dazu, gleich in die Vorratskiste der Ratschläge, Lösungen und des eigenen Erfahrungsschatzes zu greifen. Irgendetwas Passendes wird schon dabei sein. Auch wenn die heimliche Reaktion ist: „Oh Gott, was soll ich jetzt tun? Ich hab doch selber keine Ahnung ...", bleibt der Hilferuf nicht wirkungslos.
Aber ist es tatsächlich ein Hilferuf, was da gesendet worden ist? Nur allzu rasch nehmen VertreterInnen von Helferberufen das an und fühlen sich als ExpertInnen angesprochen. Zwei Reaktionen kommen häufig vor:
Erstens die ablehnende Reaktion: Ich bin nicht zuständig, nicht ausgebildet, werde dafür nicht bezahlt, hab keine Zeit, keinen Auftrag etc.
Zweitens die akzeptierende Reaktion: Ich fühl mich zuständig, geschmeichelt, verantwortlich, parat.
Stopp, langsam! Wozu haben Sie Nein oder Ja gesagt? Ich behaupte: Den ersten Sätzen Ihres Gesprächspartners können Sie entnehmen, in welcher Rolle er/sie Ihnen gegenübertritt. Prinzipiell lassen sich in privaten wie in professionellen Situationen „Kunden" von „Nicht-Kunden" unterscheiden (vgl. Steve DE SHAZER).

Der Kunde, die Kundin: Er/sie möchte die eigene Situation verändern. Ihm/ihr ist bewusst, dass das bedeutet, auch an sich selbst Änderungen vorzunehmen. Dem Klienten, der Klientin ist klar, dass eine Lösung Aktivitäten von seiner, ihrer Seite notwendig macht.

Nicht-KundInnen sind alle jene, die sich zwar in einer unangenehmen Situation befinden, aber ihren eigenen Anteil daran nicht erkennen. Sie selbst wollen (noch) nichts anders machen.

Jammerer sind Personen, die ohne Punkt und Komma ein Problem nach dem anderen auspacken. BeraterInnen fühlen sich als Zuhörende rasch überfordert und sind in hohem Maße gefährdet, auf das „Ich versuch nur, dir zu helfen-" oder das „Ja, aber"-Spiel (s. S. 36) einzusteigen. Jammerer – meist Frauen – suchen einfach jemanden, der ihnen zuhört. Wenn das geklärt ist, kann sich ein Berater „bequem zurücklehnen" und die Jammernde geht nach der vereinbarten Zeit meist ein wenig erleichtert weg.

KlägerInnen sind Personen, die genau wissen, wer Schuld hat an ihren Problemen. Es ist auf jeden Fall immer der oder die andere (Eltern beschuldigen die LehrerInnen, LehrerInnen die Eltern, die Erwachsenen beschuldigen die Kinder und Jugendlichen und diese die Erwachsenen usw.). Natürlich muss sich der oder die andere ändern. Entrüstet weisen KlägerInnen jede Umkehrung von sich. Sie sehen sich selbst zumeist in der Opferrolle. Wenn nur der andere nicht so böse wäre ...

BesucherInnen sind Personen, die nicht freiwillig da sind. Irgendjemand hat sie geschickt. Möglicherweise haben Sie selbst als BeraterIn diese Person zu sich beordert oder sogar aufgesucht. BesucherInnen tun oft so, als ob sie sich einließen, um ihre Situation (oder die ihrer Kinder) damit zu verbessern. Sie sagen vorschnell Ja und Amen und: Ich werd's künftig versuchen. Dabei wollen sie nichts wie weg. Nur wenige bringen den Mut auf, ihre Mitarbeit unmissverständlich zu verweigern. Unglücklicherweise wecken sie damit erst recht den „Jagdinstinkt" der BeraterInnen, die alle Mittel aus dem Köcher ziehen, um dieses verirrte Schaf zu bekehren.

Zuallererst müssen Sie also feststellen, ob Sie sich tatsächlich in einer eindeutig definierten Beratungssituation mit einem Kunden, einer Kundin befinden (s. Übung S. 52). Notieren Sie künftig die allerersten Sätze: Was sagt der/die andere, nachdem er/sie „Guten Tag!" gesagt hat?
Wenn Sie öfter mitgeschrieben und (im Nachhinein) analysiert haben, wird Ihr Gehör für die wichtigen Hinweise geschärft. Und das ist notwendig, weil Sie auf KundInnen anders reagieren müssen als auf Nicht-KundInnen.

Eine „gute“ Diagnose

Man kann nicht nicht diagnostizieren: Unterscheidungen und Schubladen befähigen uns, rasch zu handeln. Wahrnehmungen verselbstständigen sich schnell zu Etiketten: „der Macho“, „die Heulsuse“. Für die weitere Entwicklung kommt es darauf an, dass die Feststellungen möglichst vorläufigen situativen und kontextgebundenen Charakter haben und dass wir sie subjektiv und im Stillen formuliert haben.
„Diagnosen sind dazu da, um sie über Bord zu werfen.“[1] oder: „Die ärgste Krankheit ist die Diagnose.“ (Karl KRAUS)
Diagnosen sind Wahrheitsansprüche. Wie „wahr“ ist unsere Wahrnehmung wirklich?

Was fällt Ihnen zu diesem Zeichen ein? Was könnte das sein? Drehen Sie das Buch ruhig herum, vielleicht haben Sie dann andere Assoziationen.
Schauen Sie auf S. 127 nach, wie die Übung weitergeht. Sie werden staunend feststellen, wie unsere Wahr-nehmung die Wirklichkeit gestaltet.
Eine andere Übung führe ich in den Vorlesungen durch: Ich bitte die StudentInnen, eine Minute lang schweigend wahrzunehmen. Nach dieser ungewöhnlichen Unterbrechung des Unterrichts bitte ich sie, mir zu berichten, was sie wahrgenommen haben.
Besonders häufig sind es Details, die sie plötzlich gesehen haben: Schmutzflecken an der Wand, die Schuhe der anderen, die Form der Leuchtkörper an der Decke, die Gesichter der anderen etc. Es gibt – trotz oder vielleicht gerade wegen des Schweigens – auch eine ganze Menge zu hören: das Scharren der Füße, das Summen des Heizkörpers oder Vogelgezwitscher, das Vorbeidröhnen der Lkws, Lärm aus dem Nachbarraum (je nach Jahreszeit und Ort) usw.
Manch eine oder einer spricht auch eigene körperliche Empfindungen an: ein Gefühl von Ruhe, Gelassenheit und Entspannung, Hunger, ein verkrampftes Rückgrat etc. Selten geben die StudentInnen preis, dass und was sie so alles gedacht und tonlos gesprochen haben. Wenn ich später bei der Auswertung der Übung das als wesentlichen Teil von Wahrnehmung benenne, nicken jedoch viele bestätigend.
Klingt so, als wäre Wahrnehmen ein ziemlich komplexer Vorgang. So ist es in der Tat. Daraus folgt, dass wir gar nicht erwarten können, dass in derselben Situation jede/r von uns in derselben Weise wahrnimmt. Wahrnehmung ist aber bei jedem anders, ist ein subjektiver Auslese- und Hinzufüge-Prozess. Wissenschaftlich ausgedrückt:

> Wahrnehmung ist ein Ergebnis von Selektion und Inferenz.

Wenn wir unsere Wirklichkeit in Worte fassen, setzen wir ein Karussell der subjektiven Zuschreibungen und Konstruktionen in Gang.
Wenn wir uns in Übereinstimmung mit anderen – netten – Menschen befinden, fühlen wir uns wohl. Es verstört, sobald wir bedeutsame Unterschiede registrieren. (Bei uns unsympathischen Menschen erwarten wir eh gar nichts anderes, fühlen uns nur bestätigt und sind eher froh, dass die nicht so sind wie wir selber.)
So oder so, ohne Unterschiede geht es nicht: „Wirklichkeitskonstruktionen werden geleitet durch Unterscheidungen.“ (ARGYRIS) Daraus ergibt sich der provokante und wichtige Merksatz: Es lebe der Unterschied! Er gilt für die Beratung genauso wie im Alltagsleben.

Die 3 B

Wir sind keine Automaten. Niemand von uns funktioniert nach dem Muster: hier input (Eingabe), da output (Reaktion). Ein hochkomplexer Prozess, der in Sekundenschnelle ablaufen kann, ist dazwischengeschaltet, die Wahrnehmung.

Auf ein Ereignis (eine Abfolge von Reizen) folgt vor der Reaktion die Verarbeitung. Diese vollzieht sich auf drei Arten: physiologisch, rational und emotional. Anders ausgedrückt: Wahr-nehmen ist ein komplexer Vorgang.

[1] Hans-Ulrich PFEIFER-SCHAUPP: Jenseits der Familientherapie, S. 95

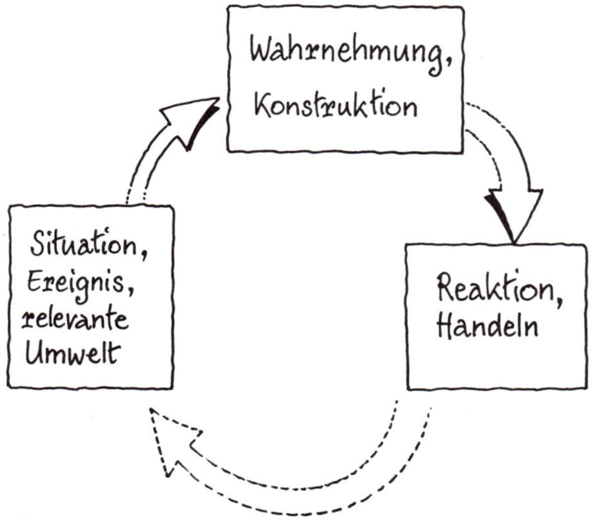

Er setzt sich aus mehreren Vorgängen zusammen. Diese 3 B (die Bezeichnungen beginnen alle mit B) sind untrennbar miteinander verknüpft und beeinflussen einander wechselseitig. Es handelt sich dabei um:

Beobachten
- aufnehmen, erklären, beschreiben
- Das Erfassen von äußerem Verhalten, Tun, das sichtbar, hörbar, spürbar, riechbar ist, das wie von einer Videokamera aufgenommen wird.
- Was ist beobachtbar (von außen)?
- Der rote Kopf, Körperdistanz in Metern, der Faustschlag, Schweißgeruch, das Herausholen des Hefts, der Blickkontakt, das Schreiben, Vogelgezwitscher usw.

Bewerten
- beurteilen, erzählen, bewerten, interpretieren
- Das Erfassen des inneren Prozesses.
- Es handelt sich um ein inneres Sprechen und Denken mit Anwendung eigener Filter, z. B. der eigenen unverrückbaren Wertvorstellungen und Glaubenssätze, der „beliefs".
- Was ist das Ergebnis des inneren Bewertungsvorganges?
- Eine individuelle Geschichte, die Diagnose, die Interpretation, ein Urteil usw.

Befinden
- empfinden, erleben, benennen, begründen
- Das Erfassen eines inneren Zustands.
- Es handelt sich um ein Gefühl.
- Was ist das Ergebnis der Zustandswahrnehmung?
- Eine ganz bestimmte Grundstimmung, ein hohes oder niederes Selbstwertgefühl, Körperempfindungen usw.

Sir Karl POPPER unterscheidet drei Welten: die Realität (das Beobachtbare), die Welt der Bedeutungen (kommt durch Bewertungen zustande) und die psychische Welt (das Befinden). An der sprachlichen Formulierung merkt man, welcher Anteil bestimmend war.

Beispiel

Beobachtung:	Das Kind verzog den Mund und spuckte den Kochsalat wieder aus.
Bewertung:	Ich verstehe, dass viele Kinder Kochsalat grauslich finden.
Befinden:	Ich hatte Mitleid mit dem Kind, das Kochsalat essen sollte.

Solange es um Kochsalat geht, ist es nicht wirklich wichtig, das komplexe Zusammenspiel der drei Bestandteile unserer Wahrnehmung zu kennen. Anders verhält es sich bei der Wahrnehmung von Situationen, Personen und deren Verhaltensweisen.

Landkarten als Leitvorstellungen

Das B wie Beurteilen, Bewerten zieht einen Rattenschwanz an Schlussfolgerungen nach sich. All unsere Überzeugungen, unsere „beliefs" – wie die NLP-ler (NLP = Neurolinguistisches Programmieren) sagen – hängen da dran. Denn wir haben „natürlich" begründete Erklärungen für unsere Werturteile. Ohne die tun wir's nicht, das wäre ja unverantwortlich.
Besonders genau wissen wir über die Verhaltensweisen Bescheid, die uns an anderen Menschen negativ auffallen: Wir wissen, warum der Schüler der 3A so aggressiv ist; warum der trinkende Vater seine Kinder prügelt; warum der Partner seine ausgezogenen Socken mitten im Wohnzimmer drapiert; warum die Chefin schlechte Laune hat usw. Das nennen WissenschafterInnen **Attribution**.
Auffälliges Verhalten, **Devianz** (von lat.: vom Weg abweichend), löst Spekulationen aus, die als Sicher-

heiten verkauft werden. Aber wer befindet sich auf dem „richtigen" Weg (= via)? In welche Richtung weicht das Verhalten von Erwartungen ab? Ist zuviel da ist oder fehlt etwas? Wer definiert die „richtige" Menge? Die sogenannte „Wahrheit" entsteht in unserem Kopf.
Wissenschafter haben kürzlich nachgewiesen, dass die Informationen, die im Sehzentrum verarbeitet werden, zum geringsten Teil vom Auge dorthin gelangen. Der Großteil kommt aus dem Gehirn selbst. Damit ist die **Autopoiese** (= das sich selbst schaffende System[1]) neuerlich bestätigt.
Jede/r benutzt seine eigene Landkarte, d. h., jede/r konstruiert eine eigene Bedeutung, die die Situation hat. Die Bedeutung ist somit eine Schöpfung einer je einmaligen Person. Mehrere Personen verfügen über mehrere (unterschiedliche) Landkarten. Wenn sie ein Gebiet gemeinsam „erwandern" wollen, müssen sie über die gemeinsam zu benutzende Landkarte verhandeln.
Wie unumstößlich können solche Aussagen sein?
Die Schülerin ist faul.
Der Jugendliche ist aggressiv.
Die Ratsuchende ist depressiv.
Der Klient ist süchtig.
Der ist ein Schläger.
Die ist eine Neurotikerin.
Die Familie ist verstrickt.
Das sind keine unumstößlichen Tatsachen, sondern Auffassungen und Deutungen (wie dieser Satz von mir).

(Be-)Deutungen sind verhandlungsfähig. Niemand hat ein Deutungsmonopol.

Manch eine Beraterin, manch ein Berater tut aber so als ob: sprachliche Formulierungen geben uns Hinweise. Es macht einen Unterschied, ob ich von jemandem sage: „Er ist ein Hypochonder." oder: „Sein Verhalten zeigt mir, dass ihm seine Gesundheit sehr wichtig ist." „**Zeigen**" hat mit einem gegenwärtigen und veränderlichen Verhalten zu tun, mit dem Wort „**ist**" klebe ich ein nur schwer wieder lösbares Etikett auf die Schublade, in die ich die Person einordne. Damit kann ich die Person besser mit anderen vergleichen und an irgendeiner (gesellschaftlichen/meiner) Norm messen. Soll dieser Norm-Mensch das Ziel meiner Beratung sein?
Abraham MASLOW äußert dazu Zweifel: „Jedes Zeitalter außer dem unseren hatte sein Modell, sein Ideal. Unsere Kultur hat sie alle aufgegeben: den Heiligen, den Helden, den Gentleman, den Ritter, den Mystiker. Alles, was uns geblieben ist, ist der gut angepasste Mensch ohne Probleme, ein sehr blasser und zweifelhafter Ersatz."[2]
Wir könnten schlussfolgern, das Modell des Menschen für das neue Jahrtausend ist der/die Heile (im Sinn von vollwertig, vollkommen, ganz, gesund). „Durch den Import von leistungsorientierten Normen in die Intimsphäre wachsen die Ansprüche an emotionale Perfektion."[3] Wahrheitssuche, mediengerechte Sexualpraktiken, Wallfahrten zu Heilern, Trost und Rat in der Talkshow – der Mittel und Wege, die verlorene, heile Ganzheit wiederzuerlangen, gibt es unendlich viele.
Unsere Sprache verrät, was dem Heilsein alles im Wege steht. Wir sprechen zum Beispiel von **Störungen**, die jemand **hat** („Das Mädchen hat Essstörungen", „Der Klient hat Paranoia").
Professionelle sprachliche Ausdrucksweise beschreibt Beobachtbares. Welches Verhalten zeigt eine Person (in welchen Situationen, wie häufig etc.)? Durch professionelle Wortwahl bekundet der/die BeraterIn, dass das beschriebene Verhalten momentan so erscheint und jederzeit veränderbar ist.
Fragen, Diagnosen und Interventionen sind nicht wirklich voneinander zu trennen. Wie gestalten wir gemeinsam mit dem Ratsuchenden den Prozess, in dem Klärung stattfindet: Wie wird eine Situation definiert? Wie wird dargestellt, was man tut? Zwischen Definition und Handeln besteht eine **rekursive** (rückbezügliche) **Beziehung**.

[1] Vgl. Humberto R. MATURANA / Francisco J. VARELA: Der Baum der Erkenntnis
[2] Abraham MASLOW: Zu einer Psychologie der Gesundheit. In: Franziska STALMANN: Lust an der Erkenntnis, S. 121
[3] Wolfgang SCHMIDBAUER: Angst vor Nähe, S. 146

„Und die Mutter blicket stumm“ (Körpersprache II)

Körpersprache drückt wie die Kommunikation in Worten auch soziales Verhalten aus.

Blickkontakt

„Wer spricht, sieht weniger.“ (Julius FAST[1]) Menschen, die genau zuhören, blicken den Redenden lange an. Wenn man Redenden zuhört und sie dabei anblickt, signalisiert man: Ich bin Ihrer Meinung oder: Ich interessiere mich für das, was Sie sagen. Man kann herausfinden, welchen Status jemand in der Gruppe hat, indem man beobachtet, wer am häufigsten von anderen angeschaut wird. Daraus ergibt sich der fatale Kreislauf von Vielreden und Bestätigtwerden. Wenn man am Redner vorbeiblickt, bedeutet das: Ich habe einige Einwände. Ich bin nicht einverstanden mit dem, was Sie sagen.

Die Lidbewegungen und die Stellung der Augenbrauen geben zusätzliche Informationen. Die Zahl der Signale, die wir mit den Augen und der sie umgebenden Haut aussenden können, sind praktisch unbegrenzt. Der Blickkontakt ist kultur- und geschlechtsabhängig. Zwei Frauen halten während eines Gesprächs fast doppelt so lange beiderseitigen Blickkontakt wie Männer.
Untersuchungen weisen darauf hin, dass es beim Schauen links- und rechts-orientierte Menschen gibt. Werden Menschen aufgefordert, über etwas nachzudenken, dann blicken sie normalerweise leicht nach oben und wenden dabei in etwa 75 % der Zeit ihre Augen in dieselbe Richtung. Ein Links-Orientierter habe ein erhöhtes Bewusstsein subjektiver innerer Erfahrungen, sei geselliger und eher für eine Psychotherapie geeignet als der Rechts-Orientierte. Dieser bevorzuge eher naturwissenschaftliche und technische Studienrichtungen, neige häufiger zu nervösen Gesichts- und Muskelzuckungen und treffe seine Berufswahl früher.[2]
Im NLP wird den Augenbewegungen folgende Bedeutung zugemessen:[3]

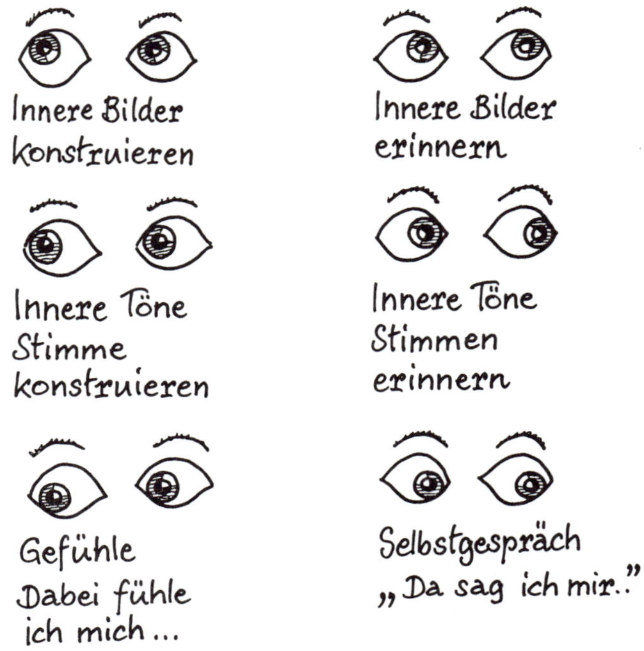

Bei Rechtshändern aus der Sicht des Betrachters

Räumliche Nähe

Weitere wichtige Informationen werden durch das Einnehmen von Raum übermittelt. Tiere markieren und verteidigen ihr Territorium wie einen Besitz. Im Prinzip tun wir Menschen das auch. Wir verteidigen unsere körperliche Integrität, indem wir unsichtbare Raumgrenzen um uns herum ziehen. Jeder Mensch hat seine spezifischen Raumbedürfnisse. Sie sind auch kulturabhängig. Oft entsteht Ärger aus Territoriumsverletzungen.
Edward HALL[4] fand vier Zonen heraus, innerhalb derer die meisten Menschen handeln:

1. Die **intime Distanz**: bis Armeslänge, etwa 60 cm um uns herum. Dieser Raum ist Situationen und Personen enger Vertrautheit vorbehalten.

---

[1] Julius FAST: Körpersprache, S. 148
[2] Merle DAY, zit. nach Bernard ASBELL / Karen WYNN: Du bist durchschaut!, S. 25
[3] Barbara SCHOTT / Klaus BIRKER: Kompetent verhandeln, S. 31
[4] Julius FAST: Körpersprache, S. 20

2. Die **persönliche Distanz**: etwa bis zur doppelten Armlänge, also ca. 120–150 cm. In dieser Entfernung führen wir persönliche Gespräche.

3. Die **soziale Distanz**: bis etwa 3,5 m. Das ist jene Distanz, die ein zwangloses Aufeinandertreffen (von Handwerker und Hausfrau, Kunde und Verkäufer etc.) möglich macht. Denn sie bietet einerseits Schutzfunktion (Familienmitglieder, die sich in dieser Entfernung voneinander aufhalten, signalisieren möglicherweise das momentane Bedürfnis nach Distanz). Andererseits kann man sich auch für eine Intensivierung des Kontakts entscheiden: In diesem Fall wird der Blickkontakt intensiviert, seine Häufigkeit vergrößert.

4. Die **öffentliche Distanz** (über 4 Meter) ist jene Entfernung, in der persönliche Begegnung von Mensch zu Mensch unmöglich wird. Aus dieser Entfernung bieten uns SchauspielerInnen ihre Künste an und wenden sich PolitikerInnen an uns. Wenn wir in der Fußgängerzone jemandem entgegengehen, entscheiden wir bei etwa 3 ½ Metern, ob wir die Begegnung zu einem sozialen Event machen oder nicht. Wenn wir nämlich nicht zu Boden schauen, sondern den Blickkontakt zu der betreffenden Person verlängern, fühlt sich diese ungeschützt und muss rasch entscheiden, ob sie die Situation als angenehm (Beginn eines Flirts) oder als unangenehm (Angestarrtwerden) bewertet. Auf jeden Fall ist sie verunsichert, fragt sich vielleicht, ob irgendwas an ihrem Aussehen nicht in Ordnung ist oder ob sie diese Person kennen müsste.

Das Verhältnis von Augenkontakt und körperlicher Entfernung wird immer ausgeglichen und auf den Wunsch nach Intimität bzw. Distanz abgestimmt. Doch auch dabei unterscheiden sich die Menschen. „Wenn Blicke töten könnten!“ Der Name der berühmtesten amazonischen Kriegerin, Antiope, bedeutet „die Frau, die dir direkt ins Gesicht sieht“. Manche Türken oder Griechen tragen an einer Halskette ein starr blickendes blaues (!) Auge als Schutz vor dem bösen Blick.

FREUD arrangierte seine Sitzungen immer so, dass die PatientInnen auf einer Couch lagen. Er nahm außerhalb des Blickfeldes der PatientInnen auf einem Stuhl Platz. So wollte er trotz räumlicher Nähe die Distanz wahren. Ganz im Gegensatz dazu wird es Polizisten empfohlen, beim Verhör dem Verdächtigen unangenehm nahe zu rücken. Auf diese Bedrohung durch zu viel Nähe reagieren die Betroffenen mit bestimmten Körpersignalen: Sie rutschen unruhig auf dem Stuhl hin und her, schlagen ein Bein über das andere. Manche trommeln mit den Fingern, schließen die Augen, heben die Schultern, rücken weiter weg ... Sie senden Körpersignale, die ihre Gefühle zum Ausdruck bringen.

Augustus KINZEL, ein New Yorker Psychiater, machte eine interessante Entdeckung. In einem Experiment sollten sich Strafgefangene mitten in einen Raum stellen, während sich ihnen der Versuchsleiter langsam näherte. Sie sollten in dem Moment „Stopp!“ rufen, wenn er ihnen zu nahe kam. Gewalttäter riefen wesentlich früher als Gefangene, die wegen anderer Delikte einsaßen. KINZEL entdeckte, dass die persönliche Pufferzone der Gewalttäter viermal so groß war wie die der anderen Täter, da ihre persönliche Distanz doppelt so groß war.

„KINZEL schloss daraus, dass diese Männer von einer unbegründeten Panik erfasst und gewalttätig wurden, sobald jemand in ihre persönliche Zone eindrang, die viel größer war als bei ‚normalen‘ Menschen.“[1]

Das undurchdringliche Gesicht, die Maske, die wir aufsetzen, soll uns im Alltag vor unliebsamen Annäherungen schützen. Jugendliche sorgen durch entsprechende Kleidung und Styling dafür, Erwachsene abzuschrecken. Denn mit etwa 12 Jahren hat die persönliche Pufferzone das Ausmaß gewonnen, das Erwachsene bevorzugen.

Das seitliche Neigen des Kopfes ist ein Vertrauensangebot, während die frontale Haltung Konfrontation signalisiert.

Wie viele Hürden sind also bei der Beratung zu überwinden, um ein passendes Setting (s. S. 50) für ein vertrautes Gespräch herzustellen!

[1] Julius FAST: Körpersprache, S. 58

Beratung – ein Prozess

Strukturmodelle stellen Abläufe statisch dar. Sie können daher nur als grobe Orientierungshilfe verstanden werden. Ein roter Faden kann nützlich sein. Vor allem für eine Reflexion im Nachhinein: Habe ich etwas Wichtiges übersehen?

- nach PFEIFER-SCHAUPP
  (in: Jenseits der Familientherapie)

1. Datensammlung
2. Diagnose
3. Prognose
4. Hilfsplan

- nach BACHMAIR
  (in: Beraten will gelernt sein)

1. Kontaktphase
2. Problemphase
3. Strukturphase
4. Kontraktphase

- nach FATZER
  (in: Supervision und Beratung)

1. Vorbereitung
2. Einstieg und Vertrag
3. Arbeitsphase
4. Trennungsphase

- nach THOMANN und SCHULTZ VON THUN
  (in: Klärungshilfe)

1. Phase: Kontakt und Situationsklärung
2. Phase: Thema herausfinden
3. Phase: Die Sichtweise jedes Einzelnen
4. Phase: Gestalteter Dialog und Auseinandersetzung
5. Phase: Vertiefung, Prägnanz der Gefühle oder sachliche Problemlösung
6. Phase: Verstandesmäßiges Nachvollziehen und Einordnen, Vereinbarungen und Hausaufgaben
7. Phase: Die Situation abschließen

Der/die BeraterIn macht den Anfang, strukturiert das Dazwischen und schließt ab. Dabei werden drei Zugänge unterschieden:

1. Selbstklärung, d. h. inneres Chaos ordnen, Sprachgewirr übersetzen. Ziel: Was fühle ich und was will ich?
2. Kommunikationsklärung mit dem Ziel: Kontakt und Dialog sowie Konfliktfähigkeit fördern.
3. Systemklärung: Funktion des Verhaltens verstehen. Regeln und Teufelskreise aufdecken.

- nach MITSCHKA

  Drei große Etappen werden unterschieden:

1. **W**ahrnehmen
2. **E**in-verständnis herstellen
3. **R**essourcen nutzen

Beratung ist Klärungshilfe. Wenn es nicht um ausschließlich sachliche Information oder materielle Unterstützung geht (und das ist selten der Fall), geht es im Prinzip immer um eine Frage zum großen Thema: „WER bin ich?“ Das Ziel der Beratung ist für beide, den/die Ratsuchende/n und den/die BeraterIn, die Feststellung: „Ich bin WER!“
Das Folgende ist meine „Landkarte“ für die Praxis:

3 Etappen zum erfolgreichen Beratungsgespräch

1. Wahrnehmen

Vor der Beratung
Kritische Selbstwahrnehmung zur personalen Identität (z. B. eigene Einstellung zu Leistung, Machtanspruch, Nähe- bzw. Autonomiebedürfnis, Stärken ...) und zur beruflichen Identität. (Klärung der Funktion: Was erwartet mein Arbeitgeber von mir, welche Unterstützung habe ich? Welchen Anspruch habe ich? Welche Rolle will und kann ich übernehmen, welche nicht? Verhalte ich mich wie eine „Eier legende Wollmilchsau", wie ein/e VertreterIn oder KlärungshelferIn? Bin ich eher BrückenbauerIn, WissensvermittlerIn, KoordinatorIn, KulissenschieberIn?)

Während der Beratung
- Was nehme ich **aktuell an mir** wahr? (Wie ist mein Befinden? Fühle ich mich z. B. verärgert, gelangweilt, gehetzt, überfordert ...)
- Was beobachte ich **am Klienten, an der Klientin** in der Situation (getrennt von meiner Bewertung)? Was teilen mir die ersten Sätze über die Rolle der Klientin, des Klienten mit (BesucherIn, KlägerIn, Jammerer/Jammerin, KundIn)?

2. Ein-verständnis herstellen

- Aktiv zuhören: Feststellung zum Gefühl der/des Ratsuchenden = Ein-Verständnis. Rollenklärung bestätigen lassen (besonders bei „Nicht-KundInnen"), notfalls
- eigenes Gefühl, eigenes Bedürfnis, eigene Funktion klar formulieren (Ich-Botschaft).
- Nach dem Ziel fragen.

→

- **Beratungsvertrag:**
Zielformulierung für hier und jetzt: konkret, positiv, ohne Kolonialisierung, realisierbar, kontrollierbar

3. Ressourcen nutzen

Beratungsmethoden, z. B.
hilfreiches Fragen
Umdeuten
Körpersignale deuten
Sprachbilder nutzen
Drastifizieren
Visualisieren
Körperskulptur
Arbeit mit Materialien etc.

→

Vertrag für draußen:
Wer? Wie? Was? Wann? Mit wem?
BeraterIn als ZeugIn
Abschluss: Termin zur Kontrolle vereinbaren

↓

Kontrolltermin:
Wie geht's?
Wie war's?

Beratung ist ein ziel- und lösungsorientiertes Gespräch mit der Klientin, dem Klienten als Expertin, Experten.

B) PRAXIS

Das Setting (in Stichworten)

- Sitz- oder Stehordnung soll Blickkontakt ermöglichen. Ein etwa 90°-Winkel ist besser als 180°. Einander genau gegenüber zu sitzen oder zu stehen, wirkt konfrontierend.[53]
- Ortswechsel meiden, Heimatgefühl für die Gespräche entstehen lassen.
- Möglichst nicht in den eigenen Privaträumen (weder KlientIn noch BeraterIn).
- Kein majestätisches Verschanzen hinter einem riesigen Schreibtisch. Ein gemütliches Versinken in einem Polstermöbel ist ebenso unangebracht.
- Sessel so stellen, dass „Schutz" vorhanden ist: Tischerl, Wand.
- Je nach Methoden, die Sie bevorzugt zusätzlich zu Gesprächen einsetzen, brauchen Sie außerdem Raum für Bewegung oder Papier und Stifte für Visualisierungen, Plastilin zum Formen usw.
- Möglichst keine Unterbrechungen (z. B. durch Telefonanrufe).
- Zu Beginn klare Absprache über die Gesprächsdauer: 45 bis maximal 60 Minuten. Das gilt auch, falls das Gespräch zwischendurch stattfindet: am Telefon, am Gang. Sagen Sie zu Beginn deutlich, wenn Sie unter großem Zeitdruck stehen, bieten Sie Alternativen an.
- Nichts Gefährliches (Briefmesser) oder Ablenkendes („Schnickschnack") in Reichweite.
- Keine ungebetene Musikberieselung.
- Eine einfache Definition des Angebots Ihrer Dienststelle in 1–2 Sätzen (so als sollten Sie es Zehnjährigen erklären) bereit haben.
- Eine einfache Definition der eigenen Tätigkeit in 1–2 Sätzen (so als sollten Sie es Zehnjährigen erklären) bereit haben.
- Sich vor Lauschern und Störungen schützen (falls ein Wartezimmer vorhanden ist); wenn ein Gespräch am Gang stattfinden muss, möglichst Nische suchen, Intimität und Vertrautheit ermöglichen.
- Kein Tonband oder Video, keine fremden Zuhörer; wenn aus irgendwelchen Gründen sinnvoll oder notwendig, nur mit Einverständnis des Klienten, der Klientin.
- Einverständnis fürs Mitschreiben einholen: Notizen – vor allem die ersten Sätze – sind wichtige Gedächtnisstützen. Wörtliche Aussagen, besonders Schlüsselwörter, sollten klar unterschieden werden von Ihren Eindrücken und Bewertungen.
- Finanzielle Abgeltung zu Beginn klären.
- Schweigepflicht erkennbar machen. Nicht Informationen über andere offen herumliegen lassen, nicht über andere KlientInnen – womöglich noch inklusive Namensnennung – sprechen.
- Tun Sie so, als würde die Person sicher nie mehr irgendwo hingehen, weder bei Ihnen noch sonst wo Hilfe holen. Also: Nicht heiße Kartoffeln weiterschupfen, allzu leichtfertig delegieren nach dem Motto: Ich bin nicht ExpertIn. Ein anderer ist zuständig. Nicht ins Spital schicken, weil Sie kein „Pflaster" im Haus haben.
- Die Veränderung erfolgt nicht während der Beratung. Daher ist nicht die Zeitdauer der einzelnen Beratung oder deren Häufigkeit eine Garantie

[53] Vgl. Christa MEVES: Kleines ABC für Seelenhelfer, S. 111

dafür, dass das Ergebnis entsprechend effektiv ist. Die Veränderung – wenn es eine gibt – passiert im gewohnten Umfeld des Klienten, der Klientin.

- Ein Kontrollgespräch anbieten, auch wenn das Erstgespräch zu einem befriedigenden Ende führt. Es gehört zum professionellen Vorgehen, das Ergebnis gemeinsam zu bewerten (= evaluieren).
- Personen, für die Änderungen bedrohlich sind, brauchen längere Abstände zwischen Beratungsgesprächen. Ein Abstand von 3–4 Wochen erweist sich als günstig.

1. Etappe Beratungsverlauf: Wahrnehmen

Die Leitfrage lautet: Was bewegt Sie und was Ihre Gesprächspartnerin, Ihren Gesprächspartner?

Das Etappenziel heißt erste Eindrücke sammeln:

- Ist er/sie KundIn? Wenn nein, was sonst?
- In welcher Gefühlslage befindet er/sie sich?
- Was löst er/sie in Ihnen aus?

Die Tätigkeit: Sie eröffnen das Gespräch, dann schauen, hören, fühlen Sie.

Selbstwahrnehmung des Beraters, der Beraterin

Der Anfang wird in Wahrheit schon lang vor dem konkreten Gespräch gemacht: Wie kritisch bin ich in meiner Selbstwahrnehmung? „Erkenne dich selbst", sagten schon die alten Griechen.

- Wie wichtig ist mir die Beratungstätigkeit?
- Wie sehr brauche ich die Nähe zu anderen Menschen?
- Ist Machtanspruch für mich ausschließlich negativ?
- Welchen Persönlichkeitsanteil (Eltern-, Erwachsenen-, Kind-Ich, s. S. 35) setze ich in Gesprächen besonders häufig ein? Welcher erscheint mir besonders geeignet für Beratungssituationen? Welcher nicht?
- Welche Erwartungen meiner Organisation erfülle ich gern und welche nicht?
- Was ist mein (heimliches) Motto in der Beratung?
- Welche der BeraterInnenrollen liegt mir besonders (BrückenbauerIn, KulissenschieberIn, WissensvermittlerIn, KoordinatorIn)?

Aller Anfang ist schwer

Was sagt ein/e BeraterIn, nachdem er/sie „Guten Tag" gesagt hat?

„Ich höre. Sprechen Sie!" Das ist so ungefähr die blockierendste Einladung, sich in einem Gespräch einer fremden Person anzuvertrauen.

„Was kann ich für Sie tun?" Diese Frage löst möglicherweise einen Schwall von Worten aus, der sich über den Berater ergießt. Im Nu findet er sich in der Rolle des Eier legenden Wollmilchschweines wieder. Er hat den Ball in der Hand und damit die Verantwortung. Endlich hat der/die Ratsuchende jemanden gefunden, der alle seine/ihre Probleme restlos beseitigen wird!

„Was für ein Problem haben Sie?" Also, wer noch kein Problem hat, muss es spätestens nach dieser Frage erfinden. Oder ist er/sie vielleicht hier fehl am Platz?

„Was führt Sie her?" Oder einfach ohne Worte eine einladende Geste machen, das genügt.

Wenn ich gewohnt bin, mir über meine personale und meine berufliche Identität Gedanken zu machen, kann ich die Innenschau auch während des Beratungsgesprächs als Informationsquelle nutzen: Was nehme ich aktuell an mir selbst wahr, wie fühle ich mich? Welchen Informationswert hat dieses Gefühl für mich, für die Klientin, den Klienten?

Der/die KlientIn löst mit dem, was er/sie sagt, wie er/sie es sagt, wie er/sie sich gibt, Gefühle bei der Beraterin, dem Berater aus: Langeweile, Verwirrtheit, Ärger, Unzufriedenheit, Ohnmacht, Unruhe, Hektik, Neugier, Erschlagenheit, Aggression, Belastung, Druck. Das Gefühl ist Information. Denn genau dieses Gefühl löst die Person auch bei anderen aus. Es handelt sich um ein **Spiegelphänomen**. In Balintgruppen, in der Supervision werden die Gefühle, die bei den ZuhörerInnen ausgelöst werden, als Informationsquelle genutzt.

Dieses Spüren begleitet die nach außen gerichtete Wahrnehmung des Beraters, der Beraterin:

- Was nehme ich an der Situation, der Klientin, dem Klienten wahr?
- Was sehe, was höre, rieche ich, was fällt mir auf?
- Wie ist die Körperhaltung der Person, die mir gegenübertritt/-sitzt? Wie sind ihre Bewegungen? Wie ist sie gekleidet? Wie sind Stimmführung, Lautstärke, Modulation? Wer ist beim Gespräch noch dabei? Wer beginnt zu sprechen?
- Was tun die Hände, die Augen? Gibt es Blickkontakt?

Nicht nur Ohren sind hilfreich – wir haben sogar vier davon (s. S. 53), aber eines davon ist verkümmert –, sondern auch Augen. Wie schon im Kapitel über die Körpersprache gesagt, werden unsere Gefühle wesentlich über die Körpersprache kodiert. In den seltensten Fällen kommen Ratsuchende zu Ihnen, die perfekte Ich-Botschaften über ihre Gefühle und Bedürfnisse äußern. Im Gegenteil. Genau das wird Ihre Hauptaufgabe sein.

Das Herzstück der Beratung heißt: Den Gefühlen und Bedürfnissen der KlientInnen auf die Spur kommen und angemessenen Ausdruck zu verleihen.

Dazu müssen Sie den Sprecher, die Sprecherin anschauen. Wer mehr hört, als sie/er selber redet, sieht auch mehr.

Die ersten Sätze

Die ersten Sätze, die Sie hören, enthalten wichtige Informationen
über die Rolle der Klientin, des Klienten
über das Anliegen, das Problem
über die Lösung
Daher: Mitschreiben! Und die Wortwahl genau beachten!

Übung

Analysieren Sie bei den folgenden Beispielen die ersten Sätze. Welche Informationen geben die Eltern mit diesen wenigen Worten?

Aufgabe 1

„Wir haben ein allgemeines und ein besonderes Problem. Schon seit dem Kleinkindalter war sie immer zurückgezogen, immer unsicher …“

Auflösung s. S. 127

Aufgabe 2

„Willst du dich äußern? Seit der 4. Klasse Volksschule betrachtet sie die Aufgaben und das Lernen als Zumutung. Ihr Bruder hat nie Probleme gemacht.“

Auflösung s. S. 127

Aufgabe 3

„Die Frau Prof. Wagner hat empfohlen, dass wir herkommen. Es geht mit der Leistung bergab, sie ist verschlossen, sie verweigert die Mitarbeit …“

Auflösung s. S. 127

Aufgabe 4

„Ich mach mir Sorgen um meine Tochter.“

Auflösung s. S. 127

Mögliche andere Reaktionen auf: „Was führt Sie her?“
- Die … hat mich geschickt.
- Ich möchte wissen, ob …
- Na, … hmm, … ich weiß nicht, was ich sagen soll …

Solche Reaktionen zeigen Unsicherheit. Schließlich packt man nicht alle Tage private Angelegenheiten vor wildfremden Menschen aus. Was immer das aktuell präsentierte Gefühl des Ratsuchenden ist: Sprechen Sie es an! Also auch das Unbehagen beim Anfangen.

Erste Reaktionen der Beraterin, des Beraters

- Es ist gar nicht so leicht, mit einer fremden Person zu sprechen.
- Sie wissen nicht so genau, wie Sie anfangen sollen.
- Es fällt Ihnen schwer zu reden.
- Die Situation hier ist Ihnen unangenehm.

In der Regel genügen diese Feststellungen (nicht: Fragen!) als Türöffner. Genau das Gegenteil bewirken rasche Ratschläge, Tröstungen oder Vorwürfe.
- Na, du solltest einfach …!
- Ich an Ihrer Stelle würde …
- Wenn du so weitermachst, brauchst du dich nicht zu wundern, wenn …
- Warum sind Sie so gehemmt?

Natürlich meinen wir, das Beste für den anderen, die andere zu tun. Das passiert vor allem BeraterInnen, die rasche Lösungen suchen und ihre eigene Kompetenz beweisen wollen. Sie lassen sich und dem/der Ratsuchenden wenig Zeit und kolonialisieren stattdessen. Die Zeit fürs Wahrnehmen ist gerade beim Gesprächsbeginn sehr wichtig.

2. Etappe Beratungsverlauf: Ein-verständnis herstellen

Was bewegt Ihre/n GesprächspartnerIn und was braucht er/sie? Es geht darum, den Gefühlen und Bedürfnissen der/s Ratsuchenden so Ausdruck zu verleihen, dass klar ist, worum es geht. Das ist das Herzstück der Beratung. Dem/der Ratsuchenden wird dabei zur Selbstdarstellung verholfen. Der Wasserball, der mühsam unter Wasser gedrückt wird, wird gemeinsam hervorgeholt und beschrieben. BeraterInnern, die ihre eigenen Wasserbälle oft unter Wasser halten, tun sich damit schwer.

Abschnitt 1: Einfühlen – Gefühle ausdrücken

Die Leitfrage lautet: Welches Gefühl bewegt meine/n GesprächspartnerIn aktuell?

Das Ziel: Das Gefühl so zum Ausdruck bringen, dass der/die GesprächspartnerIn nickt, weil er/sie sich verstanden fühlt.

Die Tätigkeit: Mit dem Selbstdarstellungsohr hören (s. unten) und das Gehörte als eine Feststellung formulieren, d. h. aktiv zuhören.

Aktives Zuhören bringt das Ja für den Beratungsvertrag, die Einverständniserklärung der/des Ratsuchenden.

Botschaften entschlüsseln

> Sprache ist mehrdeutig. Jeder Satz kann auf mindestens vierfache Weise gehört werden. Da der/die EmpfängerIn einer Botschaft diese mitgestaltet, ist Kommunikation kreisförmig.

Je mehr Zugänge genutzt werden, desto wahrscheinlicher wird das Verstehen. Wir haben dazu vier Ohren:[1]

das **Selbstdarstellungsohr**
(gelb)
für BeraterInnen
hört:
Was sagt er/sie über sich?
Wie ist ihm/ihr zumute?
= aktives Zuhören

das **Sachohr**
(blau)
für AnwältInnen
hört:
Wie ist der Sachverhalt zu verstehen?
Was ist die Ursache und was folgt daraus?
= umschreibendes Zuhören

das **Beziehungsohr**
(orange)
für Selbst-VerteidigerInnen
hört:
Wie redet der/die eigentlich mit mir?
Wen glaubt er/sie vor sich zu haben?
= Pseudo-Zuhören

das **Appellohr**
(rot)
für SamariterInnen
hört:
Was sollte ich tun, denken, fühlen aufgrund seiner/ihrer Mitteilung?
= aufnehmendes Zuhören

[1] Weiterentwicklung der Vorlage von Friedemann SCHULZ von THUN und nach einer Idee von Renate WEISSENSTEINER. Friedemann Schulz von Thun, „Miteinander reden 1. Störungen und Klärungen. Allgemeine Psychologie der Kommunikation" Copyright © 1981 by Rowohlt Taschenbuch Verlag GmbH, Reinbek bei Hamburg

Stellen Sie sich vor: An einem lauen Sommerabend sitzt ein älteres Paar vor dem Fernseher. Er steht auf, geht in die Küche, öffnet den Kühlschrank, knallt ihn wieder zu und sagt: „Da gibt's kein Bier mehr!"
Wenn sie mit dem Sachohr (also auf die reine Sachinformation) gehört hat, antwortet sie: „Danke für die Information. Das wusste ich nicht."
Wenn sie mit dem Appellohr hört (eine Aufforderung wahrnimmt), rennt sie gleich zur Nachbarin oder ins Wirtshaus und organisiert Bier.
Wenn sie mit dem Beziehungsohr (eine Aussage über die Beziehung) gehört hat, verteidigt sie sich, dass sie auch arbeitet und am Feierabend das gleiche Recht auf Erholung und Versorgtwerden hat und überhaupt und außerdem …
Wenn sie mit dem Selbstdarstellungsohr (sein Gefühl) wahrnimmt, sagt sie: „Du ärgerst dich. Du bist durstig und kannst jetzt kein Bier trinken."
In allen Fällen ist damit das Gespräch wohl nicht zu Ende, sondern wird als Konfliktgespräch oder Verhandlung fortgesetzt. Das Beispiel hat mit professioneller Beratung nichts zu tun. Dennoch zeigt es, dass viele Alltagsgespräche zufriedenstellender verlaufen könnten, wenn wir wichtige Fähigkeiten anwendeten.
Eine dieser Fähigkeiten lautet: das gelbe Ohr nutzen. Wenn ich mein Ohr für die Selbstoffenbarung, die Selbstkundgabe und Selbstvertretung des anderen öffne, horche ich in den anderen hinein. Das ist ein Teil des **aktiven Zuhörens**.

> „Für ein Gespräch ist das Ohr wichtiger als die Zunge." (Thornton WILDER)

Zuhören

> *Was die kleine Momo konnte wie kein anderer, das war: Zuhören …*
> *Wirklich zuhören können nur ganz wenige Menschen. Und so, wie Momo sich aufs Zuhören verstand, war es ganz und gar einmalig.*
> *Momo konnte so zuhören, dass dummen Leuten plötzlich sehr gescheite Gedanken kamen. Nicht etwa, weil sie etwas sagte oder fragte, was den anderen auf solche Gedanken brachte, nein, sie saß nur da und hörte einfach zu, mit aller Aufmerksamkeit und Anteilnahme.*[1]

Was ist an Momo Besonderes? Weshalb gehen Menschen zu professionellen BeraterInnen? Hört ihnen sonst niemand zu?
Hören, gehören, horchen und gehorchen gehen auf dieselbe Wortwurzel zurück. Vielleicht lässt uns die Angst, gehorsam sein zu müssen, mit dem Zuhören vorsichtig umgehen? Werden alte Kinderängste von Ausgeliefertsein wach? „Großmutter, warum hast du so große Ohren?" „Damit ich dich besser hören kann." „Großmutter, warum hast du so ein großes Maul?" „Damit ich dich besser fressen kann!"

Fürs Zuhören nehmen wir uns nicht viel Zeit: etwa 6 Sekunden (s. auch S. 73 – Pausen). Denn viel mehr sind wir damit beschäftigt, Antworten zu formulieren, mit einer Äußerung zu reagieren.
Bemühte BeraterInnen stürzen sich sofort auf jeden Informationskrümel und fragen nach dem dazugehörenden Kuchen. Der/die KlientIn gibt mehr oder weniger un-/willig Antwort, weil er/sie der Meinung ist, aus den Informationen ergibt sich eine kluge Diagnose und aus dieser wieder eine sinnvolle Hilfe. Er/sie wird durch die Fragen nach den Sachinformationen darin bestätigt, die eigenen „Herzensangelegenheiten" nicht wichtig zu nehmen.
So, wie er/sie es als Kind oft gehört hat: „So arg ist's doch nicht. Tut schon nimmer weh. Bis du heiratest, ist alles wieder gut. Ein Indianer kennt keinen Schmerz. Ja, warum schaust du denn so bös? Das steht dir aber gar nicht. Wenn du lächelst, bist du viel hübscher."
Irgendwann viel später werden all diese Aussagen reduziert auf die Formel: „Ich versteh dich ja, aber …"
WEISBACH unterscheidet vier Arten von Zuhören:[2]

[1] Michael ENDE: Momo
[2] Christian-Rainer WEISBACH: Professionelle Gesprächsführung, S. 17ff.

1. **„Ich verstehe"-Zuhören**: ist bloß Auftakt zu eigenem Sprechen. Pseudo-Zuhören. „Ich verstehe, aber …" Der/die Zuhörende bezieht alles auf sich.
2. **Aufnehmendes Zuhören**: Aufmerksamkeit sicht- und hörbar zeigen: „hmm", „aja", „so?" „Möchten Sie darüber sprechen?" und Türöffner einsetzen: „Ich finde das sehr interessant", „Erzählen Sie mir mehr darüber" …
3. **Umschreibendes Zuhören**: Spiegeln, Verbalisieren: mit eigenen Worten wiedergeben: „Du meinst", „Es geht dir um" … Der Sachverhalt wird zusammengefasst.
4. **Aktives Zuhören**: in Worte fassen, was gefühlsmäßig mitschwingt und meist nicht gesagt wurde. Wie ist meiner Gesprächspartnerin, meinem Gesprächspartner zumute?

Mit dem Herzen sehen – Aktives Zuhören

„Man sieht nur mit dem Herzen gut. Das Wesentliche ist für die Augen unsichtbar." (SAINT-EXUPERY) So lautet die Lehre des weisen Fuchses, die er dem Kleinen Prinzen vermittelt. Dieses Motto ist ein guter Leitsatz für hilfreiches Zuhören. Dabei geht es um mehr, als nur die Ohren aufzusperren und stumm zu glotzen. Schon gar nicht geht es darum, die schnellste und gescheiteste Antwort zu geben, möglichst ohne zu verschnaufen.
Thomas GORDON, von dem der Begriff des aktiven Zuhörens stammt, unterscheidet vier Helferreaktionen:
Türöffner: Das ist eine sprachliche Einladung zu Beginn:
„Möchten Sie darüber sprechen?"
„Erzähl mir mehr davon!"
„Ich hab Zeit. Ich hör Ihnen zu."
„Manchmal hilft es, einfach darüber zu reden."
Passives Zuhören: Das ist einfach zuhören und den Mund halten. Viele Menschen wünschen sich so sehr jemanden, der ihnen zuhört. Mehr wollen sie gar nicht. Sie suchen eine Klagemauer, vor der sie jammern dürfen (vgl. Jammerer S. 86).
Aufmerksamkeitsreaktionen: Wie oben ausgeführt, brauchen Menschen, die sich mit einem Problem herumschlagen, ZuhörerInnen. Hin und wieder wird von diesen allerdings ein Signal der Aufmerksamkeit und Anteilnahme erwartet. Meist reicht dazu
Augenkontakt, Nicken
Hmm. Wirklich? Ja. Oh und Ähnliches

Aktives Zuhören teilt mit: „‚Ich verstehe, was Sie empfinden.' Das ist weder Zustimmung noch Widerspruch, kein Urteil darüber, ob die Gefühle richtig oder falsch sind. Der Hörer bejaht die Tatsache, dass die Gefühle vorhanden sind."[1]
Aktives Zuhören bedeutet: aus den Äußerungen eines anderen dessen Gefühle herausspüren (sehen/hören) und sie **als Feststellung äußern** (vgl. auch S. 56f.).
Das ist gar nicht so leicht. Vor allem dann, wenn es uns nicht gut geht, wir selber eigene Gefühle verleugnen müssen, kulturelle Gewohnheiten das nicht fördern … Noch einmal schwieriger ist es, die Gefühle in Worte zu fassen. Aber wir werden belohnt durch das Nicken, das Einverständnis-Erklären des Klienten.
ROGERS nennt die Fähigkeit zur Empathie (= Einfühlen) als wichtige Ressource des Beraters. Für BANDER und GRINDLER (Väter des NLP) ist es hilfreich, zu Beginn Übereinstimmung (= **Rapport**) herzustellen, d. h., das vom Klienten bevorzugte **Repräsentationssystem** zu benutzen. Mit Repräsentationssystem ist gemeint, dass jede/r von uns bei der Informationsverarbeitung und -weitergabe bestimmte Sinne bevorzugt. Das könne man an verwendeten Sprachbildern bemerken (s. S. 76). Weiters unterstütze das Spiegeln (im wörtlichen Sinn: dieselbe Körperhaltung einnehmen) das Einfühlungsvermögen des Beraters, der Beraterin.
Bei Menschen, die einander verstehen und aufeinander achten, stimmt sich mit der Zeit im Gespräch für andere beobachtbar die Körpersprache aufeinander ab. Das passiert ganz unbewusst und geht bis hin zum physiologischen Gleichklang der Herzen! Die Herzschlagfrequenz wird synchron in einem guten Gespräch mit einem sympathischen Menschen.

[1] Thomas GORDON: Managerkonferenz, S. 83

Manche werden durch folgende Besorgnis daran gehindert, aktiv zuzuhören. Sie meinen **fälschlich**, dass folgende Gleichsetzungen gelten: aktives Zuhören = Verstehen = Bejahen = Akzeptieren = Ent-SCHULDigen = Verzeihen = keinen eigenen Standpunkt haben. Aus lauter Angst davor greifen sie lieber zu den wohlvertrauten und gut geübten Straßensperren.

Beispiel

Ein Schüler hat den Kopf auf den Tisch gelegt und die Augen geschlossen, alle arbeiten.
Lehrer: „Was ist los mit dir? Sicher hast du gestern zu lange ferngesehen!"
Schüler: „Nein!"
Lehrer (lacht zynisch): „Sollen wir dir ein Bett aufstellen und ein Schlaflied singen?"
Alle außer dem angesprochenen Schüler lachen.
Der Schüler beginnt zu arbeiten, trödelt.
Lehrer: „Du wirst die Aufgabe zu Ende machen und wenn du die gesamte Pause dazu brauchst!"
Ein anderer Schüler verlässt seinen Platz und geht zum Papierkorb.
Lehrer: „Und du sollst dich jetzt niedersetzen. Wenn du nicht sofort arbeitest, gibt's eine Eintragung!"

Übung

Analysieren Sie die Reaktion des Lehrers:
Welche Straßensperren hat der Lehrer benutzt?
Was hat den Lehrer möglicherweise daran gehindert aktiv zuzuhören?
Wie hätte er aktiv zuhören können?
Was will er denn selbst?
Wie lautet die konstruktive Selbstdarstellung?

Auflösung s. S. 127

Das ist mein Alltag, werden Sie sagen, wenn Sie LehrerIn sind. Genau. Und dieser Alltag könnte für alle Beteiligten etwas anders aussehen, wenn zumindest die Kommunikationsbasis eine andere ist.
Selbst wenn Sie es ablehnen, professionelle Beratung anzubieten, finden Sie täglich x Gelegenheiten fürs aktive Zuhören, auch privat, in Alltagsgesprächen.

Botschaften übersetzen

Stellen Sie sich vor, Sie wandern gemeinsam mit einem guten Freund auf einen Berg. Plötzlich bleibt er stehen und sagt: „Ich hab Blasen an den Füßen."
Sie können zwischen vielen möglichen Reaktionen wählen:
„Hast du neue Schuhe? Die hast du wahrscheinlich zu klein gekauft."
„Wart, ich hab ein Pflaster mit. Zieh Schuh und Socken aus!"
„Ja und? Was soll ich jetzt machen?"
„Aha, du hast eine Blase!"
„Tut's weh?"

Ratsuchende sind SenderInnen einer Botschaft. Manchmal ist sie sehr geschickt in ablenkende attraktive Hüllen verpackt. Neugierig fallen ZuhörerInnen prompt auf die Tarnung herein. Sie greifen die ihnen zugespielten Worte auf und überhören und übersehen, welche wichtigen Informationen die Körpersprache parallel gesendet hat:

- Hängende Schultern, hängende Mundwinkel, leise Stimme der/des Traurigen, Deprimierten, Überforderten
- Aufgerissene Augen, hochgezogene Brauen, vorgeschobener Unterkiefer, laute Stimme der/des Verärgerten, Wütenden, Aggressiven
- Gerunzelte Stirn, Hin- und Herschwanken des Kopfes, hochgezogene Schultern der/des Unentschiedenen, Hin- und Hergerissenen
- Sanfte Stimme, seltener Blickkontakt, ständig irgendetwas (Armlehne, das eigene Kleid, den Kettenanhänger ...) streichelnd bei Einsamen, Berührungshungrigen

Als ZuhörerIn können Sie nur raten, was der Körper Ihnen mitteilen will. Das erfordert ein konzentriertes Schauen und Lauschen. Das ist wichtige Arbeit. Was angekommen ist, äußern Sie. Sie formulieren eine Feststellung, keine Frage (nicht: Bist du verärgert? Ist es richtig, dass Sie traurig sind?). Das bedeutet, Sie machen hörbar am Satzende einen PUNKT. Obwohl Sie eine Vermutung aussprechen. Wenn Sie nämlich (völlig) daneben liegen, wird Ihr Gegenüber sofort mit einem erklärenden Wortschwall reagieren. Da diese zweite (dritte) Variante zumeist körpersprachlich viel deutlicher ist, kennen Sie sich nun besser aus, was die/den Ratsuchenden bewegt.

Häufig geben folgende Formulierungen das entsprechende Gefühl gut wieder:
„Ich hab den Eindruck, Sie sind/du bist sehr verärgert/entmutigt/traurig/enttäuscht/total überfordert/besorgt usw. **PUNKT**."
Damit Ihnen rechtzeitig – also möglichst zu Beginn der Beratungssituation – das passende Gefühlsvokabel einfällt, können Sie jegliche Alltagssituation zum Üben nutzen. Aktives Zuhören ist nie fehl am Platz. Im Gegenteil: Beobachten Sie einmal, wie sich Gespräche ändern, in denen Sie zwischendurch einmal das Geschenk des aktiven Zuhörens machen.

„Zuhören ist keine Technik. Zuhören ist eine Art des Da-Seins." (O. MARMET)

Übung

Aufgabe 1

Stellen Sie sich vor, eine Schülerin oder ein Schüler sagt Folgendes:
„Warum müssen wir all das Zeug über das Mittelalter lernen?"
„Müssen wir heute Geräteturnen?"
„Susi ist eine eingebildete Ziege!"
„Ich hasse Nähen."
„Sie haben mir nichts zu befehlen!"
„Die anderen dürfen auch das Wörterbuch verwenden!"
Was empfindet die Schülerin, der Schüler jeweils? Was ist das Herzstück ihrer/seiner Selbstdarstellung?

Auflösung s. S. 128

Aufgabe 2

Der/die andere hat Folgendes gesagt (Sie hören aktiv zu und sagen):
Gestern habe ich einen tollen Film gesehen. (Der hat dir gefallen.)
Die 1A war wieder unmöglich. (Du hast dich geärgert.)
Keine Ahnung, wann ich das erledigen soll. (Du fühlst dich ziemlich überfordert.)
Das ist der helle Wahnsinn!
Man sollte doch bedenken, ...
Endlich habe ich die Prüfung geschafft!
Mein Gott, immer derselbe Blödsinn!
Geht's nicht später?

Auflösung s. S. 128

Einverständnis: das Nicken

Sie meinen, Sie hätten Unterricht zu halten und Sie könnten es sich nicht leisten, auf die Gefühle Ihrer SchülerInnen einzugehen? Schon gar nicht auf 30? Sie seien eben kein/e BeraterIn, der/die dafür bezahlt wird. In Ihrer Institution hätten Sie als SozialarbeiterIn über finanzielle Zuwendungen und nicht über emotionale zu entscheiden?
Auch wenn es sich nicht um eine klar definierte berufliche Beratungssituation handelt, können HelferInnen oft zumindest einen Teil von deren Know-how gut gebrauchen. Wenn Sie geübt haben, können Sie Ihre SchülerInnen/Ihre KlientInnen leicht zu einem (dankbaren) Nicken bringen – als Zeichen, dass Sie als Mensch mit Herz (nicht bloß als Fachkraft oder Amtsperson) geschätzt werden. Meist ist damit die Energie des Schülers aufgegriffen und muss sich nicht weiter als störend entladen (Motto: Störungen haben Vorrang!).
Was also empfindet der/die SchülerIn? Er/sie ist unsicher, wütend, hat keine Lust, ist beleidigt oder fühlt sich ungerecht behandelt, hat Angst vor dem Versagen oder ist eifrig bemüht.
Auch ein/e KlientIn, die/der um eine finanzielle Zuwendung einreicht, verdient es, als Person ganzheitlich wahrgenommen zu werden. Das aktive Zuhören führt oft dazu, das eigentlich Wichtige „auszupacken".
Stellen Sie in den ersten Minuten des Gesprächs das Gefühl in den Mittelpunkt und lassen Sie – vorläufig – die sachlichen Verbrämungen weg.

Aktiv zuhören zu können ist in der professionellen Beratungssituation besonders hilfreich. Die Ratsuchenden packen meist einen ganzen Schwung von Sachinformationen aus. Der/die BeraterIn konzentriert sich darauf und weiß schon bald nicht mehr, wo ihr/ihm der Kopf(!) steht. Also lieber Kopf Kopf sein lassen und mit allen Sinnen erfassen, was denn mit dem/der Ratsuchenden los ist, welches Gefühl ihn/sie so sehr bewegt, dass er/sie nun hier vor mir sitzt oder steht.
Menschen, die Beratung brauchen, sind

- besorgt
- bekümmert
- traurig
- im Zwiespalt
- unentschieden
- überfordert
- ratlos
- hilflos
- wütend
- betroffen
- deprimiert
- entsetzt
- zornig
- verzweifelt
- wissbegierig
- neugierig

Hat der/die EmpfängerIn gut zugehört – die geeignete Feststellung formuliert –, fühlt sich der/die SenderIn verstanden und nickt. Trifft die Feststellung nur teilweise oder fast zu, dann runzelt der/die SenderIn die Stirn, seine/ihre Augen wandern unruhig hin und her, er/sie spricht (deutlicher) weiter, worum es geht …
Wiegt er/sie den Kopf langsam von rechts nach links, dann wägt er/sie ab. Es geht um eine Ambivalenz, um Unentschiedenheit, ein „Ja, aber“. Dann stimmt ein Teil und es gibt noch etwas anderes. Aktiv zuhörend kann diese Wahrnehmung so geäußert werden: „Da gibt's widersprüchliche Gefühle in Ihnen.“

Oft klappt es erst beim zweiten oder dritten Versuch. In der Regel werden die Erklärungen des/r Ratsuchenden immer deutlicher. Wenn Sie als BeraterIn noch unsicher sind und Sie das peinliche Gefühl beschleicht, der/die KlientIn könnte sich als Versuchsobjekt vorkommen, dann brechen Sie Ihre Versuche ab.
Manche machen es einem aber auch wirklich schwer durch ihr Pokerface und ihre steifen Nackenmuskeln.

Beispiel

Ratsuchende: Ich komm mit meiner Tochter nicht mehr zurecht. Ich weiß nicht, was ich tun soll. Sie ist 14 Jahre, da war eine Drogengeschichte, das ist ein Wahnsinn.
BeraterIn: Sie machen sich irrsinnig Sorgen.
Ratsuchende: Das schon auch.
BeraterIn: Wie lang geht das denn schon?
Ratsuchende: Angefangen hat's vor ungefähr einem Jahr. Es ist einfach arg. Sie kommt und geht, wann sie will.
BeraterIn: Ihnen reicht's.
Ratsuchende (nickt!): Es ist ein Wahnsinn. Sie geht ja noch in die Schule. Sie sollte doch lernen … Ich weiß einfach nicht mehr, was ich tun soll.

Die ersten Sätze geben Auskunft über

- die Rolle des/der Ratsuchenden,
- sein/ihr Problem
- und die Richtung für die Lösung.

Rolle: Die Mutter ist Kundin (vielleicht auch Jammerin). Sie redet von sich in der Ich-Form.
Problem: Die Mutter will Handlungssicherheit gewinnen. Sie orientiert sich dabei an Sollens-„Vorschriften“. Die Negationen sprechen für Einengung (eingeschränkte Handlungsmöglichkeiten, eingeengte Sichtweisen).
Lösung: Normanspruch infrage stellen und durch die Aufhebung der Einengung Handlungsspielraum finden.
Der erste Versuch ein Gefühl zu formulieren („Sie machen sich irrsinnig Sorgen“) löst kein Nicken aus: „Irrsinnig“ bedeutet möglicherweise für die Klientin, sie sei reif für die Psychiatrie, was für sie so negativ besetzt sein kann, dass sie es niemals zugeben könnte. Außerdem fehlt der Anteil von Wut und Ablehnung bestimmter Verhaltensweisen der Tochter. Sie macht sich nicht (nur) Sorgen, sie ärgert sich über die Tochter („Es ist arg“ und „es ärgert mich“ haben verwandte Wortwurzeln).
Ärger plus Sorgen sind einfach genug: „Ihnen reicht's.“ Das löst Nicken, das Zeichen des Sich-verstanden-Fühlens, aus.
Sachfragen („Wie lang geht das schon?“) zu diesem Zeitpunkt sind völlig überflüssig und nicht hilfreich. Aber auch Fragen nach dem Gefühl werden eher als Hohn empfunden: „Macht Sie das sehr traurig, wenn Ihre Tochter Ihnen solche Probleme bereitet?“

Eine ungünstige Fortsetzung des Gesprächs wäre: „Na bringen Sie Ihre Tochter her, dann reden wir gemeinsam.“ Woher weiß der/die BeraterIn, wie leicht oder schwierig das ist? Jedes Gespräch ist ein-malig, das erste und möglicherweise auch letzte. Vor mir sitzt eine Kundin. Daran orientiert sich mein Gespräch. Durch zirkuläres Fragen (s. S. 69f.) kann auch die nicht anwesende Tochter hereingeholt werden.

Beispiel

Ratsuchende: Ich hab einen 10-jährigen Sohn. Seit der Scheidung komm ich nicht mehr mit ihm zurecht. Er lernt nichts und er ist frech. Alles ist anders.
BeraterIn: Sind Sie überfordert mit der Situation?
R: Ich weiß nicht mehr weiter. Der Kerl bringt mich noch auf die Palme. Dann habe ich ihm eine runtergehaut.
B: Mit welchen Erwartungen sind Sie da?
R: Sie werden mir ja sagen können, was ich tun soll.

„Sind Sie überfordert?“ ist eine Frage und keine Feststellung. Daher bleibt das Nicken aus. Wie lautet der entsprechende Satz? (Auflösung s. S. 128)
„Mit welchen Erwartungen sind Sie da?“ Das ist eine gute Frage nach dem Primärziel, dem Ziel der Beratung. Allerdings birgt die Antwort der Ratsuchenden eine Falle: Die BeraterIn ist gefährdet, als Eier legendes Wollmilchschwein zu reagieren, weil sie sich als ExpertIn geschmeichelt fühlt. Die Ratsuchende wird in dieser Annahme bestätigt, wenn sie einen Ratschlag bekommt.
Weniger ist meist mehr. Das erzählt folgendes Märchen:[1]

Zwölf Prinzen und ein wandernder Bursche

Es war einmal eine liebliche Prinzessin, die war so traurig, dass sie nicht mehr sprach, und niemand aus dem Hofstaat vermochte sie aufzuheitern. Da der König seine Tochter liebte, ließ er im Reiche verkünden, dass der seine Tochter zur Gemahlin bekäme, der ihr Schweigen und ihren Kummer besiege.

Da kamen die zwölf Prinzen aus den zwölf Provinzen des Landes in die Hauptstadt, um ihr Glück bei der Prinzessin zu machen. Der erste versuchte, sie zu trösten. Der zweite pries ihre Schönheit, vergeblich. Der dritte versuchte sie abzulenken. Der vierte fragte nach den Gründen ihres Schmerzes. Die Prinzessin schwieg. Der fünfte sagte, ihr Kummer sei eine Folge der Jahreszeit und würde bald verschwinden. Der sechste riet ihr, den Kopf zu heben, zu lächeln und sich zu bewegen. Der siebente forderte sie auf, einen Kräutertee zu trinken. Der achte hielt einen Vortrag über Melancholie junger Damen, insbesondere des höheren Standes, alles vergeblich. Der neunte redete ihr ins Gewissen. Der zehnte warnte sie vor schlimmen Folgen ihrer Trübsal. Der elfte warf ihr vor, dem lieben Gott den Tag zu stehlen. Und der zwölfte, der schon nicht mehr glaubte, sie erringen zu können, nannte sie einfach eine Heulsuse und zog ärgerlich ab.

Da die Kunde von den vergeblichen Versuchen der zwölf Prinzen im Reiche umging, hörte auch ein wandernder Geselle die Geschichte. Und er ging zum Schloss und begehrte die Prinzessin zu sehen. Die Wächter wollten ihn nicht einlassen, aber da er beharrlich auf seinem Ansinnen bestand, schickten sie zum König, ihm den Burschen und sein Begehren zu melden. Der König war inzwischen so verzweifelt, dass er dachte, dieser Besuch könne wohl auch nicht helfen, aber wohl auch nicht schaden, und gab Befehl, ihn zur Prinzessin zu lassen.
Als der Bursche die Kammer der Prinzessin betrat, sah er sie weinend auf ihrem Lager. Sie war so in sich gekehrt und weinte so still, dass es ihm ans Herz griff und er sich schweigend auf einem Stuhl niederließ und dort verharrte. Während dieser Zeit stieg die Sonne in den Zenit, die Kirchenglocken meldeten die Vesper und das Ende des Arbeitstages. Als das Abendrot eben verblasste, hob die Prinzessin den Kopf und bemerkte, dass sie nicht allein war. Auch der Bursche sah auf, und als sie ihre Augen auf ihn richtete, sprach er leise zu ihr: „Du bist so traurig, dass du das Leben um dich herum nicht mehr bemerkst.“ „Ja“, sagte die Prinzessin. Und das war das erste Wort seit drei Monden.

[1] Alexa MOHL: Metaphern-Lehrbuch, S. 22ff.

Und weil dies ein Märchen ist, kriegt der Bursch die Prinzessin zur Frau. Und weil dies kein Märchen ist, kriegt er sie auch.

Abschnitt 2: Das Ziel

Nun gilt es herauszufinden, was für die Beratungssituation selbst das Ziel ist. Welche Rolle hat der Klient, die Klientin? Ist der/die GesprächspartnerIn wirklich „KundIn"? Oder eher „BesucherIn, KlägerIn, JammerIn"? Ist er/sie freiwillig da oder haben Sie ihn/sie vorgeladen?

Die Leitfrage lautet: Was genau will Ihr/e GesprächspartnerIn?

Das Ziel: Bedürfnisse klären und als Ziel formulieren lassen.

Die Tätigkeit: Sie fragen und helfen bei der Formulierung einer Ich-Botschaft.

Ein Ziel klar formulieren heißt, das Ziel

- konkret,
- positiv,
- ohne Kolonialisierung,
- realisierbar und
- kontrollierbar benennen (s. auch S. 49).

Dabei ist das Ziel für das Hier und Jetzt und ein weiteres Ziel für das Draußen zu unterscheiden. Das zu erreichen ist oft mühsam. Daher wird dieser Abschnitt häufig von BeraterInnen übersprungen, was sich später als Falle erweist.

Versuchsballon und Problemball

Ein Gespräch bei einer Wanderung: „Ah, seufz!" – „Was ist los, was willst du?" – „Bleib bitte stehen."
Sie stehen still. Aber wozu eigentlich? Da gibt es nämlich viele Möglichkeiten. Der/die SprecherIn will

- Schuhband zubinden
- Blumen pflücken
- etwas zeigen
- Foto machen
- verschnaufen
- Baum gießen
- Wegweiser suchen
- Jause essen
- etwas erzählen
- Sie sekkieren
- schauen, ob Sie gehorchen

Ehe Sie stehen bleiben, ist es also vielleicht sinnvoll, genau nachzufragen, wozu.

Egal, ob Kunde oder Nicht-Kunde. „Jeder Mensch heute, ohne Ausnahme, findet sich zu wenig geliebt, weil jeder zu wenig lieben kann." (Theodor ADORNO)

Menschen suchen in der Beratung

- Anerkennung
- Bestätigung
- Entscheidungshilfe
- Entlastung
- Klärungshilfe
- Unterstützung
- Ohren
- Information
- Geld
- Adressen

Vom großen allgemeinen „Versuchsballon" (Brocken), den der/die Ratsuchende Ihnen präsentiert, sollte eine Konkretisierung der Zielformulierung ausgehen. Was davon kann der/die KlientIn in die Hand nehmen? Was ist handhabbar? Was wird im Ballon versteckt und erst später präsentiert?

Vom Ende her denken

Die lösungs-orientierte Kurztherapie boomt in den USA und setzt sich nun auch in unseren Breiten immer mehr durch. Nun, wer wollte nicht den Schlüssel zum raschen Erfolg finden?

Bei herkömmlichen Beratungsgesprächen suchen die ExpertInnen nach der passenden Erklärung für eine vermeintliche Fehlentwicklung und meinen, damit den richtigen Schlüssel für die richtige Lösung zu besitzen.

Das systemische Konzept hat einen anderen Ansatzpunkt. Die lösungsorientierte Beratung beruht auf den Vorannahmen:

- Es gibt immer mehrere Lösungen.
- Die Beratung besteht darin, die Lösung/en gemeinsam zu konstruieren.
- Die Zeit für das Suchen von künftigen Lösungen ist sinnvoller investiert als das Suchen nach Erklärungen für Vergangenes (vgl. dazu die Darstellung der unterschiedlichen Beratungsansätze auf S. 36f.).

Gerade bei der Suche nach Lösungen wird das Gemeinsame vergessen. Dabei glaubt der/die BeraterIn, sich als lonesome hero beweisen zu müssen. Und zumeist hat er oder sie dabei auch die besten Absichten (s. Ausführungen über die Rolle, S. 34ff.). Nur leider: Auch mit der besten Absicht erreicht man oft die schlechteste Wirkung.

Also: Nochmals kritisch die eigene Rolle überprüfen. Schleichen sich heimliche Botschaften in meine Aussagen und Fragen ein? Die Gefahr der (heimlichen) Kolonialisierung ist an diesem Punkt besonders groß: **Meine** Vorstellungen und Erwartungen sollen erfüllt werden.

Die Meinung ist weit verbreitet, dass Verantwortung und Handeln gleichzusetzen seien. Dann ist es schwer aushaltbar zuzuwarten, sich Zeit zu lassen, den KlientInnen Zeit zu geben. Doch beim Schritt „Ziel bestimmen" ist Geduld und Genauigkeit sehr von Vorteil: Welcher Schlüssel passt zum versperrten Türschloss? Der Familientherapeut von GLASERSFELD hat in einem Bild auf die Kunst der Einbrecher verwiesen. Diese suchen erst gar nicht nach dem „richtigen" Schlüssel. Wichtig ist nur: Was passt? (von GLASERSFELD benutzt dafür den Begriff **„fitness")**. Was bringt den gewünschten Erfolg?

Das passende Gerät/Mittel zu finden kann nur gelingen, wenn ich weiß, welches Schloss (Ziel) ich öffnen will.

> Bei der Zielbeschreibung geht es um den zweiten Anteil der Herzensangelegenheiten, die Klärung dessen, was der/die Ratsuchende will, seine/ihre Bedürfnisse.

Genau gesagt sind nacheinander **zwei Ziele** zu klären:

1. das Ziel hier und jetzt/primär: das Arbeitsbündnis, der Auftrag
2. das Ziel draußen/sekundär: Was soll erreicht werden? Wofür wird eine Lösung gesucht?

Die Ziele erfahren Sie, indem Sie schlicht danach fragen!

Fragen nach dem Ziel

„Was kann ich für Sie tun?" Achtung Falle! Gefahr im Verzug, als Eier legende Wollmilchsau betrachtet zu werden und handeln zu sollen! Stattdessen etwa:

- Was erwarten Sie von unserem Gespräch? (nicht: von mir!)
- Mit welchem Ziel sind Sie hergekommen?
- Was wollen Sie?
- Was soll/kann in den nächsten 45 Minuten herauskommen?
- Was soll/kann hier passieren?
- Was ist dann anders als jetzt?
- Woran erkennen Sie, dass unser Gespräch ein Erfolg war?
- Wie werden Sie erkennen, dass Sie nicht mehr kommen müssen/wollen?
- Was hoffen Sie zu erreichen?
- Was kann diese Stunde bringen?
- Was wollen Sie erreichen, mitnehmen?

KlientInnen antworten fast immer mit einer Kolonialisierung: Irgendwer oder irgendwas soll sich ändern. Daher **nachhaken**:

- Was genau wollen oder brauchen Sie für sich?
- Wenn der/die ... sich ändert, was ändert das für Sie?

- Was also brauchen Sie für sich?
- Was werden Sie für sich tun, wenn sich ... ändert?
- Wie werden die Dinge für Sie anders sein, wenn sich ... ändert?
- Worin brauchen Sie Sicherheit?
- Zur Not: „Ich weiß, dass ich jetzt lästig bin, pingelig wirke mit dem Nachfragen. Nur, wenn wir beide das Ziel genau kennen, können wir die Lösungsideen entsprechend anpassen!"

Manchmal hat man als BeraterIn den Eindruck, es soll sich gar nichts ändern. Handelt es sich um eine/n JammerIn, eine/n KlägerIn? (S. 86. Im einen Fall werden Sie von lähmender Müdigkeit und Unwillen befallen, im anderen packt sie die große Wut.) In solchen Fällen eignen sich Hausübungen. Geben Sie **Beobachtungsaufgaben**:

- Was geschieht wann wie genau?
- Was soll (auf jeden Fall) bleiben?
- Was ist positiv, was gelingt, was funktioniert?
- Was soll sich nicht ändern?
- Was wollen Sie auf jeden Fall beibehalten, weil es sich bewährt hat?

Auf der Suche nach dem Nugget

Jammerer schildern einen riesigen Felsbrocken, wenn man sie nach dem Ziel fragt, vorsichtige „KundInnen" starten einen „Versuchsballon". Oft empfinden die BeraterInnen die Anliegen ihres Gegenübers als unangemessen riesig, unhandlich, unklar, unlösbar.
Helfen Sie sich und den Ratsuchenden, indem Sie einen Trichter einsetzen und sich auf die Suche nach dem winzig kleinen Nugget machen, das durchgleiten kann.

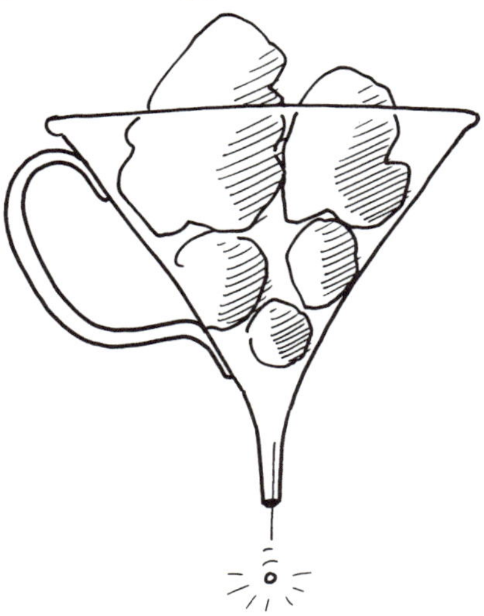

Das bedeutet, gemeinsam die kleinste mögliche Veränderung zu definieren. Etwas, was realistisch und konkret erreichbar ist: den ersten Schritt, einen Millimeter auf einer Wanderung von 1000 km.
Meist wollen Menschen, dass ihr Problem einfach weg ist. Eine wichtige Frage lautet: **„Was stattdessen (tun)?"**
Um eine Lösung anzupeilen, eignet sich auch die **Frage nach der Ausnahme**: „Wann tritt das unerwünschte Geschehen/Verhalten nicht auf? Was tut da genau wer?"
Die Ausnahmen sind daher besonders interessant. Es gilt, einen Zusammenhang herzustellen zwischen dem Ziel und der Ausnahme, z. B. durch die **Frage nach dem Wunder**: „Wenn ein Zauberer käme und das Problem wegzauberte, was könnten Sie dann tun?"
Verändern und Bewahren sind gleich wertvolle Qualitäten. Was ist zu-MUT-bar? Welche Bedenken und Ängste warnen vor Änderungen? „Was soll gleich bleiben, darf sich nicht ändern?"
Wenn Beschwerden und Ziele sehr vage vorgebracht werden, hilft eine reine Beobachtungsaufgabe weiter. Der „Forschungsauftrag" eignet sich besonders für Jammerer und KlägerInnen: „Bitte beobachten Sie bis zum nächsten Treffen genau: Was soll bleiben? Was soll weiter so geschehen wie jetzt?"
Auch der paradoxe Auftrag: „Tun Sie bis zum nächsten Mal einfach noch mehr vom Selben und beobachten Sie genau, was passiert" wirkt klärend.
Falls Sie den Eindruck gewinnen: Der/die will gar nichts von mir, jedenfalls sicher nichts ändern, respektieren Sie das. Schenken Sie Nicht-KundInnen, besonders BesucherInnen, Bestätigung, ein Kompliment. Das ist speziell in der Sozialarbeit kompensatorische Beziehungsarbeit.

Die Lösung: anders!

Lösungen suchen = **Goaling**. Wenn der/die KlientIn als Wunsch äußert, künftig mehr Goals schießen zu wollen, brauche ich einige Informationen: Welche Regeln hat das „Spiel"? Handelt es sich um Minigolf, Eishockey oder Fußball? Auch die Mittel werden verschieden sein. Ist ein Basketball oder ein Puck vonnöten? Welche Technik ist nützlich?
Alles zusammen ist der Kontext. Das ist das, was das Problem aufrechterhält (Interaktionsmuster, Rahmenbedingungen, Subsysteme). Jetzt erst geraten die Sachinformationen in den Mittelpunkt Ihres Interesses.

1) Wörter, die auf mangelnde Eindeutigkeit hinweisen	2) Klärende Fragen	3) Kriterien für eindeutig definierte Ziele
„Der/die andere soll …“	Was wollen Sie – für sich? Was wird für Sie anders sein, wenn der/die X sich geändert hat? Was können Sie tun, damit das eintritt?	Im Kontrollbereich des/der KlientIn, ohne Kolonialisierung
„nicht“, „weniger“	Was werden Sie stattdessen tun?	Positiv – ohne Negation, ohne Komparativ
„versuchen“, „bemühen“, „vielleicht“	Wie wahrscheinlich ist es, dass Sie das tun werden? Was brauchen Sie, damit Sie es schaffen?	Realistisch erreichbar
Hauptwörter statt Verben	Was genau werden Sie auf dem Weg zum Ziel anders machen? Wie könnten Sie die Situation noch sehen?	Konkret
„bald“, „öfter“	Wann genau? Wo genau? Wie genau? Mit wem genau werden Sie das tun?	Eindeutig und kontrollierbar

Jetzt erforschen Sie gemeinsam mit dem Klienten, der Klientin die Landkarte genau.
Lösung heißt: alle Ressourcen auffinden und aktivieren, um die Situation und/oder den Kontext zu ändern.

> Die Lösung besteht darin, eine andere Landkarte zu verwenden oder einen anderen Weg zu gehen.

Die Veränderung passiert nicht während der Beratung!
Kontext ändern heißt: ANDERS!

- Etwas anders machen, sich anders verhalten.
- Etwas anders sehen.

Wenn BeraterInnen gut gearbeitet haben, packen die Ratsuchenden oft einen riesigen Felsbrocken aus. Dann heißt es: Nicht alles sofort! Sich darauf konzentrieren, was machbar ist: Wie muss das Nugget beschaffen sein?
Was wie i-Tüpfelei wirkt, bringt Effizienz. Der Motivationsforscher Robert F. MAGER hat gesagt: „Wer nicht genau weiß, wohin er will, braucht sich nicht zu wundern, wenn er ganz woanders ankommt.“[1]

Die Motivation für eine Verhaltensänderung hängt stark mit Erreichbarkeit des Ziels zusammen. Hoffnung auf Erfolg kann sich einstellen, wenn die Hoffnung sich auf ein klar definiertes Ziel richtet.

Beispiel 1

„Ich werd versuchen, dass ich vielleicht doch 1–2 Wochen vor der Schularbeit zu lernen anfange.“
Hier ist kein klares Ziel formuliert: Versuchen/bemühen ist das Gegenteil von tun. Versuchen Sie eine Seite umzublättern. Entweder Sie tun es oder Sie lassen es. „Vielleicht“ und „eigentlich“ sind Geschwister, die die gleiche Vernebelungstaktik als Eltern haben. Und was genau bedeutet für den Schüler „lernen“? Einmal ein Heft durchblättern? Oder es unters Kopfkissen legen? Etwas abschreiben? Prüfungsfragen dazu entwickeln? Mindmapping zu den wichtigen Begriffen machen? Wann genau lernt er? Wie oft wird er wiederholen?

[1] Robert F. MAGER: Lernziele und Unterricht, Titelblatt

Beispiel 2

„Meine Schwester ärgert mich mit ihrer Unordnung."
„Das regt Sie ziemlich auf. Was wollen Sie?"
„Dass sie sich ändert."
„Was ändert sich dann für Sie? Was brauchen Sie für sich?"
„Ein ruhiges Leben."
(Durch einschränkende Fragen wird die Anspruchslatte heruntergesetzt, im riesigen Problemball wird das Nugget gesucht.) „Was ist Ihnen am wichtigsten?"
„Freiraum."
„Worin kann der bestehen?"
Klientin zählt die ihren Freiraum einschränkenden Ärgernisse auf: TV, Musik, Freunde, unaufgeräumtes Zimmer.
„Und was ist realistisch änderbar?"
„Dass der Boden im Zimmer freigeräumt wird."
(Jetzt können Überlegungen angestellt werden, wer was wie wann tun wird. Das ist der Zeitpunkt, an dem nochmals geklärt werden muss, ob die Ratsuchende wirklich Kundin ist oder z. B. bloß Klägerin. Statt so zu tun, als ob es sich immer noch um eine Beratung handelt, spricht der Berater deutlich aus:)
„Ich hab keine Fernwirkung auf Ihre Schwester. Ich weiß nicht, ob Sie eine haben. Wollen Sie überlegen, was Sie (trotzdem) – auch wenn Ihre Schwester nichts ändert – tun werden?"

Beispiel 3

„Seit einigen Monaten hat meine Tochter Probleme mit dem Essen. Sie macht mir echt Sorgen. Sie ist nicht mehr wie früher. Wie kann ich ihr helfen, dass sie sich ändert, dass sie nicht mehr so aggressiv zu mir ist, dass ich das nicht mit anschauen muss?"
(Wenig später beantwortet die Mutter die Frage nach dem Ziel): „Ich will ein normales Gespräch mit meiner Tochter führen. Ich werd's **versuchen**."
„Angenommen, wenn Sie's tun?" (Jetzt folgen die spezifizierenden Fragen: Zeitpunkt? Situation? Thema? Wie? Erster Satz?)
(Die Ratsuchende reagiert nach wie vor zögerlich.)
„Und was passiert, wenn Sie's bleiben lassen?"

Damit legen Sie nochmals das Gewicht in die Waagschale des Nicht-Veränderns, des Bewahrens. Der „Polizist im Kopf" wird beachtet. Das hilft Menschen, eine eindeutige Entscheidung zu treffen. Die Veränderungsappelle von BeraterInnen bewirken das Gegenteil: Die Ratsuchenden sind vorsichtig oder geben bloß vor, sich zu ändern.

3. Etappe Beratungsverlauf: Ressourcen nutzen

Die Leitfrage: Über welche Methoden verfüge ich und welche ist in diesem Fall besonders geeignet? Welche Ressourcen hat der/die Ratsuchende?
Das Ziel: Durch die Berater-Ressourcen die Ressourcen der/des Ratsuchenden mobilisieren, das Expertentum des/der KlientIn fördern.
Die Tätigkeit: Reden und Tun, passende Methoden einsetzen
Zahlreiche Vorgangsweisen und methodische Zugänge helfen, die Ziele und den daraus resultierenden Handlungsplan zu formulieren. Wir erinnern uns: Die KlientInnen sind die ExpertInnen. Die Aufgabe der BeraterInnen ist geleitet von der Frage: Wie können Ratsuchende ihrer Erfahrung neue Be-deutung verleihen?
BeraterInnen brauchen nicht Ursachen zu erforschen oder ihre Diagnosen als ExpertInnen zu äußern. Sie müssen auch nicht das Haus der KlientInnen putzen oder neu einrichten. Den KlientInnen ist mehr geholfen, wenn man sie fragt, wo Besen und Schaufel sind und mit ihnen bespricht, wie man sie benutzt.
„Menschen haben alles, was sie brauchen, um ihr Problem zu lösen."[1]
Abraham MASLOW hat als einer der Ersten die gefährliche Unterscheidung von psychischer Krankheit und Gesundheit aufgezeigt. Milton ERICKSON, John GRINDER und Richard BANDLER glauben an die Nicht-Pathologie und die Gesundheit des Menschen. Die „basische therapeutische Medizin" ist nach MASLOW „die Gewährung von Sicherheit, Liebe, Zugehörigkeit, Selbstachtung und Respekt."
Carl ROGERS hält drei Einstellungen für ausschlaggebend:[2]

1. die Echtheit oder **Kongruenz** des Therapeuten

[1] John L. WALTER / Jane PELLER: Lösungsorientierte Kurztherapie, S. 41
[2] Vgl. Carl ROGERS: Therapeut und Klient

2. das vollständige oder bedingungsfreie **Akzeptieren** des Klienten seitens des Therapeuten
3. ein sensibles und präzis einfühlendes Verstehen des Klienten seitens des Therapeuten (= **Empathie**)

Alles Weitere ist Mittel zum Zweck.
Tränen lassen sich auf verschiedene Arten trocknen:
Papiertaschentuch benutzen
mit Pulloverärmel schnell wegwischen
mit Spitzentaschentuch wegtupfen
Zeit vergehen lassen
Föhn benutzen
von jemandem umarmt werden.

Einige Vorräte aus dem **Ressourcen**packerl:

- aktiv zuhören
- hilfreich fragen
- zusammenfassen
- spiegeln
- drastifizieren
- Kontrasuggestion
- Körpersprache
- konkretisieren
- Sprache entschlüsseln (Tilgung, Verzerrung, Generalisierung aufheben)
- Bilder und Metaphern
- visualisieren
- umdeuten
- Arbeit mit Material
- Körperarbeit
- Entspannung
- Aufstellungen
- Rollenspiel
- Familienbrett
- Hausübungen geben

Hilfreiche Intervention: Wann und wie?

Alles, was BeraterInnen tun, ist Intervention. Meist suchen sie das Nugget im eigenen Kopf. „Das Hier und Jetzt ... ist die Goldmine", sagt Irvin YALOM. Greifen Sie also genau das auf, was die KlientInnen (oder Ihr Bauch) ausdrücken.

Beispiel

Ich habe die Angewohnheit, wenn ich etwas vortrage und währenddessen den Eindruck habe, dass man mir nicht zuhört, zu unterbrechen und zu fragen, welche anderen Dinge hier aktuell seien. Wenn ich das bei meinen Studenten, die größtenteils frisch vom Abitur kommen, tue, dann fühlen diese sich ertappt und angegriffen. Sie gehen in die Defensive und behaupten, dass sie zugehört hätten. Natürlich war das nicht meine Frage: Ich habe gesehen, dass sie sich anderweitig unterhalten haben, ich weiß nur nicht, worüber. Aber jetzt fühle ich mich angegriffen: als jemand, mit dem man nicht offen reden kann. Und ich fühle mich behindert in meinem Versuch, studentenorientiert zu referieren. Ich versuche zu erklären. Die Studenten verteidigen sich intensiver. Ich werde ärgerlich und zuletzt aggressiv. Nun haben die Studenten Oberwasser: Sie haben ja gleich gewusst, dass ich böse bin. Wenn ich jetzt noch versuche zu erklären, dass ich ärgerlich bin, weil man mit mir nicht redet, dann fühlen sich die Studenten angegriffen und sind sich weitgehend einig, dass ich ein unmöglicher Mensch sei. Und ich bin vice versa derselben Meinung von ihnen.[1]

> Fragen sind Feststellungen. Auch in Fragen sind Botschaften enthalten.

Sowohl in denen der Ratsuchenden wie in denen der BeraterInnen. Am Beispiel der Beratung können LehrerInnen, ErzieherInnen und Laien erfahren, welche Fragen für die „Herzensangelegenheiten" anderer Menschen hilfreich sind und welche nicht. „Alles Fragen ist ein Eindringen", warnt Elias CANETTI.[2]

Fragen der BeraterInnen

Wir kommunizieren immer. Alles, was ein/e BeraterIn tut, ist Intervention. Viele Fragen werden mit der Absicht gestellt, etwas über den Klienten, die Klientin und seine/ihre Situation zu erfahren.
Stellen Sie sich das Problem des Klienten, das ihn hierher geführt hat, als riesigen Wasserball vor. Der Rat-

[1] Walter MILOWIZ: Teufelskreis und Lebensweg, S. 84f.
[2] Elias CANETTI: Masse und Macht, S. 317

suchende legt ihn seufzend in Ihre Hand und erwartet nun, dass Sie als BeraterIn dessen Größe und sein Gewicht so reduzieren, dass er spielerisch handhabbar wird.
Sie haben den Problem-Ball in der Hand. Was hat die Größe und das Muster auf der Oberfläche zu bedeuten? Was befindet sich womöglich innen drin?

Neugierig stellen Sie Fragen. Sie schupfen den Ball der Klientin zu und fragen: „Wie lange haben Sie den Ball/das Problem schon?" „Lange, mindestens drei Jahre ..." So, Sie haben den Ball wieder in der Hand. Sie betrachten ihn erneut. Sie fragen: „Woher kommt er/es?" „Keine Ahnung." Da ist er wieder, der Ball. Krampfhaft überlegen Sie weitere Fragen, auf die Sie ebenso vage Antworten bekommen.
Und so haben den Großteil der Zeit Sie den Ball in der Hand. („Irgendwelche Erkrankungen in letzter Zeit?" „Wer hilft Ihnen?" „Haben Sie schon etwas dagegen unternommen?" „Wie viele Zigaretten rauchen/Tabletten nehmen Sie?" usw.) Sie müssen Ihr Expertentum beweisen und sich gescheite Sachen einfallen lassen. Es muss doch irgendeine Antwort geben, die Ihnen den Weg zur Lösung weist ...
Doch alles, was Sie auf Ihre Fragen bekommen, sind bloß Antworten wie: „Ja." „Nein." „Weiß ich nicht." „Ja, der auch." „Zweimal." „Seit vielen Jahren." usw.
Manchmal lösen Sie überraschend vitale Reaktionen mit Ihren Fragen aus. „Wenn sie sich häufen, erregen sie bald den Unmut des Gefragten. Nicht nur wird er äußerlich festgehalten; mit jeder Antwort zeigt er ein Stück mehr von sich. Es mag Unwichtiges sein, das an der Oberfläche liegt, aber es ist ihm von einem Unbekannten abgefordert worden. Es hängt mit anderem zusammen, das verborgener liegt und das er viel höher einschätzt. Der Unmut, den er empfindet, schlägt bald in Misstrauen um.
Denn die Wirkung der Fragen auf den Fragenden ist eine Hebung seines Machtgefühls; sie geben ihm Lust, noch mehr und mehr zu stellen. Der Antwortende unterwirft sich umso mehr, je häufiger er den Fragen nachgibt. Die Freiheit der Person liegt zum guten Teil in einem Schutz vor Fragen." [1]
Natürlich kommt kein/e BeraterIn ohne Fragen aus. Dann wäre er/sie hellseherische/r MagierIn.

Übung

Zur Selbstklärung können Sie sich als BeraterIn folgende Fragen stellen:

Wie groß ist meine Neigung, Fragen zu stellen?
In welchen Situationen stelle ich gerne Fragen?
Wonach frage ich besonders häufig?
Gibt es Lieblingsfragen?

Welche Feststellung könnte ich nach einer ehrlichen Beantwortung dieser Fragen treffen?

Notieren Sie einige Fragen, die beim Lesen des Buches aufgetaucht sind.

Formulieren Sie diese Fragen zu Feststellungen um.

Zum Beispiel:
Frage: Ist es nicht egoistisch, die anderen Leute ständig mit Ich-Botschaften zu belästigen?
Feststellung: Ich befürchte, als egoistisch zu gelten und andere Menschen zu belästigen, wenn ich Ich-Botschaften verwende.
Oder: Ich halte die Ich-Botschaften für egoistisch.

Gerade beim Fragen zeigt sich Professionalität:

[1] Elias CANETTI: Masse und Macht, S. 318

- Professionell ist ein ausgewogenes Verhältnis von Feststellungen und Fragen.
- Professionell sind hilfreiche Fragen.

Jede Frage verkörpert eine Absicht und rührt von bestimmten Annahmen her. Je nach ihrer Wirkung lassen sich vier Fragetypen unterscheiden. Zwei davon sind wenig hilfreich, zwei sind gut brauchbar in Beratungsgesprächen:[1]

Fragen enthalten Vorannahmen

Eine Fülle von Vorannahmen liegt den Fragen zugrunde. Sind die Annahmen in das personale oder medizinische Paradigma eingebettet, dann stellen Sie wahrscheinlich lineale und strategische Fragen.
Anders verhält es sich bei einer Häufung von zirkulären und reflexiven Fragen. Sie verweisen auf das systemisch-konstruktivistische Konzept des/der BeraterIn. Bei diesen Fragen braucht der/die Ratsuchende lange, um zu antworten. Er/sie hat den Ball in der Hand. Und dort gehört er auch hin. Schließlich ist es sein/ihr Anliegen, um das es geht.
„Ähnlich wie in einer chirurgischen Abteilung, in der in Zimmer zwölf nicht Frau Helga Müller, sondern ‚die vereiterte Galle' liegt, gerät der Psychotherapeut in Versuchung, die Beschwerden des Patienten als die Totalität von dessen Lebenswirklichkeit anzusehen. (…) Die Gefahr sehe ich in der parallelen Auffassung (Konstruktion) der Wirklichkeit durch Therapeut und Patient. Dann nämlich sind beide in der gleichen Sackgasse gefangen."[2]
Abgesehen von seiner Definition der Beratung als Therapeuten-Patienten-Beziehung (die Sprache ver-

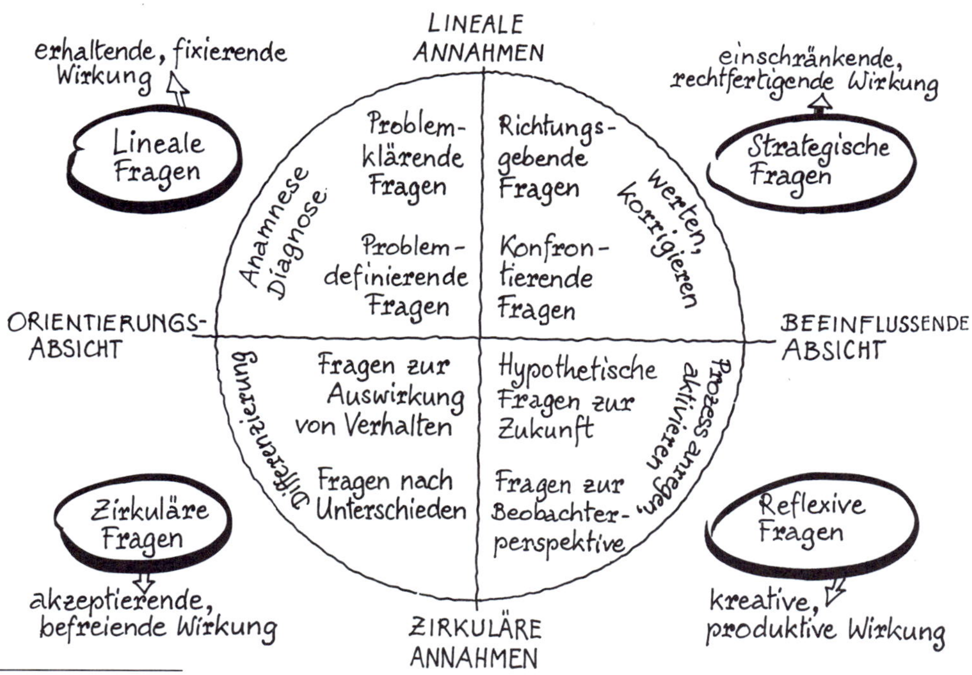

[1] Die Darstellung ist eine Modifikation nach Karl TOMM: Das systemische Interview als Intervention
[2] Thomas WEISS: Familientherapie ohne Familie, S. 90

weist auf das Expertenmodell) sagt WEISS etwas sehr Wichtiges: eine parallele Konstruktion der Wirklichkeit lähmt. Dann fühlt sich der/die BeraterIn genau so wie der/die Ratsuchende: total überfordert, extrem depressiv, fürchterlich wütend ... Was wir als wichtiges Phänomen der Spiegelung kennen gelernt haben (S. 51), nämlich wichtige Gefühle des Klienten am eigenen Leib zu spüren, steigert sich durch ein kontraproduktives Vorgehen (z. B. nicht hilfreiches Fragen) so sehr, dass es hilfreiche Aktivitäten blockiert.

> Fragen sind dann hilfreich, wenn sie den Prozess in Gang halten, ein lebendiges Gespräch zwischen Klienten und Berater gestalten, den Klienten aktivieren.

Dann befinden sich beide auf einer breiten Straße, sehen von Zeit zu Zeit Richtungspfeile, haben Möglichkeiten für Abzweigungen und Richtungsänderungen, stecken aber nie in einer Sackgasse fest.
Dafür eignet sich folgende Vorgangsweise: statt strategischer Fragen häufiger reflexive Fragen und statt der linealen Fragen öfter zirkuläre Fragen stellen. „Bei linealen Fragen wird sich beim Therapeuten und auch beim Klienten eine eher lineale Denkweise anschließen. Daher besteht hier dann beim Therapeuten die Gefahr, dass er eine wertende Haltung bezieht. Die Wirkung der zirkulären Fragen beim Therapeuten besteht darin, seine oder ihre Neutralität und die Fähigkeit zu vergrößern, den Klienten und die Familie zu akzeptieren, wie sie sind.“[1]
Lineale und strategische Fragen sind uns aus Alltagsgesprächen vertraut. Zirkuläre und reflexive Fragen klingen anfangs ein wenig seltsam. Es spricht nichts dagegen, sie auch in Alltagsgesprächen zu üben. Sie eignen sich für alle Situationen, in denen Sie nicht unbedingt den Ball in der Hand haben müssen, sondern die Autonomie ihres Gesprächspartners respektieren.

- **Lineale Fragen**
  Sie gehen von der Grundannahme aus, dass es einen Ursache-Wirkung-Zusammenhang gibt, der auf die Lösung verweist: Wenn ich weiß, warum jemand es getan hat, hilft das. Dann werden Orientierungsfragen gestellt, die zu einer Anamnese und zu einer Diagnose führen.

Die Fragen beginnen dann: Wann ...? Wer ...? Wo ...?
Das sind die Fragen eines Polizisten, der eine Untersuchung durchzuführen hat.
Sie vermitteln oft den Eindruck, dass mit der befragten Person etwas nicht in Ordnung ist. Konsequenterweise fragen die Detektive natürlich auch nach den (heimlichen) Motiven für die Tat: Warum ...?
„Warum haben Sie sich dafür entschieden?“
„Warum lassen Sie sich das immer noch gefallen?“
Das ist so ähnlich wie die Elternfrage an das Kind: „Warum hast du das getan?“
Wie reagiert das Kind? Es überlegt, welche Antwort sozial erwünscht ist. Auf jeden Fall erlebt es sich als unmündig und klein gemacht, vielleicht als ein bisschen dumm, wenn ihm keine gescheite Antwort einfällt. Und was fangen die Eltern mit einer Antwort an? Sie haben eine Erklärung für einen vergangenen Vorfall bekommen. Doch wie wirkt sich diese Erkenntnis für die Zukunft aus?

> Lineale Fragen bringen Antworten und sonst nichts.

Der/die BeraterIn erhält dadurch möglicherweise wichtige Informationen. Aber beim Klienten ergibt sich dadurch nichts Neues, verändert sich nichts. Im Gegenteil: durch die Schilderung wird das eigene Weltbild nochmals verfestigt, konserviert. Vom Berater wird eine Lösung erwartet, die allerdings dieses Weltbild nicht in Frage stellen darf (vgl. das IVEDIH-Spiel S. 36). Das ist eine Falle.
Wenn die Beraterin aufzeigen will, dass das Weltbild falsch und nur ihres das allgemein gültige ist, gerät sie in eine andere Falle. Häufig stellt sie dabei Warum-Fragen. Diese werden – vor allem in der verneinten Fassung – mahnend eingesetzt. Dann verfolgt der/die Fragende eine bestimmte Strategie.

- **Strategische Fragen**
  Strategische Fragen dienen dazu, die eigene Wertung und Moral dem Befragten zu „verkaufen“. „Warum bist du nicht früher gekommen?“ Das ist keine echte Frage. Es ist die Rüge zu spät gekommen zu sein.

[1] Karl TOMM: Das systemische Interview als Intervention, S. 38

Der/die Fragende verhält sich wie ein „Verkäufer von moralisch einwandfreiem Verhalten". Er versucht eine Änderung zu bewirken, nämlich auf seine Art zu denken und sich auf seine Art zu benehmen. Denn diese hält er für „normal", „richtig", „gesund".
„Warum lassen Sie ihn das nicht allein tun?"
„Wäre es Ihnen vielleicht lieber, er würde Drogen nehmen?"
„Können Sie nicht erkennen, wie enttäuscht er ist?"
„Wie lange soll sie sich noch um Sie bemühen?"
„Glauben Sie nicht, dass Sie endlich zu rauchen aufhören sollten?
„Sollten Sie nicht Ihren Kindern ein gutes Vorbild sein?"
„Wann wirst du endlich erwachsen und vernünftig?"

> Der Berater, die Beraterin drängt mit strategischen Fragen seine/ihre Sicht von dem, wie etwas oder jemand sein sollte, auf.

Der/die bemühte Ratsuchende strengt sich an, die Frage zu verstehen, um dem Experten, der Expertin mit einer Antwort dienlich zu sein. Dann bemüht er/sie sich, sich so zu verhalten, wie es der/die BeraterIn für korrekt hält. Er/sie kann die strategischen Fragen aber auch als Verfahren erleben, das ihn/sie zu Rechtfertigungen, wenn nicht zu Verweigerung oder zum Abbruch der Beratungs-Beziehung veranlasst.
Der/die Ratsuchende fühlt sich durch strategische Fragen jedenfalls eingeschränkt und kontrolliert.

- **Zirkuläre Fragen**
  Auch durch diese Fragen forscht der/die BeraterIn. Gleichzeitig gibt er/sie zu erkennen, dass alles irgendwie mit etwas anderem verknüpft ist.

> Durch die zirkulären Fragen sollen Muster aufgedeckt werden, durch die die Wahrnehmungen und Vorkommnisse miteinander verknüpft sind.

Es geht nicht um die Entdeckung eines Täters und seines Motivs, sondern um das exakte Erfassen von Tatbeständen. Zusammenhänge und Unterschiede sind von besonderem Interesse.
„Wie kommt es, dass Sie sich nach so vielen Jahren des Leidens entschlossen haben hierher zu kommen?"
„Wer macht sich außer Ihnen noch Gedanken über die Situation?"
„Wer macht sich am meisten Sorgen? Wer am wenigsten?"
„Stellen Sie sich vor, Ihr Mann (Kind/Freundin/Nachbar ...) säße hier und hätte Ihre Darstellung gehört. Was würde er/sie jetzt sagen?"
„Wie reagiert Ihre Frau, wenn Sie einfach liegen bleiben?"
„Was macht sie, wenn sie sich aufregt?"
„Wie würde sich Ihre Tochter verhalten, wenn die Beratung ein Erfolg war?"
„Wer glaubt am ehesten, dass Sie sich ändern können?"
„Aus der Sicht Ihres Sohnes: Wer ist strenger, Sie oder Ihr Mann?"
„Wie kommt er zu dieser Meinung?"
„Wenn ich heimlich dabei wäre, was würde ich beobachten?"
„Wie würde das dein größter Feind schildern?"
„Was glaubt deine beste Freundin?"
„Wie würde Ihre Tochter reagieren, wenn Sie nicht mehr keppeln?"
„Woran merken die Kinder, wenn Sie konsequent sind?"

Die unterschiedlichen Sichtweisen lassen sich auch durch **Skalierungsfragen** erfassen. Sie werden in Form von abgestuften Einschätzungen erhoben: „Angenommen Sie könnten Ihren Zustand mit einem Thermometer messen. 0° bedeutet, die Situation lässt Sie ganz kalt. 100° bedeutet kochend heiß. Auf wieviel Grad sind Sie? Und Ihr Mann?" „Was müsste passieren, dass die Temperatur bei Ihrem Mann steigt/sinkt?"
Ist diese andere oder sind weitere Personen vorhanden, dann können alle gebeten werden, ihre Einschätzungen vorzunehmen, aber noch nichts zu sagen. Dann wird jede Person nach der Einschätzung der Temperaturhöhe von einer anderen Person befragt und erst dann wird mit der Selbsteinschätzung der Betreffenden verglichen.
Die Antworten geben Auskunft darüber,

- wie intensiv die Kommunikation ist,
- wie viel die Klientin (oder eine andere Angehörige des Systems) über andere im System beteiligte Personen weiß,
- wie stark Aussagen differieren.

Sind die Unterschiede groß (die Klientin schätzte die Betroffenheit ihres Mannes wegen der Schulprobleme der Tochter auf 0°, er nennt aber 60°; umgekehrt tippt er bei seiner Frau auf 100°, sie spricht von 80°), dann sind genau diese Differenzen das Thema für Beratung. Auch wenn sich jemand weigert, eine Einschätzung vorzunehmen, weil er doch keine Ahnung vom anderen habe. Dann wird der Berater sein Augenmerk auf diesen Mangel an Kommunikation richten, eventuell die **Hausaufgabe** geben, den anderen doch einfach danach zu fragen.
Die Fragen drehen sich um das Thema: Wer tut was? Wer reagiert auf wen wie? Die Antworten decken Strukturen und Koalitionen auf.

> Zirkuläre Fragen beziehen nicht anwesende Dritte oder weitere Personen in das Beratungsgespräch mit ein.

Die Fragen laden dazu ein, neue Perspektiven zu erforschen. Die Beschränkungen durch lineale Sichtweisen werden aufgehoben und neue Verknüpfungen werden möglich. Das hat meist befreiende Wirkung auf die Ratsuchenden. Zirkuläre Fragen durchbrechen Blockaden und bringen Bewegung ins Geschehen.

- **Reflexive Fragen**
  Diese Fragen helfen, künftige Szenarien zu entwickeln. Sie bringen – wie die Bezeichnung ausdrückt – den Befragten, die Befragte zum Nachdenken, machen ihn/sie aktiv. Das Zurückblicken in eine unerfreuliche Vergangenheit oder das Durchkauen der problembeladenen Gegenwart blockiert. Mit reflexiven Fragen beeinflussen Sie ebenso wie mit den strategischen; doch die Autonomie der Klienten wird beachtet.
  „Was haben Sie schon alles versucht? Mit welchem Ergebnis?"
  „Wann tritt das unerwünschte Ereignis/Verhalten nicht auf? Beschreiben Sie eine **Ausnahme**!"

> Durch reflexive Fragen finden Sie gemeinsam mit dem Klienten, der Klientin heraus: Was hält das Problem aufrecht? In welchem Kontext steht es? Was sind die förderlichen Rahmenbedingungen, was bremst und behindert?

„Was müssten Sie tun, damit die Situation noch ärger wird?"
Fragen, die mit **„Angenommen** ..." beginnen, helfen dabei, das Beratungsziel für draußen genauer zu definieren. Durch die Antwort erfahren Sie von den (geheimen) Wünschen. Durch diese ungewöhnlichen Fragen sind auch Kolonialisierungen beim Wunsch-Äußern auszuschalten.
„Angenommen, ein Zauberer würde das Problem wegzaubern. Was würden Sie dann zuallererst tun?"
„Angenommen, Ihre Tochter würde wieder pünktlich nach Hause kommen, was wäre dann für Sie anders als jetzt?"
„Wie lange können Sie die Situation noch so ertragen?"
„Wenn alles noch schlimmer käme, wie würden Sie dann reagieren?"
„Wer unterstützt Sie, wenn Sie Sorgen haben? Was wirkt dabei am besten?"
„Wie könnten Sie Ihren Mann am ehesten überzeugen?"
„Wodurch lässt sich Ihr Sohn am ehesten zu einem Gespräch bringen? Wie muss die Situation sein?"
„Wie werden Sie auf die Vorwürfe reagieren?"
„Welche Veränderung würde Ihrer Nachbarin am leichtesten fallen?"
„Wie erklären Sie sich das Verhalten Ihres Sohnes?"
„Wie erklären Sie sich den Widerspruch?"
„Wie würde sich die Situation für Ihre Ehe ändern, wenn Ihr Sohn auszieht?"
„Wie reagieren Sie darauf?"
„Was passiert dann?"

Häufig reagieren Ratsuchende, vor allem wenn sie unsicher oder möglichereise gar keine „KundInnen" sind, mit der wenig konstruktiven Anwort: **„Ich weiß nicht."** Reflexive Fragen dazu könnten sein:
„Wie könntest du das herausfinden?"
„Was brauchst du, um zu dieser Information zu kommen?"
„Was hindert dich, eine grobe Einschätzung vorzunehmen?"
„Wie könnten Sie es schaffen, dass Sie künftig mehr Freiraum gewinnen?"
„Was hindert Sie, konsequent zu sein?"

Auf spielerische Weise werden problematische Situationen neu bewertet und Raum für neue Erwägungen eröffnet. Diese ungewöhnliche Art zu fragen bringt oft Verwirrung. Eine Vielzahl von möglichen Antworten und Reaktionen wirkt möglicherweise verunsichernd. Verunsicherung ist heilsam und gehört zum Um-Denken, zu jedem Lernprozess dazu.

BeraterInnen sehen sich oft genötigt, Fragen zu „erfinden". Das ist weder sinnvoll noch notwendig, wenn Folgendes beachtet wird: Die jeweils zuletzt gegebene Antwort liefert den Stoff für die nächste Frage. Sie behalten den roten Faden in der Hand, wenn Sie den/die Ratsuchende/n hellhörig auf dem Weg begleiten, den er/sie einschlägt. „Schlüsselwörter" (s. S. 76), Auslassungen und nonverbale Botschaften dienen als Wegweiser. Vergessen Sie dabei nicht, zwischendurch zusammenzufassen.

Bei **Jammerern** ist es besonders schwierig, sich im Dschungel der gebotenen Informationen zurechtzufinden (s. auch S. 42). Da fühlt sich der Berater, die Beraterin schnell orientierungslos. Abhilfe kann geschaffen werden, wenn er/sie

- über sein/ihr Empfinden spricht,
- alle Informationen auflistet,
- sie möglichst visualisiert,
- zur Entscheidung auffordert, was das wichtigste/ am leichtestenlösbare/als Erstes anzugehende Anliegen ist.

Anhand dieser Vorgangsweise kann nochmals überprüft werden, ob aus dem Jammerer, der Jammerin ein/e KundeIn wird oder nicht (s. auch S. 86).

Der/die BeraterIn kann durch zusammenfassende Feststellungen oder durch eine Begründung, wozu die Fragestellung nützlich ist, das Sicherheitsgefühl des Klienten, der Klientin stärken.

Das empfindliche Fragezeichen[1]

Ein Fragezeichen und ein Ausrufezeichen rutschten beim Umfallen eines Bücherstapels aus ihrem Text und marschierten, nachdem sie sich von der Rutschpartie erholt hatten, durch die Zeilen, um ihren angestammten Platz wiederzufinden.

„Das ist ein Platz für dich", sagte das Ausrufezeichen. „Da steht ein WARUM." – „Da will ich aber nicht hin", antwortete das Fragezeichen. „Warum denn nicht?", fragte das Ausrufezeichen. „Warum, warum, warum wohl", fauchte das Fragezeichen. „Entschuldige bitte, ich wollte dir nicht auf die Nerven gehen. Ich wollte doch nur wissen, warum du da nicht hin willst." – „Das ist es ja gerade", sagte das Fragezeichen. „Ich habe schon oft in meinem Leben hinter einem WARUM gestanden. Und danach kamen meistens ganz empörte Sätze, die mich fast umgeblasen haben." – „Warum das denn?", fragte das Ausrufezeichen verwundert. „Man wird doch noch fragen dürfen!" – „Natürlich darf man fragen", erwiderte das Fragezeichen. „Aber nicht WARUM. Du musst doch merken, dass Warumfragen die Leute auf die Palme bringen." „O. K.", sagte das Ausrufezeichen. „Das kann ich verstehen. Aber ich muss doch Fragen stellen, wenn ich die Gründe von etwas herausfinden will!" – „Das ist richtig, aber nicht WARUM!" – „Und warum nicht? Oh, entschuldige bitte." – „Ist schon gut. Also, wenn du die Gründe für etwas herausfinden willst, ist es auch nicht sinnvoll, warum zu fragen. Die Leute geben dann meistens Antworten, die sie sich zurechtgelegt haben. Und die fördern nicht gerade das Verständnis der Sache. Oh, ich sehe, du möchtest schon wieder WARUM fragen." – „Nein, will ich nicht!", sagte das Ausrufezeichen empört. „Ich will etwas ganz anderes fragen, nämlich: Wie frage ich dann, wenn ich nicht warum fragen darf?" – „Das ist eine gute Frage", sagte das Fragezeichen. „Komm, lass uns mal durch den Text gehen. Dies ist ein gutes Buch, und wir finden sicher eine Stelle, an der ich dir klarmachen kann, wie gute Fragen sich anhören. Lies mal, hier reden zwei Freunde, Peter und Paul, miteinander. Paul lobt Peter für ein tolles Tennisspiel, das Peter gewonnen hat. Aber Peter sagt zu Paul:
‚Ich kann deine Anerkennung nicht annehmen.'
‚Was hindert dich daran?', fragt Paul.
‚Ich bin es nicht wert', erwidert Peter.
Und Paul fragt weiter: ‚Wie weißt du das?'
Auf diese Frage antwortet Peter: ‚Noch nie hat man mir Anerkennung ausgesprochen.'

[1] Alexa MOHL: Metaphern-Lehrbuch, S. 28f.

Daraufhin fragt Paul: ‚Wer hat dich nicht anerkannt?'
Auf diese Frage fällt Peter ein: ‚Zum Beispiel mein Vater. Ich habe immer Angst vor ihm.'
Paul fragt daraufhin: ‚Was befürchtest du von deinem Vater?'
‚Dass er mich bestraft', sagt Peter.
‚Wofür bestraft dich dein Vater?', fährt Paul fort.
‚Ich bin schlecht in der Schule', sagt Peter. ‚Dafür bestraft er mich.'
Und Paul fragt weiter: ‚Wie macht er das?'
Peter denkt nach. ‚Er redet nicht mit mir', ist seine Antwort.
Und Paul stellt eine weitere Frage, nämlich: ‚Und was bedeutet das für dich?'
Diese Frage lässt Peter weiter nachdenken: ‚Wenn mein Vater nicht mit mir redet, fühle ich mich wertlos', ist seine Antwort.
Und so geht es weiter, wie du lesen kannst. In diesem Absatz stehen acht Fragen, hinter die ich mich liebend gerne stellen würde", schwärmte das Fragezeichen.
„Und was bewegt dich dazu?", fragte das Ausrufezeichen.
„Bei diesen Fragen kann ich mitwirken, etwas Wichtiges herauszufinden."
„Und was ist das Wichtige, das du dabei mithilfst herauszufinden?", fragte das Ausrufezeichen.
„Du hast es verstanden!", rief das Fragezeichen voller Bewunderung aus.
„Ja, ich habe verstanden", sagte das Ausrufezeichen.
„Und hinter diesen Satz stelle ich mich jetzt hin."

Übung

Ein Beispiel für wenig hilfreiches Fragen:
Ratsuchende: „Ich bin vor 2, 3 Jahren nach Wien übersiedelt. In der Nachbarwohnung wird dauernd geschrien, immer ist ein Wirbel. Ich glaub, dass die Frau geschlagen wird. Ich weiß nicht, was ich machen soll …"
Beraterin: „Warum spüren Sie einen Zugzwang?"
Ratsuchende: „Ich fühl mich verantwortlich."
Beraterin: „Haben Sie schon mit der Frau geredet?"

Beide Fragen der Beraterin sind wenig hilfreich. Es handelt sich einmal um eine lineale Frage, einmal um eine strategische Frage.

Stattdessen:

a) Aktiv zuhörend formulieren Sie folgende Feststellung:

b) Sie fragen nach dem Ziel für die Beratung:

c) Mit folgenden Fragen suchen Sie Lösungen:

Auflösung: s. S. 128

Fragen der Ratsuchenden

Auch Ratsuchende stellen Fragen:
„Ob ich was tun soll?"
„Haben Sie eigentlich selber Kinder?"
„Was ist Ihre Meinung?"
Die Falle ist bereitet, dass Sie den (Problem-)Ball in der Hand behalten sollen. Wie eine heiße Kartoffel wird er Ihnen zugeschupft, weil der/die Ratsuchende ihn loswerden will.
Sie helfen nicht, wenn Sie die masochistische Samariterin oder den Samariter spielen (Gefahr: Eier legende Wollmilchsau!). Sie helfen, wenn Sie gemeinsam mit dem Klienten, der Klientin überlegen, wie er/sie vermeiden kann, sich an einer heißen Kartoffel die Finger zu verbrennen. Lassen Sie also die Kirche im Dorf oder den Ball, wo er hingehört. Entdecken Sie, welche Annahmen sich hinter den Fragen verbergen. Sie helfen, indem Sie diese – aktiv zuhörend – in Feststellungen verpacken.
Auf die obigen Fragen reagieren Sie dann etwa so:
„Sie sind unentschlossen, ob und wie Sie handeln können." (Achtung: keine Gegenfrage formulieren. Es gibt kein Fragezeichen am Ende, die Stimme wandert nicht hinauf, sondern hinunter.)
Sie sind nicht sicher, ob ich Ihr Probleme mit den Kindern verstehe.
Sie sind unsicher und wollen sich nicht nur auf die eigene Meinung verlassen.
Die weitere Vorgangsweise kann etwa sein:
Angenommen, Sie hätten meinen Ratschlag/meine Entscheidung (Angenommen ich hätte keine Kinder …), was wäre dann anders/leichter/was würden Sie dann tun …?
Wie müsste ein Ratschlag beschaffen sein, dass Sie ihn voll und ganz akzeptieren und in die Tat umsetzen können? Was kann Ihnen helfen, Ihrer eigenen inneren Stimme mehr zu vertrauen? Was sagt die denn? Wer hat bisher (bei welcher Gelegenheit) darauf gehört?

Übung

Was steckt hinter folgenden Fragen? Formulieren Sie sie um, indem Sie aktiv zuhören.

- Was raten Sie mir denn?
- Wie würden Sie sich an meiner Stelle entscheiden?

Auflösung s. S. 128

Pausen: Die Seele geht zu Fuß

In jedem Gespräch gibt es Pausen. Rainer WEISBACH unterscheidet fünf typische Pausenarten:[1]

- „Sie sind dran!" – Wenn der Redner mit seinem Beitrag fertig ist, signalisiert er das durch Blickkontakt und ein angedeutetes Kopfnicken. Manchmal fügt er auch eine Frage hinzu: „Wie finden Sie das?" u. Ä.
- „Ich denke nach." – In diesem Fall braucht der Redner eine kleine Unterbrechung, um sich wieder zu sammeln und treffende Formulierungen für seine Gedanken zu wählen. Er blickt nicht sein Gegenüber an, sondern mit entspanntem Blick schräg hinauf. Hier ist der Ort, wo man innere Bilder abrufen kann. Dann setzt er fort.
- „Ich sinne nach." – Jetzt spürt der Redner seinem Innersten nach. Der entspannte Blick wandert nach schräg unten. Hier ist keine visuelle Vorstellung zu finden, sondern Stimmung.
- „Das ist mir peinlich." – Mit gesenktem Kopf schaut der Redner, dem seine Situation äußerst unangenehm ist, gerade nach unten oder er fixiert irgendeinen Punkt im Raum, an dem sich sein Blick festklammert.
- „Lass uns schweigen." – Der Redner will (genussvoll) seine Ausführungen nachklingen lassen. Als hätte man eine Saite zum Klingen gebracht. Der Blick schweift in eine unendliche Ferne.

Mit ein wenig Übung sind diese Pausen gut unterscheidbar. Die Augenbewegungen liefern uns die dazu notwendigen Hinweise. Meist nehmen wir uns keine Zeit zu beobachten. Denn wir sind bereits damit beschäftigt, an unserer Erwiderung zu basteln. 80 % der Pausen dauern weniger als 6 Sekunden, zitiert WEISBACH eine Untersuchung.[2]

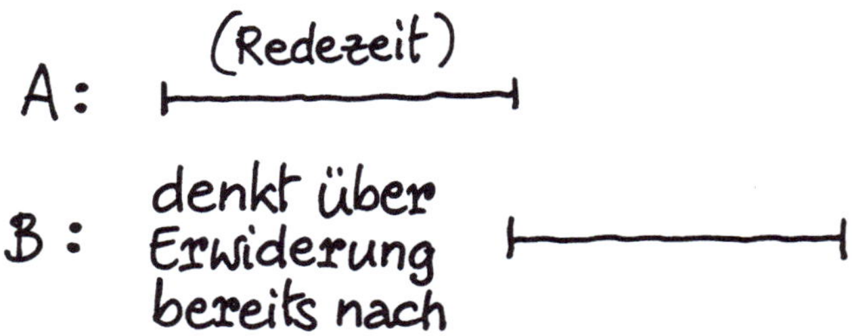

Zur Verbesserung der Gesprächskultur schlägt er vor, manchmal eine Nachdenkpause anzukündigen:
„Lassen Sie mich kurz nachdenken."
„Ich will das für mich ordnen."
„Da muss ich kurz überlegen."

„Ich konnte wiederholt feststellen, dass sich in Konferenzen und hitzigen Debatten das Diskussionsklima schlagartig ändert, wenn einer der Teilnehmer derartige Formulierungen anwendet."[3]
Speziell das Beratungsgespräch sollte ohne Zeitdruck geführt werden. Pausen und Schweigen gehören dazu.

> Professionell beraten heißt: Pausen als sinnvoll, möglicherweise sogar als informativ zu betrachten.

[1] Rainer WEISBACH: Professionelle Gesprächsführung, S. 39ff.
[2] Zu den beiden folgenden Skizze vgl. Rainer WEISBACH: Professionelle Gesprächsführung, S. 47 und 48
[3] Rainer WEISBACH: Professionelle Gesprächsführung, S. 48

Ein unprofessioneller Umgang mit Pausen drückt sich in folgenden Verhaltensweisen von BeraterInnen aus:

- gähnen
- Beine überschlagen, Arme verschränken
- auf die Uhr schauen
- gelangweilt in Unterlagen blättern
- mit den Fingerspitzen auf die Tischplatte trommeln
- die Klientin, den Klienten fixieren
- unüberlegt weitertun, nur, um die Pause zu beenden
- drängend fragen/mahnen/auffordern

Natürlich gibt es Situationen, in denen die Pause für beide unangenehm lange dauert. Möglicherweise

- ist das Gespräch an einem heiklen Punkt, an einem Tabuthema angelangt.
- ist der/die KlientIn, der/die BeraterIn müde, die Konzentration ist gering.
- ist der/die KlientIn unsicher, ob er den/die BeraterIn richtig verstanden hat.
- ist dem Klienten, der Klientin der Kontakt zu eng und/oder er/sie redet ungern.
- ist der/die KlientIn misstrauisch und er/sie empfindet Abneigung gegen den Berater, die Beraterin oder das Thema. usw.

Immer wenn Gefühle (auch beim Berater, bei der Beraterin) ins Spiel kommen, ist das Herzstück der Beratung gefragt:
Wie geht es dem/der Ratsuchenden?
Was genau will er/sie?

Durch aktives Zuhören drückt der/die BeraterIn die vermutlich vorhandenen Gefühle durch Feststellungen aus:
„Sie sind wohl schon sehr angestrengt durch unser Gespräch."
„Ihnen ist im Augenblick anscheinend ziemlich unbehaglich zumute."
„Das Thema berührt und bewegt Sie sehr."
„Es fällt Ihnen schwer, darüber zu sprechen."

Die Wünsche können folgendermaßen durch Fragen erhoben werden:
„Was kann Ihnen helfen, weiter/darüber zu sprechen"
„Ich bin nicht sicher wie Sie die Pause erleben, wie passt es für Sie?"

Wilfried WEBER fügt seinen hilfreichen Ausführungen zum Thema Pausen folgende Anekdote an:

Ein Schwarzafrikaner fuhr erstmals in einem Auto mit. Nach zwei Kilometern ließ er anhalten, stieg aus und setzte sich an den Straßenrand. Er sagte: „Ich muss warten, bis meine Seele nachkommt."[1]
Zur Erholung einige nicht so ernst gemeinte Beispiele zum aktiven Zuhören:[2]

Was spricht der Gesprächspsychotherapeut am Grabe seines Klienten?

„Sie spüren, dass da in letzter Zeit eine gewaltige Veränderung mit Ihnen vorgegangen ist …?"
„Irgendwie betrachten Sie die Dinge jetzt alle gewissermaßen aus einer ganz anderen Perspektive …?"
„Manchmal fühlen Sie sich da buchstäblich übergangen …?"
„Das wurmt Sie so richtig!"
„Sie haben da das Gefühl, äh …, die anderen trampeln Ihnen da auf dem Kopf herum und Sie können gar nichts dagegen machen …"
„Da fühlen Sie sich ganz leer und ausgehöhlt."
„Ich habe so das Gefühl, … äh …, also, irgendetwas nagt da noch in Ihnen …"
„Irgendwie fühlen Sie sich da so richtig unterlegen?"
„Das ist dann für Sie so, als ob Sie da sozusagen das Gras wachsen hören."
„Sie vermuten da, die anderen sprechen Sie nicht so direkt an, so … äh …, man sagt Ihnen so gewissermaßen alles durch die Blume …?"
„Das ist da so ein beklemmendes Gefühl für Sie, dass Sie da irgendwie richtig eingeengt sind, so eingeschränkt in Ihrer Bewegungsfreiheit …"
„Sie haben das Gefühl, da hat Sie jemand so richtig reingelegt."
„Das verunsichert Sie so richtig, dass Sie sich so unterlegen fühlen, dass da, äh, dass da die anderen Sie so herablassend behandelt haben …"
„Da fühlen Sie sich so richtig von den anderen aufs Kreuz gelegt."
„Aber irgendwie ist Ihnen jetzt viel leichter."
„Sie haben da so richtig ein Brett vor dem Kopf."

[1] Wilfried WEBER: Wege zum helfenden Gespräch, S. 145
[2] Wilfried WEBER: Wege zum helfenden Gespräch, S. 95f.

Die folgenden Ausführungen sind für professionelle (bezahlte) Beratungssituationen gedacht. LehrerInnen werden möglicherweise mit diesen sehr spezialisierten Zugängen wenig anfangen. Sie können also gleich beim Kapitel Mediation weiterlesen. Falls Sie als Lehrerin oder Lehrer doch all Ihre Begabungen ausschöpfen und zusätzliches Know-how als hilfreich betrachten, dann finden Sie auf den folgenden Seiten sicher die eine oder andere methodische Idee.

Weitere Ressourcen/Methoden[1]

- **Zusammenfassen**
  Wichtiges und Unwichtiges trennen. Thesen in einfachen Worten formulieren. Gemeinsamkeiten und Unterschiede zu anderen handelnden Personen benennen.
  Beispiel: „Sie haben drei Lebensbereiche genannt, die sie als problembehaftet erleben. Am meisten macht Ihnen momentan das schulische Fortkommen Ihrer Tochter Sorgen. Ihre Tochter nimmt die Misserfolge in der Schule im Gegensatz zu Ihnen sehr locker. Genau das verstärkt Ihre Wut. Habe ich das so richtig verstanden?"
- **Spiegeln**
  oder **Verbalisieren** wird meist synonym mit aktivem Zuhören gebraucht. Mir scheint die Unterscheidung angebracht, die kaum ein/e AutorIn trifft: Aktives Zuhören mündet in einer knappen Feststellung („Das macht Sie wütend"). Es ist der direkteste Zugang zur „Herzensangelegenheit".
  Beim Spiegeln oder Verbalisieren umschreiben Sie mehr, stellen auch eine Frage und greifen Sachthemen auf. Das Spiegeln soll dem Klienten ermöglichen, seine Äußerungen und sein Wesen deutlicher wahrzunehmen.
  „Wenn ich Sie recht verstanden habe, haben Sie schon vieles probiert."
  „Meinen Sie damit, dass …?"
  „Sie finden, dass Ihr Mann sehr aggressiv ist?"
  „Ich an Ihrer Stelle wäre da sehr ärgerlich geworden. Aber wie ging es Ihnen dabei?"
  Meiner Erfahrung nach sind Ratsuchende in einer emotional aufgeladenen Situation durch den Vorgang des Spiegelns eher verstört und reagieren ärgerlich und abwehrend. Das aktive Zuhören hingegen wird oft gar nicht bewusst registriert und immer als Bestätigung empfunden.
- **Drastifizieren**
  Es geht darum, abgeschwächte, durch Konjunktiv und unklare Formulierungen (z. B. eigentlich, ein bisschen) unterdrückte Aussagen zu verdeutlichen. Meist werden Gefühle, die man nicht wahrhaben will, verharmlost. Durch Übertreibung fördert die Beraterin, der Berater die Klarstellung.
  Beispiel: „Meine Tochter nimmt des eigentlich recht locker." „Ihre Tochter tut sich überhaupt nichts an."
- **Kontrasuggestion**
  Hier geht der Berater genau umgekehrt vor. Schwache Aussagen werden als gänzlich bedeutungslos abgetan, um zum Widerspruch zu reizen.
  Beispiel: „Meine Tochter nimmt das eigentlich recht locker." „Wie Ihre Tochter das sieht, ist für unser Thema ohnedies völlig bedeutungslos."
- **Körpersprache übersetzen**
  Der/die BeraterIn sagt, was er/sie am Klienten/an der Klientin beobachtet hat. Vor allem dann, wenn der nonverbale Ausdruck im Widerspruch zum Gesagten ist. Das kann sich auf die Intensität oder den Inhalt der Aussage beziehen. Wenn der Berater nicht deuten will, kann er den Klienten auch direkt fragen.
  Beispiel: „Als Ihr Mann gesprochen hat, haben Sie mit den Achseln gezuckt." (Mögliche – deutende – Fortsetzung: „So, als ob Ihnen das gleichgültig wäre.") „Sie haben eben mit den Achseln gezuckt. Was wollen Ihre Achseln mitteilen?"
- **Konkretisieren**
  Allgemeine Aussagen sind unverbindlich. Bitten Sie als BeraterIn um ein Beispiel dazu, damit Sie sich das Geschilderte besser vorstellen können. Oder bieten Sie selbst ein konkretisierendes Beispiel als Vermutung an.
  Beispiel: „Können Sie mir dazu ein konkretes Beispiel erzählen?" „Mir fällt dazu was ein. Könnte es sein, dass Sie meinen, die Situation ist wie in folgendem Beispiel …?"

[1] Die ersten Punkte sind modifiziert nach Christoph THOMANN / Friedemann SCHULTZ v. THUN: Klärungshilfe, S. 76ff.

- **Sprache entschlüsseln**
Die von der Klientin, vom Klienten gewählten Wörter teilen der Beraterin, dem Berater interessante Dinge mit. Sie verweisen
  - auf verschleiernde Unsicherheit (eigentlich, ein bisschen, nur, häufiger Gebrauch des Konjunktivs),
  - auf anonymisierende Verallgemeinerungen (im Prinzip, man, immer, unsere Gesellschaft),
  - auf eine (zu vergessende) Beschönigung vor einem ABER und Klartext danach,
  - auf kontrollgewärtigendes Pflichtbewusstsein (Häufung des Wörtchens „müssen").
  - als emotional gebrauchte **Schlüsselwörter** auf das Nugget.

NLP beschäftigt sich spezifisch mit Sprachphänomenen. Richard BANDLER und John GRINDER[1] weisen auf drei häufig vorkommende Mechanismen und den therapeutischen Umgang damit hin:

- **Tilgung**
Wir werfen anderen ein paar Gesprächsbrocken hin und meinen, jetzt müssten sie die Situation genauso erfassen, wie sie unserer Meinung nach ist. Ungeduldig oder erbost stellen wir meist das Gegenteil fest.
„Wovon man nicht reden kann, darüber soll man schweigen", meinte schon WITTGENSTEIN. Aber da das Thema nun einmal aufgegriffen wurde, hat es für das Gespräch Bedeutung. Fragen Sie daher nach den abhanden gekommenen Informationen:
Beispiel: „Ich finde das unmöglich!" „Was genau finden Sie unmöglich?" „Was bewirkt dieses Gefühl?" „Was tun Sie dann?"

- **Verzerrung**
Nominalstil: Tätigkeiten werden nicht durch Verben ausgedrückt, sondern gerinnen zu Hauptwörtern (Nomina). Das passiert meist mit Hilfe der Silbe -ung. Dieser Hauptwort-reiche Sprechstil hält Tatsachen unveränderbar fest. Tätigkeitswörter aktivieren, setzen einen Prozess in Gang.
Beispiel: „Die Trennung von meinem Freund war ein Fehler." „Sie haben sich von Ihrem Freund getrennt. Das sehen Sie heute als falsch an. Was können Sie tun?"

- **Generalisierung**
Immer, alle, nie, sämtliche, keiner, niemand
Der eine, der anders ist, wird nicht bemerkt. Die eine Situation, die geglückt ist, wird nicht wahrgenommen. Das eine Verhalten, das doch noch ausprobiert werden kann, kommt nicht in den Sinn.
Verallgemeinerungen verstellen den Blick auf das Besondere. Sie sind selten den realen Erfahrungen angemessen. Durch exaktes Nachfragen erweitert der/die BeraterIn die Möglichkeiten des Klienten, Details auf seiner Landkarte wieder zu erkennen. Wer genau? Was genau? Wann und wo genau? Das sind entsprechende Fragen. Manchmal lösen sie Befremden aus und werden als unangenehm erlebt. Dann könnten Sie erklären: „Ich weiß, die Fragen sind lästig und irgendwie klingt es pedantisch. Aber ich bin überzeugt, es hilft uns beiden, mehr Klarheit zu gewinnen."
Wenn Sie das Ziel der Beratung klären wollen, ist diese penible Klarheit erforderlich. Weg von irgendeiner nebulosen Unverbindlichkeit zu einem Verhalten, das machbar und konkret ist (s. S. 62).
Beispiel: „Niemand hilft mir." Wer genau ist damit gemeint? (Nennen Sie die Personen. Erzählen Sie, wie die es schaffen, sich „abzuputzen".) Wann brauchen Sie die Hilfe am meisten, wann am wenigsten? Was genau verstehen Sie unter Hilfe? Was müsste ich tun, dass Sie sagen, das ist Hilfe? 365 Tage im Jahr, 24 Stunden pro Tag machen Sie alles allein? Nicht 5 Minuten lang ist da eine einzige Person zur Stelle?

- **Sprachbilder und Metaphern**
Was bedeutet es, wenn ein/e KlientIn Begriffe häufig aus einem bestimmtem Bereich entlehnt (Militär, Medizin, Gerichtswesen usw.)? Achten Sie darauf, wenn an Schlüsselstellen Bilder benutzt werden. Oft betreffen Sie – wie in den folgenden Beispielen – körperliche Vorgänge:
  - Das schnürt mir den Hals zu.
  - Das finde ich zum Kotzen.
  - Das jagt mir kalte Schauer über den Rücken.
  - Da könnte ich die Wände hochklettern.
  - Das geht mir unter die Haut.
  - Das liegt mir wie ein Stein im Magen.
  - Da stehen mir die Haare zu Berge.

[1] Vgl. Richard BANDLER / John GRINDER: Metasprache und Kommunikation

Bildbrüche verstören. Auf die Bemerkung: „Das finde ich zum Kotzen“ sollten Sie also nicht wenig später eingehen mit dem Satz: „Wenn Ihr Chef das sagt, könnten Sie also die Wände hochklettern.“
Ein Bild sagt mehr als 1000 Worte.[1] – Metaphern sind die Grundlage für Witze; sie finden sich in Märchen, Sprichwörtern. Sie sind einprägsam und rühren an tief sitzende Gefühle und allgemein menschliche Erfahrungen. Daher sprechen sie Kinder und demente Personen an, aber auch alle, die einen fantasievollen Zugang dem nüchtern-rationalen gegenüber bevorzugen. Fantasiebegabte BeraterInnen setzen daher Bilder gezielt ein, wenn sie wichtige Botschaften vermitteln wollen.
Beispiele:
Bellende Hunde beißen nicht.
Eine Katze hat sieben Leben.
Wer den Tiger reitet, kann nicht absteigen.
Wenn du jemandem das Fischen beibringen willst, mach ihm Lust aufs Meer.
Viele Köche verderben den Brei.

Um Beziehungen zu beschreiben, eignen sich etwa folgende Metaphern:
- Feuer und Wasser
- Marionette und Puppenspieler
- Kranke/r und Krankenschwester/-pfleger
- Wirt und Gast
- Hänsel und Gretel

Die Metapher kann ebenso wie das gezeichnete Bild für die Weiterarbeit benutzt werden (s. S. 78).

Karl Heinz THIMM zeigt anhand der Metapher einer Bootsfahrt, wie hilfreiche Fragen gestellt werden können:
„Mit wem sitze ich in einem Boot?
In welchem Reisebüro und von wem wurde diese Reise gebucht? Wie viele Kapitäne wollen das Schiff steuern?
Welcher Schiffbruch war bisher der schlimmste? Welcher der angenehmste? Was passiert bei einem neuerlichen Schiffbruch?
Wer oder was bestimmt, wann in See gestochen wird und wie lang die Reise sein soll?
Welcher Geist der Zusammenarbeit herrscht an Bord? Wie kann ein Gegeneinanderrudern vermieden werden?“[2]

Visualisierung

„Wir sprechen überhaupt zuviel, wir sollten vielmehr zeichnen“, sagte der Meister der Worte, Johann Wolfgang GOETHE.[3] Dabei geht es nicht darum, als BeraterIn das künstlerische Talent zu entfalten. Was sind die Vorzüge?
Die ungewöhnliche Ausdrucksform
- macht Sachverhalte anschaulich,
- hält etwas Wesentliches fest,
- dient als Gedächtnisstütze (z. B. für den Kontrolltermin),
- wirkt für Kinder und bei sprachlichen Verständnisproblemen klärend,
- verdeutlicht und bringt auf den Punkt,
- regt bei KlientInnen ihren bildhaften Zugang an,
- eignet sich gut dafür, ungewöhnliche reflexive und zirkuläre Fragen zu stellen,
- bietet Material, um Gedanken zum Ziel und über etwaige Lösungen anzuknüpfen.

Wie kann man das Visualisieren lernen?
Sie können einfach während des Gesprächs kritzeln.
Sie können nach Abschluss des Gesprächs das vorgebrachte Anliegen mit ein paar Strichen festhalten.
Sie können in einem Moment starker Dichte oder Lebendigkeit Ihre eigene bildhafte Vorstellungskraft zulassen und das Wesentliche zu Papier bringen.

Übung

Visualisieren Sie eine Ihrer Fragen von S. 66.

Wie lauten Fragen zur Weiterarbeit, wenn Sie „diese Person“ mit Hilfe der Zeichnung beraten wollen?

Ich habe festgestellt, dass in den Darstellungen bestimmte Symbole immer wieder vorkommen:

---

[1] Vgl. auch David JONAS / Anja DANIELS: Was Alltagsgespräche verraten
[2] K. H. THIMM: Vom Nutzen systemischen Denkens, zitiert nach: Wilfried PAMLOWSKI: Der Anstoß des Steines, S. 102
[3] Johann Wolfgang von GOETHE, zitiert aus: DIE ZEIT 37/3. September 1998

- eine senkrechte Linie für Mauer, Trennung
- ein riesiger Felsbrocken für die unendlich große Anzahl ungelöster Probleme (tritt bevorzugt bei Jammerern auf)
- Weggabelungen für Situationen, in denen sich der/die Ratsuchende entscheiden muss
- ein Stockerl für den Wunsch nach Bedeutung, Größe, Beachtung
- ein Fragezeichen für Unklarheit
- Pfeile für Verbindungen, Beziehungsangebote

Beispiel 1

Mutter (50), Hausfrau. Vater arbeitet viel. Es gibt einen losen, relativ guten Kontakt mit der 19-jährigen Tochter, die allein lebt. Mit der 16-jährigen Tochter, die im Haus lebt, gibt es Streit, Probleme; sie verweigert Mithilfe oder Gespräche und will ausziehen. Sie lernt nichts, will die Schule abbrechen. Dazu gab es in einer Gruppe folgende Visualisierungen:

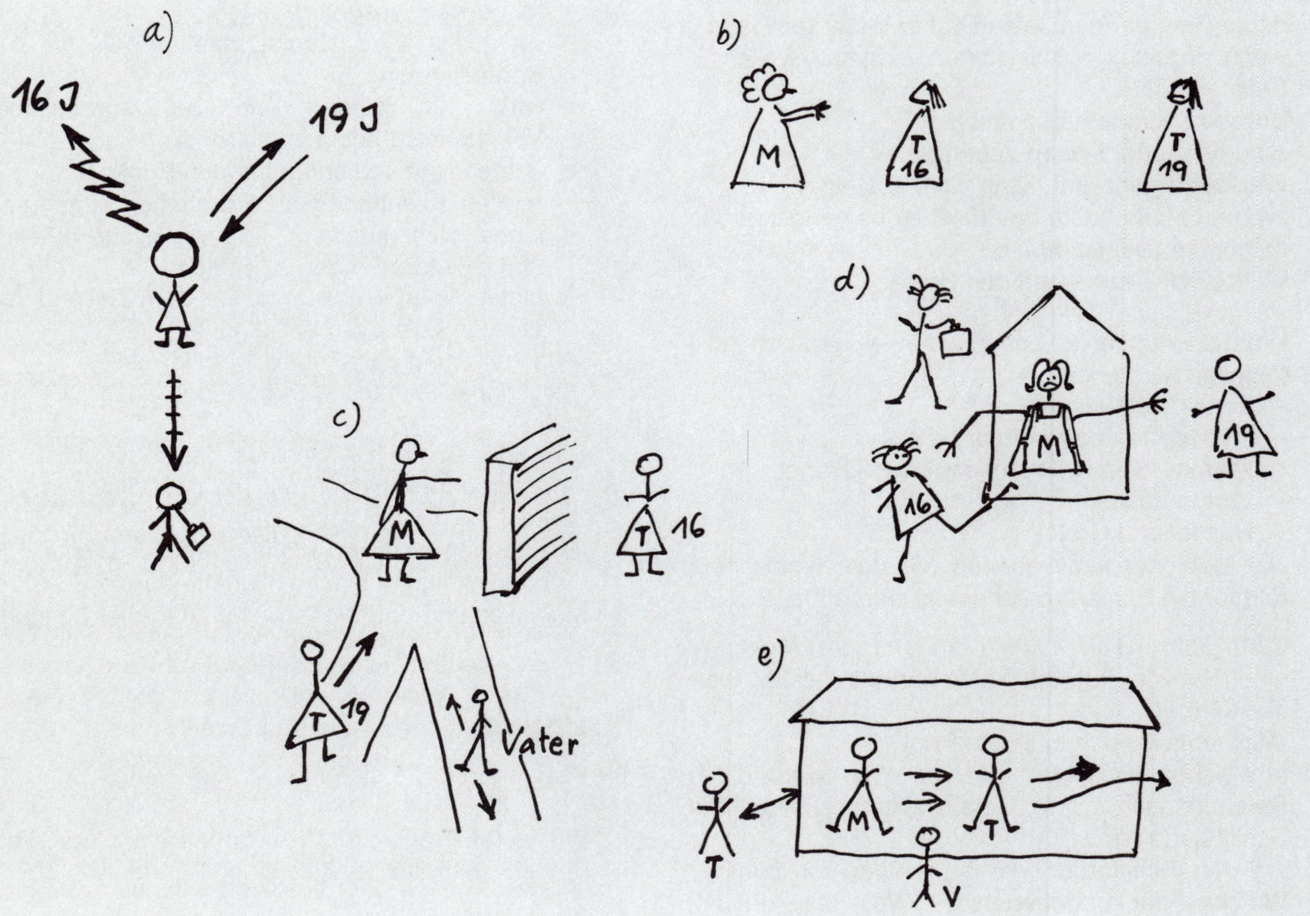

Hilfreiche Fragen zur Weiterarbeit:
Wie erleben die Töchter diese riesigen Hände? Sehen Sie einen Unterschied?
Was muss passieren, damit der Vater sich näher zur Mutter stellt?

Was wird die Mutter, allein im Haus zurückgeblieben, tun?
Was braucht die 16-Jährige, damit sie auch eine Hand ausstrecken kann?
Wie kann die Mutter die Mauer überwinden?

Beispiel 2

Ein Student hat aus der Schulzeit einen sehr guten Freund, den er früher oft gesehen hat und mit dem er sich sehr gut versteht. Der Student leidet darunter, dass die Kontakte selten geworden sind, dass sie nie vom Freund ausgehen. Wenn sie sich treffen, erzählt der Freund kaum etwas von sich. Der Rat suchende Student ist unsicher, wie er reagieren soll, ob er sich wieder melden soll.
Dazu gab es in einer Gruppe folgende Visualisierungen:

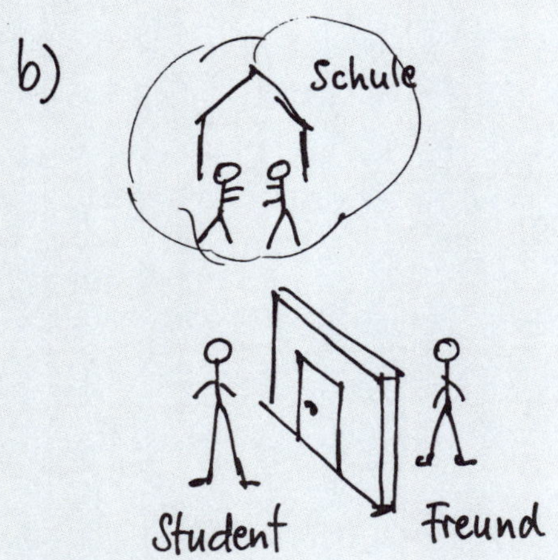

Hilfreiche Fragen zur Weiterarbeit:
Was würde der Freund zu dieser Darstellung sagen? Öffnet sich die Tür nur in eine Richtung? In welche? Was kann helfen, vom Stockerl herunterzukommen?

- **Umdeuten**
heißt entdecken, welche alternative positive Erklärung, welches Motiv oder welche positive Funktion ein negativ beschriebenes Verhalten hat. Wenn eine Benennung mit besonders starker Abwertung verbunden ist, ist es hilfreich, andere Benennungen zu finden.
Worum geht es beim Umdeuten? – Um eine völlig veränderte Sichtweise. Nämlich um diejenige, die der Betroffene selbst positiv werten könnte.
„Ja, aber dann blockiere ich doch Veränderungskräfte?“ „Ich kann dieses Verhalten doch nicht gut heißen?“ „Wenn ich genau das Gegenteil von dem sage, was ich denke, bin ich doch unglaubwürdig?“ Solche Einwände höre ich oft.
Wie alle anderen Techniken wirkt diese Methode nur, wenn Sie tatsächlich meinen, was Sie sagen. Das setzt voraus, dass Sie sich in den Klienten, die Klientin und seine/ihre Welt hineinversetzen können. Denn aus seiner/ihrer Sicht macht das Verhalten, das er/sie zeigt, Sinn. Jemand, der sich beispielsweise bequem zurücklehnt und alle Verantwortung auf Sie abschiebt, hat möglicherweise gelernt, sich unterzuordnen, sich auf andere zu verlassen etc.
Umdeuten heißt, die Kehrseite der Medaille zu sehen, einen völlig ver-rückten Standpunkt einzunehmen, Kulissen zu verschieben. So als würden Sie eine Prismenbrille aufsetzen. Das führt dazu, dass Sie die ganze Welt auf den Kopf gestellt wahrnehmen. Allerdings bemerken Sie das nach einer Gewöhnungsphase gar nicht mehr. Mit einer „Prismenbrille“, dem Auf-den-Kopf-Stellen, dem Verrücken oder Umdeuten könnten Sie überraschende neue Sichtweisen entdecken.
Die andere Sichtweise zu benennen ist nicht gleichzusetzen mit dem Aussprechen eines Lobs („Hurra, machen Sie nur weiter so, indem Sie sich immer auf andere verlassen!“). Es verweist schlicht auf die Vorteile oder positiven Aspekte, die Stärke bei einem Verhalten, das üblicherweise abgewertet und negativ gesehen wird. Daher können Sie fragen: In welchen Situationen ist dieses Verhalten sinnvoll und soll beibehalten werden (= **Reframing**)[1]?

[1] Weitere Ausführungen dazu in: Alex MOLNAR / Barbara LINQUIST: Verhaltensprobleme in der Schule

An jedem Verhalten gibt es (s. Kapitel über die Wahrnehmung, S. 43ff.) immer mehrere Anteile. Das, was Sie als positive „Kehr"-seite benennen, ist oft der (heimliche) Gewinn, den die Person von ihrem Verhalten hat. Diesen Gewinn gilt es nun durch ein verändertes Verhalten einzuheimsen. Oft wird das gar nicht beachtet. Die Klientin, der Klient fürchtet, durch eine Veränderung lieb gewordene Sicherheiten zu verlieren, und Sie wundern sich, wenn sie oder er gar so blockiert.

Vor allem in verfahrenen Situationen, wenn Sie selbst anstehen und schon nicht mehr wissen, wie Sie weitertun sollen, wirkt eine Umdeutung zumeist für beide Seiten befreiend: „Sie sind jemand, der aus den Lebenserfahrungen gelernt hat, sich in wesentlichen Momenten auf andere zu verlassen."

Beispiel

„Nerviges" Verhalten von KlientInnen	**und eine Umdeutung dazu**
mangelndes Pflichtbewusstsein	sorgt gut für sich
SchweigerInnen	machen anderen Platz, hören gut zu
übervorsichtige (overprotective) Mutter	rund um die Uhr für ihr Kind da, stellt die eigenen Interessen zurück
zwanghaft	hat die Übersicht, ist genau
aggressiv	setzt sich durch, ist machtvoll

Übung

Auffälliges Verhalten	**Umdeutung**
lügt	
schlampig	
hysterisch	
unzuverlässig	
unterwürfig	
besserwisserisch	
Schmutzwäsche auspackend	
langatmig	
provokant	

Auflösung s. S. 128

Weitere Umdeutungen

- gewalttätig: machtvoll, energiegeladen, durchsetzungsbereit
- überheblich: überzeugt von sich, selbstbewusst, zum Schauspieler geeignet
- unterwürfig, Opferrolle auskostend: gibt anderen Vortritt, verschafft sich Aufmerksamkeit
- präpotent, fordernd: holt sich Zuwendung, lebenstüchtig
- Schuld zuweisend: selbstsicher
- Tränendrüse: feinfühlig, sensibel, flexibel
- jammern: großer Wortschatz, bleibt bei etwas, was ihm/ihr wichtig ist

Übung

- Was fällt Ihnen noch ein? Welches Verhalten ist Ihnen an anderen Menschen besonders unangenehm?
- Und wie könnte der/die Betroffene sich selbst sehen?

- **Arbeit mit Material**

„Forme/ stelle dar:

- deine Familie,
- deine ideale Familie, wie du sie dir wünschst,
- deine Familie, verzaubert in passende Tiere,
- ein Fantasietier,
- deine Angst,
- deine Wut,
- dein Problem,
- eine Geschichte,
- die zwei widersprüchlichen Seiten (z. B. Unlust-Pflichtgefühl) in dir."

Papier und Stifte, Malfarben, Ton, Plastilin, Steine, leicht verfügbare Gegenstände, Kuli, Bleistifthalter, Notizblock etc. eignen sich als zusätzliche Ausdrucksmittel für die Beratung. Sie können die KlientInnen mit Materialien etwas herstellen lassen. Oder Sie setzen selbst Material ein, um Situationen anschaulich darzustellen.

Haben die KlientInnen selbst etwas aus Material hergestellt, sollte auch ihnen selbst die Interpretation vorbehalten bleiben. Der Berater kann durch hilfreiche Fragen (s. S. 67ff.) unterstützen.

Beispiele: „Wenn du dieser Tonklumpen wärst, was würdest du sagen?" „Angenommen, dieser dicke schwarze Strich wäre nicht da, was würde sich dann ändern?" „Was braucht der Kuli, dass er näher zu diesem Stein hin rücken kann?" (Bleiben Sie im Bild, auch wenn vorhin der Kuli als großer Bruder und der Stein als Vater erklärt wurde.)

Durch das Material lässt sich Distanz gewinnen. Damit werden oft schwierige Themen bearbeitbar. „Man könnte sagen, der Körper kommuniziert durch den Ton; und wenn ich die so übermittelten Botschaften empfange, weiß ich, dass irgendetwas in dem Kind vorgeht, das wichtig für es ist. In solchen Momenten sage ich dann: ‚Fühlst du dich manchmal so?' Oder: ‚Geschieht das auch manchmal in deinem Leben?'"[1]

- **Körperarbeit**

Als BeraterIn können Sie sich folgende Erkenntnis zunutze machen: Menschen, die ein gutes Einvernehmen haben, stimmen sichtbar in ihrer Körpersprache überein. Langjährige Ehepartner verhalten sich in vielen Situationen synchron. Das betrifft die Beinhaltung, Mimik, Gestik, Handlungen, wie das Weinglas gleichzeitig zum Mund führen etc. Sogar die Herzschlagfrequenz stimmt sich während eines Gesprächs auf einen Menschen, der uns sehr sympathisch ist, ab, fanden Forscher heraus. (Und Ehepaare werden einander tatsächlich auch im Aussehen ähnlich.) Der dominante Partner gibt dabei (unbewusst) den Takt vor. (Das nennt man im NLP **leading**.)

Ein solch abgestimmtes Körperverhalten nennen Vertreter des NLP den **Rapport** (wörtlich: enges Verhältnis, Harmonie) (s. auch S. 55). Sie meinen, wenn ein Berater nur lang genug dem Gesprächspartner in seinen Bewegungen folgt (das nennt man **pacen**), könne man dann das **leading** übernehmen, also die Psyche günstig beeinflussende Bewegungen vorgeben.

„Folgende physiologische Parameter sind im NLP von Bedeutung:

[1] Violet OAKLANDER: Gestalttherapie mit Kindern und Jugendlichen, S. 100f.

- Atmung: Amplitude (Brust-, Bauch- oder Zwerchfellatmung), Frequenz und Volumen
- Lippengröße
- Gesichtsfarbe
- Muskeltonus/Muskelspannung
- Haltung
- iedeomotorische, d. h. unbewusste Bewegungen
- Augen: Blickrichtung, Lidreflex, Größe, Feuchtigkeit
- Stimme: Tonlage, Lautstärke, Timbre
- Schweißproduktion“[1]

KlientInnen zeigen z. B. verschiedene Physiologien im Zusammenhang mit Problemen.

Problem-Physiologie: blasse Hautfarbe, unsymmetrische verspannte Haltung, autoaggressive (gegen sich selbst gerichtete Aggression) Gesten. Sie zeigt sich, wenn der Klient sein Problem schildert oder daran denkt.

Ressource-Physiologie: mehr Durchblutung, tiefere Atmung, entspannte, symmetrische aufrechte Haltung. Sie wird definiert als die Physiologie der Fähigkeiten, mit deren Hilfe der Klient von der Problem- zur Ziel-Physiologie kommen kann.

Ziel-Physiologie: sehr ähnlich der Ressource-Physiologie. Sie zeigt sich, wenn die Veränderungsarbeit abgeschlossen ist.

Versöhnungs-Physiologie: Wechsel zwischen Problem- und Ressourcephysiologie.
KlientInnen zeigen spontan eine symmetrische Körperhaltung, wenn sie eine neue Perspektive gefunden, ein Problem gelöst, einen Prozess befriedigend abgeschlossen haben. Das Ziel der Beratung/einer Therapie ist es, dass die Klientin, der Klient gelernt hat, die Ressource-Physiologie selbst einzusetzen.

- **Entspannung**
  Viele seelische Belastungen führen auch zu körperlicher Anspannung und Verkrampfung. Entspannungstechniken (Meditation, progressive Muskelentspannung, autogenes Training ...) werden oft mit anderen Methoden kombiniert.
  Beispiele: die systematische Desensibilisierung bei verhaltenstherapeutischem Vorgehen gegen Ängste und Phobien; das katathyme Bilderleben bei tiefenpsychologischem Vorgehen aus Anlass von psychosomatischen Problemen; Fantasiereisen zur Aktivierung von Zukunftsvorstellungen bei Depressionen bis hin zur Hypnotherapie bei der Bearbeitung von Traumata.

- **Familienskulptur, Aufstellungen**
  Das sind sehr anschauliche Methoden, die wenig Möglichkeiten der Distanzierung bieten. In beiden Fällen stellen (reale) Menschen im Raum die Situation dar, die genauer betrachtet werden soll. Entweder sind es die Betroffenen selbst oder andere Personen einer (Supervisions- oder therapeutischen) Gruppe. Letztere werden gebeten, sich über ihre Befindlichkeit in der ihnen zugewiesenen Position zu äußern, und verhelfen dadurch dem Betroffenen zu neuen Einsichten. Neue Positionen können ausprobiert werden.

- **Systemdiagnose**
  Statt der Skulptur oder der Aufstellung werden durch Fragen das System (Familie, Schule, Klasse, Team ...) und dessen verschiedenartige Wahrnehmungen erfasst:
  - Funktion des „Symptoms“ innerhalb des Systems (Worauf weist es hin? Was verhindert es? Was verdeckt es? Wovor schützt es?)
  - Regeln und Kommunikationsmuster
  - Durchlässigkeit oder Starre von Grenzen (zwischen Partnern, Generationen, Gruppen)
  - Koalitionen und Machtverteilung
  - „Teufelskreise“ (das sind abwertende Verhaltensweisen der Partner, die sich wechselseitig aufschaukeln und durch Vermutungen und frühere Erfahrungen gespeist werden)

  Die Strukturanalyse kann in einer Skizze wiedergegeben werden.
  Beispiel: offener Konflikt zwischen einem Elternpaar, diffuse Generationsgrenze, verdeckter Konflikt zwischen Vater und Sohn, starke Koalition zwischen Mutter und Sohn.

[1] Thies STAHL: Triffst du ’nen Frosch unterwegs, S. 18

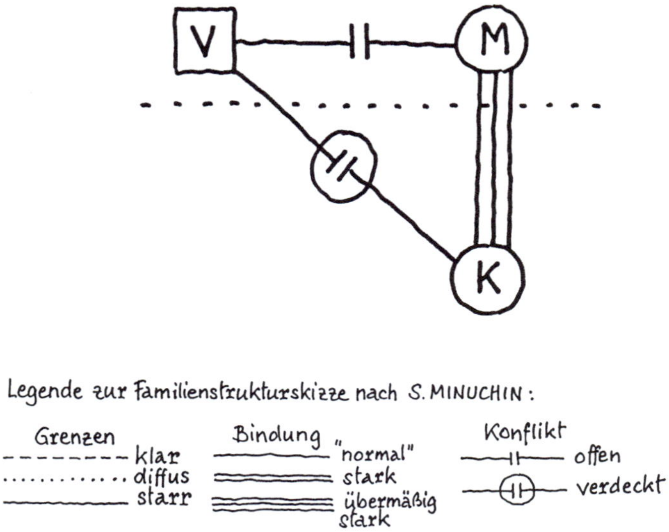

- **Rollenspiel**
  Das Spiel geht über die Darstellung eines Zustandes hinaus. Es kann mit Puppen (Gegenständen oder auch den Klötzen vom Familienbrett – s. unten) sowie von Personen vollzogen werden. Bekannt ist das Psychodrama (von Jakob L. MORENO in den 30er Jahren entwickelt): Lebensgeschichtlich wichtige Szenen werden gemeinsam mit anderen dargestellt. Durch die szenische Darstellung werden (verdrängte) Handlungsmuster aufgedeckt, konstruktive und destruktive Anteile klarer unterscheidbar und damit der Weg zu veränderten Sichtweisen und neuen Lösungen geebnet. Auch die Gestalttherapie geht davon aus, dass ein nochmaliges Durchleben einer Szene deren Verarbeitung fördert.
  Beispiel: Eine Person nimmt abwechselnd auf zwei verschiedenen Stühlen Platz und lebt im Probehandeln zwei Seiten in einer Dilemma-Situation aus.

- **Familienbrett**
  Das Familienbrett ist ein Holzbrett (ca. 50 x 50 cm) mit Holzfiguren (7 cm und 10 cm lange, eckige und runde Holzstäbe mit angedeutetem Gesicht: Augen und eine dreieckige Nase-Mund-Partie). Die Holzklötze repräsentieren die Familienmitglieder. Dieses diagnostische Verfahren wurde 1978 von Kurt LUDEWIG entworfen.
  Die zu beratenden Personen werden eingeladen, ihre Familie auf dem Brett abzubilden. Dabei haben die Entfernung, die Blickrichtung, die Platzierung auf dem Brett, Größe und Form der Figuren, die Reihenfolge der Aufstellung auf das Brett und die resultierende Gestalt Aussagekraft.
  Diese Methode erzeugt mehr Betroffenheit als bloßes Darüber-Reden und ermöglicht mehr Distanz als die Familienskulptur oder (in-vivo-)Aufstellungen. Das Familienbrett eignet sich hervorragend für das Formulieren hilfreicher Fragen.
  Beispiele:
  „Angenommen, diese Figur würde sich umdrehen, was würde sich dadurch ändern?“
  „Wohin führt diese Figur ihr nächster Schritt? Was braucht sie, um ihn machen zu können?“
  „Wie hätte dein Bruder eure Familie dargestellt?“

- **Hausübungen**
  Nicht nur in der Schule sind Hausübungen eine Methode, um die individuelle Weiterbearbeitung zu fördern. Auch BeraterInnen können Hausübungen geben.
  Beispiele:
  Beobachtungsaufgabe (besonders geeignet für Menschen mit überstarkem Kontrollbedürfnis, auch für alle Nicht-KundInnen): „Was soll gleichbleiben?“ „Was tut x um … Uhr?“ „Wie oft sagen Sie pro Tag: …?“
  Wetten (besonders in Situationen, die verfahren oder sehr starr reguliert sind): „Prognostizieren Sie täglich, ob Ihr Sohn heute seine Aufgabe machen wird. Berichten Sie mir dann, wie oft Sie gewonnen haben!“
  Münzen werfen oder würfeln (bei lange währenden Problemen, die scheinbar unbeeinflussbar sind): Hierbei wird wie bei der Wette eine bestimmte Augenzahl des Würfels, gerade/ungerade Tage oder Kopf/Adler eingesetzt. In dem einen vereinbarten Fall gibt es keine Konsequenzen, wenn das unerwünschte Verhalten eintritt, im anderen Fall schon.
  Symptomverschreibung: „Machen Sie mehr vom selben“ oder das genaue Gegenteil:
  „Machen Sie etwas ganz anders als bisher.“
  Durch solche ver-rückten Aufforderungen wird die starr fixierte Blickrichtung aufgehoben zugunsten eines spielerischen flexiblen Umgangs.

Spezielle Situationen

Weiterreichen ist im Beratungssystem ein verbreitetes Muster. Es lebt vom „Mythos des Retters": „Dieser Mythos bildet gewissermaßen den Treibstoff für ein Handlungsmuster, das aus einer endlosen Suche nach besseren Heimen, Helfern, Therapeuten oder Ärzten besteht."[1]
Was können Sie tun, wenn der/die Ratsuchende schweigt, weint, Sie angreift, Sie ständig um Ihre Meinung fragt, ein Horrorszenario vor Ihnen ausbreitet oder Ihnen eine krank machende und scheinbar ausweglose Lebenssituation schildert.
Vor allem Menschen, die sich in einer Krise befinden, führen uns deutlich die Spannung zwischen unseren Allmachtswünschen und den Ohnmachtsgefühlen vor Augen. Vor lauter Hilflosigkeit übertragen wir dann die Allmachtsfantasien auf andere Personen und Einrichtungen.
„Ich bin dafür nicht ausgebildet." „Ich hab keine Zeit." „Der braucht eine Therapie." „Das ist nicht meine Aufgabe." „Wer weiß, was ich da anrichte!" Diese Überlegungen führen weg von menschlicher Solidarität, Nachbarschaftshilfe und freundschaftlicher Begegnung hin zu bezahltem Unterstützungsmanagement.

Unterstützung bei Krisen

Krisen sind Situationen, in denen eine Belastung als gewichtiger erlebt wird als die zur Verfügung stehenden Bewältigungsmöglichkeiten. Krisen begleiten bestimmte Lebensphasen (Geburt eines Kindes, Pubertät etc.) oder sind die Folge von einschneidenden Ereignissen (Krankheit, Tod, Arbeitslosigkeit ...). Sie haben viel mit Angst zu tun und lösen oft genau diese auch bei den angesprochenen Helfern aus.
Das Gefühlsleben ist während einer Krise überflutend oder blockierend. Forscher unterscheiden einen typischen Phasenverlauf. BALINT zeichnet folgendes Bild für unterschiedliche Krisen: ein Baumstamm wird im reißenden Fluß mitgerissen oder er ist im ausgetrockneten Flussbett gestrandet.[2] Krisenhilfe bedeutet immer, den Baumstamm zum (ruhigen) Dahingleiten zu bringen. Je nach Krisensituation geht es also einmal um Wiedergewinn von Sicherheit, Ruhe, Alltagsroutine oder umgekehrt um Zukunftsperspektiven und Aktivierung.
Das, was Sie in jedem Fall anbieten können, ist Dasein und (aktiv) Zuhören. Glauben Sie mir, das ist mehr, als so mancher Professionalist bietet!

Arbeit mit Kindern

Bei Kindern, die Hilfe brauchen, sind meist die Kontaktfunktionen beeinträchtigt und ihre Kontaktmöglichkeiten eingeschränkt oder emotional belastet. Im Verhalten zeigt sich Distanzlosigkeit oder Rückzug, Aggressivität oder Schüchternheit.
Kleine Kinder machen sich oft selbst für Probleme verantwortlich. Sie halten sich für minderwertig, schuldig, schlecht, nicht liebenswürdig genug. Sie wenden verschiedenste Verhaltensweisen an, um sich vor weiteren Kontakten zu schützen: sie bocken, schweigen ... Gleichzeitig wirkt sich dieses Verhalten als **Self-fulfilling-prophecy** (= sich selbst erfüllende Prophezeiung) aus und verschärft die Situation.
BeraterInnen üben besonders Einfluss durch die Art aus, wie sie beraten = Lernen am Modell. Es geht zumeist darum, das Zutrauen und das Selbstwertgefühl der Kinder zu stärken. Ein starkes Selbstwertgefühl fördert die Kommunikationsfähigkeit.

Arbeit mit Jugendlichen

Jugendliche sind beschäftigt mit Identitätsfindung und verunsichert durch ihre unklare gesellschaftliche Position: Sie sind keine Kinder mehr, aber die Erwachsenenposition wird ihnen von der Gesellschaft meist auch nicht zuerkannt. Das trifft vor allem auf SchülerInnen und StudentInnen (weniger auf Lehrlinge) zu.[3]
Jugendliche spielen mit ihren sexuellen Reizen, legen Wert auf ihre eigene Sprache, eigene Subkultur (Kleidung, Idole, Aufenthaltsorte, Musik) und loten Grenzen aus (Diebstähle, Drogen, Alkohol).
Grenzüberschreitung ist ein Thema der Arbeit mit Jugendlichen. (Professionelle) Hilfe wird von Jugendlichen oft als Übergriff erlebt. Niederschwellige Sozialarbeit und Jugendarbeit in der Schule interessiert sich für das So-Sein der Jugendlichen, gibt ihnen viel Gelegenheit, Ausdrucksmöglichkeiten zu erproben.

[1] Hans-Ulrich PFEIFER-SCHAUPP: Jenseits der Familientherapie, S. 200
[2] Zitiert in Verena KAST: Der schöpferische Sprung
[3] Vgl. Ruth MITSCHKA: Pubertät gemeinsam bewältigen

Gleichzeitig stellt der Erwachsene (BetreuerIn/LehrerIn/Eltern) seinen Zugang als einen anderen – gleichwertigen – daneben. Miteinander erforschen sie bedeutsame Unterschiede und Gemeinsamkeiten.
Alle Möglichkeiten der Selbst- und Mitbestimmung werden ausgelotet. Verantwortung ist die Folge von Freiheit!

Arbeit mit alten Menschen – Validation

Das Zeiterleben, das Tempo ändert sich, Kontinuität und Konstanz gewinnen gegenüber Flexibilität und Abwechslung an Gewicht. Trennung und Verlusterleben treten häufiger auf, die Bereitschaft zu neuen Kontakten nimmt ab.
Alte Menschen brauchen viel Bestätigung. Widerspruch bringt gar nichts. Auch wenn sie dement sind, in einer Fantasiewelt leben oder sich völlig „falsch" erinnern und „Unsinn" daherplappern: Unterstützen bedeutet, ihre Weltsicht wertschätzen durch respektvollen Umgang (= **Validation**; diese Methode der Altenarbeit geht auf Naomi FEIL zurück).

Auch wenn sich ein alter Mensch zurückentwickelt, bis er/sie wie ein Säugling ständiger Pflege bedarf, können die begleitenden Personen immer wieder aktiv zuhören:
„Es fällt Ihnen schwer zu sprechen."
„Das macht dich sehr traurig."
„Sie ärgern sich über mich."
„Sie fühlen sich sehr hilflos/ratlos."
„Du empfindest es als entwürdigend, wenn ich dich windeln muss."
„Es macht dich wütend/traurig, nicht mehr so wie früher ... zu können."

Statt „erfundene" Information richtig zu stellen, wird auf das vermutlich ausgelöste Gefühl eingegangen:
„Das ängstigt dich, dass du ein Monster in der Ecke siehst."
„Das freut Sie, dass Sie beim berühmten Filmschauspieler eingeladen sind."
„Du bist stolz, dass du das Kind gerettet hast."

Unklare Beratungssituationen

Jammerer, Jammerinnen, KlägerInnen und BesucherInnen sind keine KundInnen der Beratung. Sie sind nicht bereit, sich selbst aktiv an Veränderungsprozessen zu beteiligen. Umso mehr fordern sie zufällige oder professionelle BeraterInnen heraus. Sie lösen in ihnen massive Gefühle aus.
Die besondere Herausforderung besteht darin, die vorhandenen Gefühle nicht unter den Teppich zu kehren. Das bedeutet, einerseits genau aktiv zuzuhören, andererseits sollten auch intensiv empfundene eigene Gefühle ausgedrückt werden. Dabei handelt es sich nicht um Entblößung oder Egoismus, sondern höchst professionelles Vorgehen unter der Bedingung, dass das Aussprechen der Gefühle ein erster Schritt ist und die Gefühle in weiteren Schritten wirksam bearbeitet werden.
Dazu gehört, in die andere Waagschale ein passendes Gegengewicht zu den massiven Gefühlen zu legen (s. die folgende Tabelle).

Methodische Hinweise und Beispiele

	Jammerer, Jammerinnen	KlägerInnen	BesucherInnen
Aktives Zuhören bzw. präventives aktives Zuhören als „Ohröffner"	„Sie fühlen sich völlig überfordert." „Sie machen sich (auch) Sorgen um das Fortkommen Ihrer Tochter/-Ihres Sohnes." „Sie ärgern sich, weil Sie das Gefühl haben, ich behandle Sie/Ihren Sohn/ Ihre Tochter ungerecht."	„Du hast enorme Wut auf deinen Freund." „Sie sind wütend." „Sie sind ratlos, wie es weitergehen soll/was Sie tun können."	„Sie fühlen sich entmündigt, weil Sie gezwungen wurden, mit mir zu sprechen!" „Sie haben Bedenken …"
Gefühl des/der Beratenden	Hilflosigkeit, Überforderung, Ratlosigkeit, „Schwammigkeit", „Sich-nicht-Auskennen"	Wut, Ärger, Aggressivität, Rachegefühle oder auch Mitleid (Identifikation mit „Opfer", Hass auf „TäterIn")	Druck, Rechtfertigungszwang, Kontrollbedürfnis, Eingeengtsein
Das eigene Gefühl aussprechen (Beispiele)	„Die Fülle von Informationen erdrückt mich beinahe."	„Wenn ich dir so zuhöre, packt mich auch große Wut auf deinen Freund."	„Ich fühle mich von meiner Institution sehr unter Erfolgsdruck, trotz Ihrer Verweigerung ein sinnvolles Gespräch mit Ihnen zu führen."
Bedürfnis/Ziel der beratenden Person	Mini-Ziel fixieren	statt Ferndiagnose und -therapie: Kooperation	eigene Notwendigkeiten, die sich aus der Funktion ergeben, mitteilen
Methodischer Schwerpunkt	das Ordnen, Gewichten, Auswählen, Aufteilen, Reduzieren, sich für ein Thema entscheiden und strikt dabei bleiben …	das Überlegen, das Wechseln der Perspektive, das Erweitern des Blickfeldes, das Aufzeigen von Zusammenhängen …	Freiräume bestimmen, Selbstbestimmung stärken …
Folgende Methoden eignen sich besonders	reflexive Fragen, Skalierungsfragen, öfter zusammenfassen, visualisieren, drastifizieren	zirkuläre Fragen	s. S. 88f.
Beispiele dazu	„Was ist das momentan wichtigste Thema, an dem wir dranbleiben wollen?" „Was passiert, wenn du weitermachst wie bisher?"	„Was genau hindert Ihren Sohn, sich zu ändern?" „Was braucht er, damit er sich ändern kann?" „Wie würde mir die ‚Angeklagte' ihre Situation schildern?"	s. S. 88f.

Ein hilfreicher roter Faden für ein unklares Beratungsgespräch schaut so aus:

1. Nach der Begrüßung „Ohr-Öffner“ einsetzen: präventiv aktiv zuhören
2. Selbstdarstellung: je nach Erfordernis eigene Gefühle, Wünsche, Funktionsbeschreibung, notwendige Mitteilungen, Information über Sachverhalte
3. Brücke bauen durch eine Feststellung, die ein verbindendes WIR enthält („Ich vermute, wir beide wollen das Beste aus der Situation machen.“)
4. Bitte um Stellungnahme dazu durch hilfreiche Fragen („Wie sehen Sie die Situation?“)

Eltern/KlientInnen lauschen meist nicht bloß andächtig, sondern sie bringen auch Gefühle und Wünsche mit. Oft sind sie eingekleidet in Vorwürfe (dann handelt es sich um ein Konfliktgespräch, s. S. 104ff.) oder in Sachverhalte.
Leider sind PädagogInnen (ebenso wie SozialarbeiterInnen und andere BeraterInnen) zumeist FetischistInnen für sachliche Details. Diese werden aufgenommen, zerlegt, „hinterfragt“ und andere als konternde Wurfgeschoße zurückgeworfen. Kein Mensch kümmert sich um die „Herzensangelegenheiten“, die gut maskiert transportiert wurden.
Neugierige könnten entdecken und aktiv zuhörend formulieren: Welche Gefühle bewegen Eltern, von sich aus in die Sprechstunde zu kommen?

Übung

So können sich Eltern fühlen:

Auflösung s. S. 129

Sobald Sie sich auf die Gefühle und Wünsche des Elternteils konzentrieren, handelt es sich um ein Beratungsgespräch. Untersuchungen zeigen, dass viele Eltern sich eine Beratung zu Fragen des Lernens, der Bildungslaufbahn, der Berufswahl und der Erziehung von LehrerInnen erwarten.
Das ist nicht gleichbedeutend mit: eigene Vorstellungen und Wünsche und Gefühle vernachlässigen. Wenn sie wichtig sind, müssen sie Platz haben. Je nach Intensität des Aufeinanderprallens kann es zu einem Konfliktgespräch oder zu einer „Verhandlung“ kommen. Schauen wir zwei Gespräche am Sprechtag im Gymnasium genauer an. Wodurch unterscheiden sie sich?

Sprechtagsgespräch 1

Vater kommt und erkundigt sich beim Klassenvorstand nach dem schulischen Fortkommen seines 14-jährigen Sohnes.
L(ehrerin): „Guten Tag, Herr Maier. Bitte nehmen Sie Platz!“
V(ater): „Guten Tag, Frau Professor.“
L: „Sie sind der Vater vom Franz!?“
V: „Ja, und ich will wissen, wie's so steht mit ihm. Vor allem bei Ihnen in Mathematik.“
L: „Also wissen Sie, das ist ja höchste Zeit, dass Sie sich auch einmal dafür interessieren. Da brennt ja der Hut.“
V: „Na, des hat mir der Franz eh g'sagt. Aber ich versteh das nicht ganz, wo ...“
L (fällt ihm ins Wort): „Was gibt's da nicht zu verstehen? Wenn Sie sich seine Schularbeiten anschauen, dann ist wohl alles klar. Da gibt's nichts zu rütteln und zu deuteln.“
V: „Aber grad bei der letzten Schularbeit ist mir nicht klar, wieso Sie beim dritten Beispiel ...“
L: „Herr Maier, auf eine solche Debatte lass ich mich gar nicht erst ein. Haben Sie eigentlich Ihren Sohn gefragt, wie mein Punktesystem funktioniert? Das wird des Langen und Breiten jedes Jahr zu Beginn erklärt, und da kann jeder genau überprüfen ...“
V: „Aber, Frau Professor, ich glaub Ihnen ja, dass Sie des gut ausgetüftelt haben. Aber trotzdem geben Sie die Punkte, oder? Und ich hab das unserm Nachbarn zeigt, der ist Oberbuchhalter, der kennt sich aus in Rechnen. Der hat dasselbe gesagt wie die Nachhilfe vom Franz, nämlich ...“
L: „Lieber Herr Maier. Das find ich grandios, dass Sie Ihrem Sohn Nachhilfe finanzieren. Aber wissen Sie eigentlich, wie er sich in meinen Stunden aufführt und wie oft er mir Hausübungen gebracht hat? Vielleicht sollten Sie sich lieber dafür interessieren?“ usw. usw.

Die beiden reden aneinander vorbei, fühlen sich beide im Recht und vom anderen völlig unverstanden. Das Gespräch endet im Ärger und ohne Lösung.

Sprechtagsgespräch 2

Frau Müller kommt in die Sprechstunde. Der Mathematikprofessor ist Klassenvorstand.
L(ehrer): „Guten Tag, Frau Müller. Bitte nehmen Sie Platz!"
M(utter): „Grüß Gott, Herr Professor. Ich komm wegen der Susi."
L: „Sie wollen also wissen, wie es mit ihr steht."
M: „Ja, ich weiß nicht ... So gut scheint's ja nicht zu gehen. Aber was kann ich denn tun? Ich hab noch eine Kleinere, für die brauch ich viel Zeit und arbeiten geh ich auch und wissen'S, in Rechnen war ich auch nie so gut ..."
L: „Sie sind ein bissel ratlos, wie Sie der Susi helfen können und auch ziemlich überfordert."
M: „Ja" (nickt leicht) „sicher. Die Kleine ist einfach anstrengend. Die Susi regt sich eh auf, dass sie nie in Ruhe lernen kann. Aber wie soll ich denn der Kleinen das erklären? Die will halt auch nach dem Kindergarten mit ihrer Schwester spielen."
L: „Das ist also ziemlich mühsam für Sie."
M: „Ja. Aber ich will ja was machen. Weil die Susi soll ja auf die HAK und da braucht's ja das Rechnen. Aber bei der letzten Schularbeit. Da hat sie g'sagt, ihre Nachbarin hätt denselben Fehler und mehr Punkte kriegt."
L: „Die Susi fühlt sich von mir ungerecht behandelt."
M: „Na, irgendwie schon."
L: „Das werd ich mit der Susi besprechen. Und was brauchen Sie, dass Sie sich weniger Sorgen machen müssen um die Susi?"
M: „Na, wenn Sie mir sagen, was ich tun soll."
L: „Was ist Ihnen wichtig dran, was brauchen Sie für sich?"
M: „Na nix. Die Susi muss eine positive Note schaffen."
L: „Sie wollen einfach sicher sein, dass das klappt mit der Mathematik und dass sie dann auf die HAK gehen kann."
M: „Ja!"
L: „Ich find das für die Susi schon sehr hilfreich, dass Sie sich so kümmern um sie. Vielleicht entdecken Sie ja noch eine Möglichkeit, wie das mit der Kleinen besser geht, dass die Susi auch wirklich eine gewisse Zeit am Tag ganz ungestört arbeiten kann."
M: „Na, ich könnt in der schönen Jahreszeit öfter in den Park gehen."
L: „Wissen Sie, wenn die Susi zu mir kommt, kann ich ihr noch einmal genau sagen, was genau sie wie üben kann. Wie könnte die Susi planen und sich verlassen können auf Zeiten, wo sie in Ruhe lernen kann?"
M: „Na, ich versuch's halt, mehr drauf zu schauen."
L: „Und woran könnte die Susi nächste Woche merken, dass Sie es versuchen? Angenommen, sie will jetzt wirklich total eifrig lernen!?"
M: „Ja, ich werd mit meiner Schwester sprechen. Einmal in der Woche könnt die schon aufpassen auf die Kleine."
L: „Die Susi wird also ab nächster Woche wissen: am Donnerstag (z. B.) hab ich von bis keine Ausrede. Da ‚darf' ich ungestört Mathematik lernen. Sie kennen Ihre Tochter am besten. Wie wird sie reagieren?"
M: „Ja, ich weiß nicht, o ja, ich glaub, das geht. Weil sie ist ja eigentlich ehrgeizig. Sie will ja unbedingt auf die HAK."
L: „Ja, ich denke, wenn wir sie beide unterstützen, kann's gehen, Frau Müller. Da draußen warten noch viele Eltern. Darf ich Sie bitten, dass wir in drei Wochen einfach kurz telefonieren, wie der Plan klappt? Ich habe am Dienstag von 9 bis 9.50 Sprechstunde. Können Sie mich da anrufen und erzählen?"
M: „Ja, Herr Professor. Und danke auch für den Rat. Auf Wiedersehen."

Übung

Was ist der Unterschied? Finden Sie im zweiten Beispiel die Stellen, wo der Lehrer a) aktiv zugehört hat; b) nach dem Ziel gefragt hat; c) hilfreiche Fragen gestellt hat. (Auflösung S. 129)

Arbeit mit „BesucherInnen"

Vor allem in der Sozialarbeit, manchmal in der Schule, sind BeraterInnen/LehrerInnen mit Personen konfrontiert, denen sie aufgezwungen wurden. Personen, die sich nicht als Ratsuchende (als „KundInnen") erleben, sondern ganz und gar nichts davon halten, mit einem Sozialarbeiter oder der Lehrerin ihres Kindes reden zu müssen. Personen, die vorgeladen wurden und mit-

nichten freiwillig kamen. Manchmal sind das auch Personen, die an ihrer Wohnstätte (Haus, Wohnung, Gefängnis, Heim etc.) aufgesucht werden.
Zu den BesucherInnen gehören auch Personen, die mehr oder weniger manipuliert wurden, um in der Beratungsstelle zu erscheinen: Väter, Kinder, Jugendliche. Die eifrigsten und überzeugtesten Kunden der Beratungseinrichtungen sind Frauen (Mütter, Großmütter, Ehefrauen, Schwestern, Nachbarinnen, Lehrerinnen).
Menschen in Helferberufen lehnen die Beratungstätigkeit oft ab, wenn sie den/die andere/n vorgeladen und einen Auftrag zu erfüllen haben. Was also tun, wenn Sie als Sozialarbeiterin einen Hausbesuch machen müssen oder als LehrerIn meinen: „Ich hab keine Zeit für ein Beratungsgespräch, ich hab zu unterrichten. Und wenn Eltern kommen, habe ich ihnen Mitteilungen über ihr Kind zu machen!"
Wenn Sie berichten, wie es Ihnen mit dem Schüler, der Schülerin X geht, ist das tatsächlich reine Selbstdarstellung. Das bedeutet, dass Sie als LehrerIn darlegen, was der Schüler in Ihnen bewirkt und was Sie wollen. Allerdings brauchen Sie dafür offene Ohren. Sie wollen doch nicht vergeblich „Ihr Herz ausschütten"?
Solcherart würden Sie mit der Tür ins Haus fallen und müssten mit Unverständnis und Gegenwehr rechnen. Da aber Kooperation nie schaden kann, ist es besser, aktives Zuhören präventiv einzusetzen. Sie stellen also eine Vermutung an, wie es der vorgeladenen oder aufgesuchten Person gehen könnte. Das wirkt als „Ohr-Öffner". Nun erst kommt Ihre selbstdarstellerische Botschaft an; vor allem, wenn sie in Form einer Ich-Botschaft formuliert wurde.

Das professionelle Gespräch mit BesucherInnen kann so ablaufen:

1. Zuallererst ist ein **„Ohr-Öffner"** notwendig, wie beim unangenehmen Feedback (S. 120f.) oder beim Konfliktgespräch (vgl. S. 110). Sie fühlen sich in die Lage des anderen ein und sprechen Ihre Vermutung aus (= präventives aktives Zuhören): „Vermutlich fühlen Sie sich jetzt total überfallen." „Sie halten es für eine Zumutung, mit mir sprechen zu müssen." „Sie fühlen sich jetzt wahrscheinlich überrumpelt." „Ich vermute, es ist Ihnen unangenehm, ..." „Ich vermute, Sie ärgern sich, dass ich Sie vorgeladen habe." „Möglicherweise halten Sie es für überflüssig, dass wir miteinander sprechen."
2. Nun folgt die **Selbstdarstellung** des Beraters, der Beraterin. Das ist der emotionale und inhaltliche Einstieg:
   - Sprechen Sie über Ihr eigenes unangenehmes Gefühl: „Es ist mir sehr unangenehm, Sie privat stören zu müssen." (Kein ABER dranfügen!)
   - Klären Sie auf über den Sinn und Zweck der Aktion/Beratung.
   - Stellen Sie eventuell den Zusammenhang mit Ihren eigenen beruflichen Zwängen dar: dass Sie das müssen; was passiert, wenn Sie sich weigern; was das mit den Aufgaben und Vorschriften Ihrer Institution zu tun hat.
   - Nennen Sie die Konsequenzen, die eine Weigerung für den Betroffenen hat – ohne drohenden Unterton, sondern nüchtern und sachlich!
   - Betonen Sie die freie Entscheidung, was derjenige (trotz der Zwangslage) jetzt aus der Situation macht.

   „Ich mach mir Sorgen um Franz/Susi. Ich möchte das Gefühl haben, alles getan zu haben, was mir möglich ist. Allein vermag ich aber gar nichts auszurichten. Da gehören mindestens zwei dazu."

   oder: „In letzter Zeit habe ich ziemlich viel Wut angesammelt. Ich ärgere mich einfach, wenn Ihr Sohn/Ihre Tochter ... (statt aufzupassen tratscht/keine Hausübungen bringt/schlampig arbeitet/durch kasperlhaftes Benehmen die Klasse unterhält, aber nichts Konstruktives zum Unterricht beiträgt etc.). Ich möchte wissen, wie Sie die Situation sehen und mit Ihnen gemeinsam überlegen, wer was zu einer Änderung beitragen kann."
   Oder als SozialarbeiterIn.
   „Frau X, ich hab den Auftrag zu schauen, wie es Ihnen und den Kindern geht ..."
3. Möglichst viel **Bestätigung** und Wertschätzung
   - durch aktives Zuhören
   - durch Zusammenfassen
   - Komplimente machen, rät DE SHAZER. „Da haben Sie ja schon jede Menge geschafft." „Bewundernswert, wie Sie das aushalten!" „Sie können sicher die beste Entscheidung für Ihr Kind treffen", vor allem für den Autonomie-Anspruch: „Ich seh, dass Sie ohne meine Hilfe klarkommen wollen."

4. Sich **mit** dem **Widerstand verbünden**
   Druck, auch ein noch so sanfter, erzeugt meist Gegendruck. Stattdessen aktiv zuhören und eine Brücke bauen: „Sie fühlen sich unter Druck gesetzt." „Sie haben Bedenken, dass Sie sich ändern sollen." „Für uns beide ist das unangenehm." „Gemeinsam schaffen wir's schon." „Miteinander werden wir sicher eine vernünftige Lösung finden."
   3. + 4 geben Sicherheit. Die Selbstdarstellung, das einfühlsame, aktive Zuhören und eine Verständigungsbrücke („WIR!") schaffen eine Basis, die das Risiko für „BesucherInnen" klein macht.

5. Hilfreiche **Fragen:**
   Wie siehst du/sehen Sie die Situation?
   Was brauchst du/brauchen Sie, damit deine/Ihre Zeit nicht vergeudet ist?
   Wessen Idee war es, dass Sie herkommen sollten? (bei einer Überweisung)
   Was veranlasst diese Person (Ihren Mann/den Richter/Ihren Hausarzt ...) dazu?
   Was erwartet er/sie sich genau? Was sollen Sie anders machen?
   Ist das etwas, was Sie auch wollen?

Meist führen diese Angebote dazu, dass der/die BesucherIn zu einem Kunden, einer Kundin wird. Dann gilt dasselbe wie bei jeder anderen Beratung. Manchmal reicht auch das größte Bemühen nicht aus. Dann schließen Sie das Gespräch ab und bieten der Besucherin, dem Besucher an, wiederzukommen, falls sie/er das Bedürfnis und ein Ziel hat.
Das Dilemma zwischen Hilfe und sozialer Kontrolle muss der Berater, die Beraterin auftragsgemäß entscheiden. Soziale Kontrolle (bei der Einleitung von Zwangsmaßnahmen gegen Männer, die gegen Frauen gewalttätig sind, in der Bewährungshilfe, Entscheidung über den Aufstieg in die nächsthöhere Klasse) darf nicht als Hilfe verkauft werden. In diesem Fall würde das unter Punkt 3 und 4 dargestellte Verhalten eine Sicherheit vorgaukeln, die der Kontrollmaßnahme widerspricht.
Doch auch eine restriktive Maßnahme kann durch entsprechende Gesprächskultur (vgl. Punkt 1 und 2) ausgedrückt werden. Sie muss nicht in rüdem Kasernenton abgewickelt werden. „Wenn Sie keine andere Wahl haben, als die KlientIn weiter zu sehen, weil die Rahmenbedingungen Ihrer Arbeit danach verlangen (Dienststellenpolitik zum Beispiel), so sprechen Sie das der KlientIn gegenüber aus und machen weitere Termine, ohne ein Ziel zu haben und ohne den Versuch, ein Problem zu lösen."[1]
Wenn Sie die Hoffnung noch nicht ganz aufgegeben haben, können Sie Beobachtungsaufgaben (s. Hausaufgaben S. 83) geben und sorgen so für sinnvollen Gesprächsstoff beim nächsten Mal.

Ende der Beratung

Wenn Sie bei der Zielformulierung vom Ende her gedacht und geplant haben, ist zu diesem Zeitpunkt absehbar, wie oft ein Beratungsgespräch erforderlich sein wird. Die Verbindlichkeit erhöht sich, wenn die Quantität gering ist (zwei bis maximal zehn Mal).
Es spricht nichts dagegen, nach einer erfolgreichen Beratung einen neuen Beratungsvertrag für ein neues Ziel zu formulieren. Unklare Endlosberatungen gemahnen eher an die IVEDIH- und WANJA-Spiele (s. S. 36) und haben mit professionellem Vorgehen wenig zu tun. Auch das Abspeisen mit Ratschlagsbröckerln (im privaten Rahmen, in der Schule, in der Sozialarbeit), ohne sich um den Nährwert und die Verdaubarkeit zu kümmern, bringt wenig.
Das Auswertungsgespräch, der „Kontroll"termin, ist Bestandteil jeder professionellen Beratung.

Kontrolle

Ein Kontrolltermin sorgt für Verbindlichkeit, Selbstverpflichtung: Da interessiert sich jemand für meinen Erfolg, wie's weitergeht. „Ich bin neugierig, wie es Ihnen ergehen wird. Wollen Sie mir's in drei Wochen erzählen?"
Die Situation beim Kontrolltermin entspricht wieder einer neuen Beratung. Der Ablauf ist daher ident. Als BeraterIn höre ich, wie es der Person geht und was genau sie jetzt möchte. Es gibt keinen Misserfolg, nur Rückmeldungen.

---

[1] Dieses Zitat steht am Ende des Kapitels „Die unfreiwillige KlientIn", in: John L. WALTER / Jane PELLER: Lösungsorientierte Kurztherapie, S. 296

> *Das erste Wirkende ist das Sein des Erziehers,*
> *das zweite, was er tut,*
> *und das dritte erst, was er redet.*
> *(Romano GUARDINI)*

Zusammenfassung

Für die Beratung brauchen Sie zunächst einmal Zeit zum Wahrnehmen. Dabei sollten geöffnete Schubladen mit der Aufschrift „Diagnose" rasch geschlossen werden. Lassen Sie sich von Sachverhalten nicht ablenken, wenn Sie detektivisch das „Herzstück" suchen: Sie bringen stellvertretend die Gefühle Ihres Gegenüber zum Ausdruck und erfragen dessen Ziel.
Erst nachdem solcherart Ein-verständnis hergestellt wurde, klären Sie gemeinsam den Sachverhalt und suchen die Lösung. Dabei hat der/die Ratsuchende den Ball in der Hand. Er/sie ist ExpertIn.

So kann das Vorgehen in Kürze dargestellt werden:

- Was führt Sie her?
- Ich hab den Eindruck, Sie ... (Gefühl des/der KlientIn aussprechen)
- Was wollen Sie hier und jetzt für sich erreichen? (Ziel 1. Ordnung herausfinden)
- Was wollen Sie draußen in den nächsten drei Wochen für sich? (Ziel 2. Ordnung)
- Wer wird was als 1. Schritt tun? (Handlungsplan entwickeln – Lösung)
- Wir haben vereinbart ..., ich lade Sie ein ... (Zusammenfassender Abschluss, Kontrolltermin ausmachen)

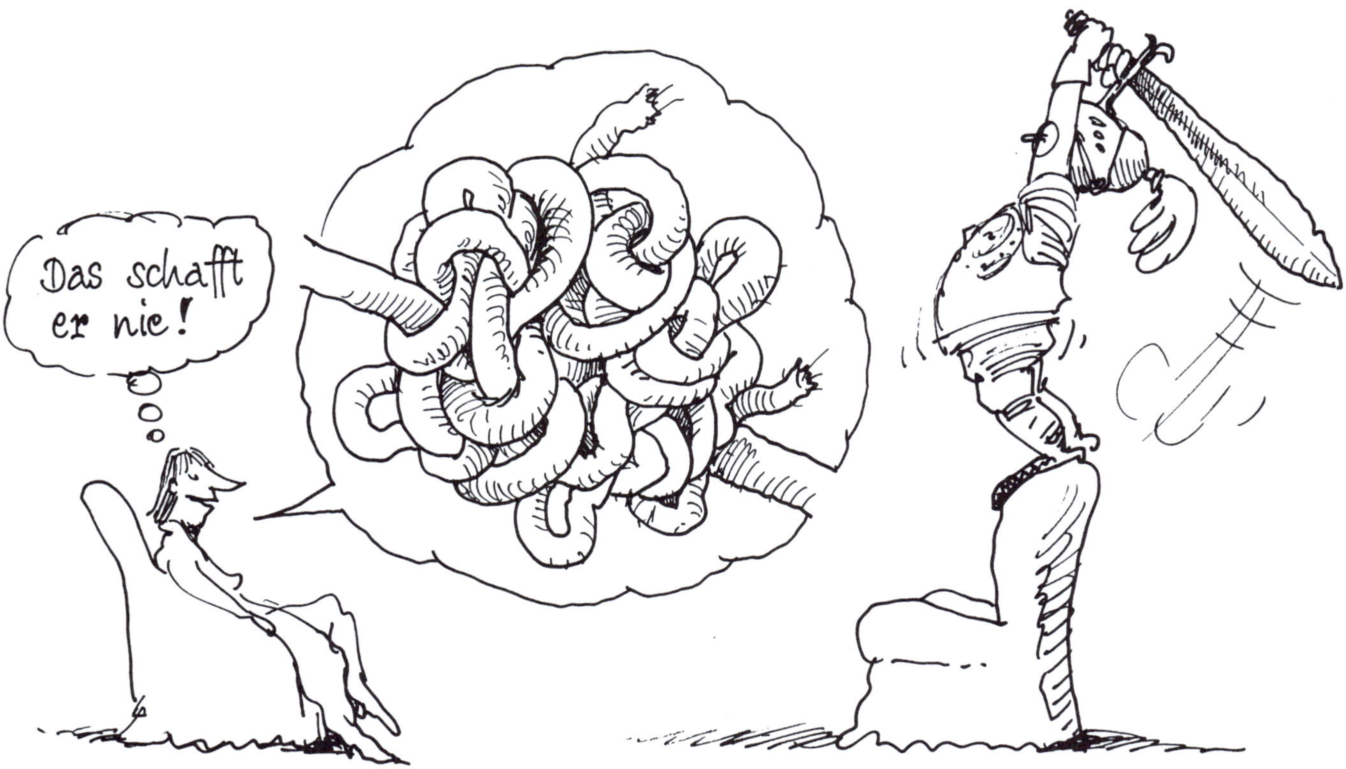

3. Vermittlung = Mediation

Einleitung

„Das geht dich nichts an, mit wem ich mich treffe."
„Solang du in meinem Haus und von meinem Geld lebst, bestimme ich!"
Die Fünfzehnjährige will ihre Freiheit, die Mutter sucht ihre verloren gegangene Erziehungssicherheit durch verstärkte Kontrolle wiederzugewinnen. Die beiden reden allerdings weder über ihre Gefühle noch über ihre heimlichen Wünsche. Straßensperren und „Sachinformationen" fliegen hin und her.

Die Person, die hier vermitteln will, darf sich davon nicht ablenken lassen. Ihre Leistung besteht darin, doppelt zu beraten: Leichter gesagt als getan!

Warnung

Lassen Sie sich nicht von Menschen täuschen, die von der Verschiedenheit der Menschen sprechen. Die haben die Parole von der brüderlichen Gleichheit vergessen. Die Schwestern gehen Ihnen ab? Ach so! Lassen Sie sich von diesen Emanzen doch aufklären, dass Geschlechtsunterschiede zu machen ein überkommenes Machoverhalten ist.
Also: Wir sind gleich. Und wenn wir dieselbe Sprache benutzen, verstehen wir, was ein anderer gesagt hat. Schon gar, wenn wir einander lieben. Dann sind wir überhaupt ein Herz und eine Seele. Nichts kann uns trennen. An der brüderlichen – na meinetwegen schwesterlichen – Einigkeit lässt sich das Maß der Liebe ermessen. Da gibt es nichts als Harmonie, es wird nie gestritten.
Unterscheidung oder gar Trennung ist ein Übel und daher zu bekämpfen!
Man muss nur lange genug suchen, dann findet sich der Mensch, mit dem man den idealen symbiotischen Zustand erleben kann. Im Zweifelsfall kann man(n) ja immer noch auf die Mutter zurückgreifen.
Alte Ordnungen aufzugeben bringt nichts als Zores. Daher Hände weg von Streitenden. Wenn die sich's schon in Ihrer Gegenwart geben müssen, dann lehnen Sie sich zurück und genießen Sie einfach eine unterhaltsame Vorstellung.
Wenn Sie den unwiderstehlichen pädagogischen Drang spüren sich einzumischen, beachten Sie Folgendes: Sie als MediatorIn sind dazu da, die Ordnung wieder herzustellen. Sie sind der Kitt für die zerbrochene Einheit. Ihre Hilfe besteht darin, den Menschen den Wert dieser Einheit und Gleichheit vor Augen zu führen. Halten Sie eine flammende Verteidigungsrede für die Verbrüderung, Pardon: Verschwesterung. Nötigenfalls helfen Sie mit ein bisschen Erpressung nach.
Genauso wie Geschwister nie streiten müssten, so können das auch die SchülerInnen, die LehrerInnen, die Ehepaare, die Nachbarn und zerstrittenen KlientInnen locker schaffen.

Wenn schon jemand richtet, dann Sie als MediatorIn. Denn dazu sind die Leute schließlich gekommen. Salomonische Urteile kosten nur Zeit. Hören Sie mir auf mit dem Gequatsche von Allparteilichkeit. Die gilt, wenn es um Ihre Entlohnung geht. Da sind Ihnen beide Konfliktpartner zu Dank (und Bezahlung) verpflichtet. Was die Leute erwarten, ist eine klare Entscheidung: wer hat Recht und wer Unrecht. Selbst Salomon hat nicht allparteilich das Kind, um das zwei Mütter stritten, zerstückelt. Er hat eine Entscheidung getroffen. Und ist dafür als weiser Richter in der Bibel verewigt. Eben! Daher treffen Sie rasch und eindeutig Entscheidungen! Hier richtig, da falsch; hier Täter, da Opfer; hier gut, da böse; hier schuldig, da unschuldig.
Lassen Sie Widerstand, lästige Fragen oder gar Vorwürfe der Parteilichkeit nicht zu. Menschen, die so streiten, dass sie eine Mediation brauchen, können ja nur QuerulantInnen sein!
Es darf Sie gar nicht interessieren, wie diese Leute ihre Situation sehen. Die sind doch subjektiv und wollen einfach gewinnen.
Wenn Sie den Betroffenen unbedingt das Wort erteilen wollen, dann dazu, sich zu rechtfertigen. Betreiben Sie historische Studien: Wer hat wann angefangen? Solange Sie darauf keine Antwort haben, sind Lösungen nicht möglich. Als HistorikerIn landen Sie bei Adam und Eva. Dass die LehrerInnen, die Schwiegermütter, die Gesellschaft und Kain Schuld haben, ist klar. Weniger eindeutig ist das mit Adam und Eva. Ah ja, die Schlange war's. Sie riet, vom Baum der Erkenntnis zu essen.
Und wer war Ihre Schlange? Wer hat Ihnen geraten, sich als KonfliktlöserIn einzumischen? Ihr soziales Über-Ich war's? Na, dann lassen Sie diesem die

- Verantwortung: das Über-Ich steht gelassen über allem und entwickelt seine Sicht der Dinge. Die allein ist ausschlaggebend. Sonst könnten die zwei gleich ihren Streit allein schlichten. Da hätten sie Sie nicht zuziehen müssen.
- Verrückte behaupten, auch Streitende haben irgendetwas gemeinsam. Lassen Sie sich von solchen Gerüchten nicht aus der Ruhe bringen. Verfolgen Sie – ohne nach links oder rechts zu blicken – den geraden Weg, Ihren Weg.

A) GRUNDLAGEN

Die Geschichte von den Blinden und vom Elefanten

Es war einmal ein kleines Dorf in der Wüste. Alle Einwohner dieses Dorfes waren blind. Eines Tages kam dort ein großer König mit seinem Heer vorbei. Er ritt auf einem gewaltigen Elefanten. Die Blinden hatten viel von Elefanten erzählen hören und wurden von einer heftigen Lust befallen heranzutreten und den Elefanten des Königs berühren zu dürfen und ihn zu untersuchen, um eine Vorstellung davon zu bekommen, was das für ein Ding sei. Einige von ihnen – vielleicht waren es die Gemeindeältesten – traten vor und verneigten sich tief vor dem König und baten um die Erlaubnis, seinen Elefanten berühren zu dürfen. Der eine packte ihn beim Rüssel, der andere am Fuß, ein Dritter an der Seite, einer reckte sich hoch auf und tappte ans Ohr, und ein anderer wieder durfte einen Ritt auf dem Rücken des Elefanten tun. Entzückt kehrten alle ins Dorf zurück und die Blinden umringten sie und fragten eifrig, was denn das ungeheuerliche Tier Elefant für ein Wesen sei. Der Erste sagte: „Er ist ein großer Schlauch, der sich hebt und senkt, und es ist ein Jammer um den, den er zu packen kriegt." Der Zweite sagte: „Es ist eine mit Haut und Haaren bekleidete Säule." Der Dritte sagte: „Es ist wie eine Festungsmauer und hat auch Haut und Haare." Der ihn am Ohr gepackt hatte, sagte: „Es ist keineswegs eine Mauer, es ist ein dicker, dicker Teppich, der sich bewegt, wenn man ihn anfasst." Und der Letzte sagte: „Was redet ihr für Unsinn! Es ist ein gewaltiger Berg, der sich bewegt!"[1]

Vom Hickhack zum Pingpong

In dieser Geschichte haben die Dorfbewohner nicht nach einem Richter gerufen, der ihre Uneinigkeit entscheidet.

Raufende SchülerInnen müssen getrennt werden, zerstrittene EhepartnerInnen suchen Hilfe, uneinige Gruppierungen brauchen Vermittlung.

Immer öfter geraten BeraterInnen in die Situation, sich nicht einem Einzelwesen gegenüber zu finden, sondern mehrere Personen in Konfliktfällen beraten zu sollen. Manchmal genügt fürs Erste das rasche körperliche Trennen. Zu einer Dauerlösung in massiven Zänkereien führt das nicht.

Schauen wir, welche Muster in diesen massiven Streitigkeiten zu entdecken sind und wie man mit ihnen arbeiten kann. Dann können Sie auch in harmlosen Konfliktsituationen professionell vorgehen.

Zerstrittene Personen haben viel Übung im Spiel um Selbsterhöhung und Erniedrigung des/der anderen. Das regellose Hin und Her folgt einer Eigendynamik, die von sehr viel Energie gespeist ist.

Das bekommt der/die BeraterIn zu spüren, der/die diesen zerstrittenen Menschen gegenübersitzt: Kaum fällt ein passendes Stichwort, geht das Hickhack los. Der/die BeraterIn wird zum/zur atemlos staunenden BetrachterIn. Ist erst einmal der erste Stein geworfen, vergessen die KontrahentInnen anscheinend völlig, dass sie beobachtet werden. Sie sind völlig gefangen in ihrem Zank und der/die BeraterIn – wenn er/sie nicht aufpasst – mit ihnen.

Manch fähige Beraterin, manch fähiger Berater von Einzelpersonen rettet sich, indem sie/er Partei ergreift.

[1] Nikos KATZANZAKIS: Die Blinden – Quelle unbekannt

Sie/er schützt das ihrer/seiner Meinung nach unschuldige Opfer vor den Attacken des Angreifers. Damit aber ist sie/er zur Mitspielerin, zum Mitspieler geworden. Die Herausforderung sich einzumischen, lag förmlich in der Luft. Die Gefahr ist sehr groß, in den Sog des Streitkarussells hineingezogen zu werden. Oft lauschen BeraterInnen fasziniert. Streit hat (zumindest für Außenstehende) ja auch Unterhaltungswert.
MediatorInnen, die im Streit zwischen zwei oder mehr Personen vermitteln wollen, müssen beiden Verlockungen widerstehen: der Faszination, genießende VoyeurInnen zu sein und sich als vitale MitkämpferInnen zu beteiligen.
Worin besteht die Aufgabe des Mediators, der Mediatorin? Er/sie ist Konfliktlotse/-lotsin. Das bedeutet, durch den Dschungel an verknüpften Gefühlen und Wünschen einen Weg zu weisen. Verkehrsregeln zu definieren hilft, weitere Zusammenstöße zu vermeiden. Mediation ist also die Regelung eines Verfahrens. Dadurch wird aus einem chaotischen und verletzenden Hickhack ein durch Regeln aufeinander abgestimmtes Pingpong.
Auf den Inhalt nimmt die vermittelnde Person keinen Einfluss. Schon gar nicht durch wertende Parteinahme.

Der Fall der goldenen Ikone

Mediation bedeutet, das Trennende und das Verbindende zwischen zwei Menschen (zwischen mehreren oder Gruppen) so darzustellen, dass der Weg frei wird für zufrieden stellende Lösungen.

Das verstrickte Zankknäuel muss für die Streitpartner sichtbar entwirrt werden. Zunächst gilt es, das Trennende, die Differenz, Unterschiede deutlich zu machen. So, dass sie die/der KonfliktpartnerIn wahrnimmt. Das setzt natürlich voraus, dass auch der/die MediatorIn jemand ist, der/die Unterschiede zwischen Menschen nicht für bedrohlich hält; jemand, der mit **Ambivalenz** (von lat.: Doppelwertigkeit, Zwiespältigkeit) gut umgehen kann.
„Verstehen zwischen Erwachsenen setzt voraus, dass akzeptiert werden kann, wenn der Partner nicht immer liebevoll und zugewandt ist, sondern manchmal auch abweisend und gleichgültig. Wer diese Ambivalenz nicht aushält, baut in seiner Fantasie ein ganz gutes, ein ideales Wesen auf, das er in seinen realen Kontaktaufnahmen eine Weile durch Abspaltung, Verdrängung und Verleugnung aller Züge, die nicht in dieses Bild passen, zu bewahren sucht. Er weiß, wie tief ihn die letzte Enttäuschung gekränkt hat; umso nötiger ist ihm die goldene Ikone.“[1]
Der erste Schritt besteht darin, die gefallenen goldenen Ikonen, die nun vom Gegner als Teufel behandelt werden, zu Menschen werden zu lassen mit Fleisch und Blut – und Gefühlen und Wünschen.
Das geht genauso wie in der Einzelberatung.

A	B
Gefühle Wünsche	Gefühle Wünsche

Was trennt sie? Entzweiende Konfliktthemen werden benannt. Der/die MediatorIn sorgt dafür, dass jeder ungestört sprechen kann und der/die andere zuhört. Lukas MOELLER meint, dass ein gutes Zwiegespräch der Austausch von zwei Selbstporträts sei.[2]
Wenn die Verstrickung zu massiv ist, muss die/der MediatorIn die beiden durch ein lautes „**Stopp!**“ trennen. „Das, was Sie gerade tun, haben Sie anscheinend gut trainiert. Dazu brauchen Sie mich nicht. Das können Sie auch allein. Ich schlage vor, jeder spricht exakt drei Minuten. Der- oder diejenige, der/die nicht am Wort ist, schaut auf die Uhr. Dann kommt der/die andere dran. Ich möchte dafür sorgen, dass jede/r von Ihnen ungestört sprechen kann und auch gehört wird.“
Solcherart sorgt der Vermittler für eine **Musterunterbrechung** im Hickhack. Trennen ist dazu erforderlich, zur Not räumlich. „Bitte, warten Sie draußen. Ich möchte 20 Minuten mit A sprechen. Danach nehme ich mir genauso lange Zeit für Sie (B).“

Sonnen- und Schattenseiten

Der/die BeraterIn wird entdecken, dass ein wesentlicher Wunsch an die/den StreitpartnerIn lautet: „Sei ein bisschen mehr wie ich.“ Der Zündstoff liegt im Unterschied. Die eigene Wertewelt wird als richtig, weit verbreitet und allgemein gültig angesehen. Die Psychologen bezeichnen das als **falschen Konsenseffekt**, der unsere Wahrnehmung trübt.

[1] Wolfgang SCHMIDBAUER: „Du verstehst mich nicht“, S. 220
[2] Michael Lukas MOELLER: Die Wahrheit beginnt zu zweit

Das führt dazu, die eigene Position, das eigene Verhalten, die eigenen Wertvorstellungen als positiv und sonnig darzustellen, bei den Kontrahenten fallen einem nur die Schattenseiten ein – und entsprechende Bezeichnungen dafür.
Wie Schattenboxer kämpft man dann dagegen (s. auch S. 108). SCHULTZ v. THUN[1] hat diese Zusammenhänge gut im **Wertequadrat** veranschaulicht:

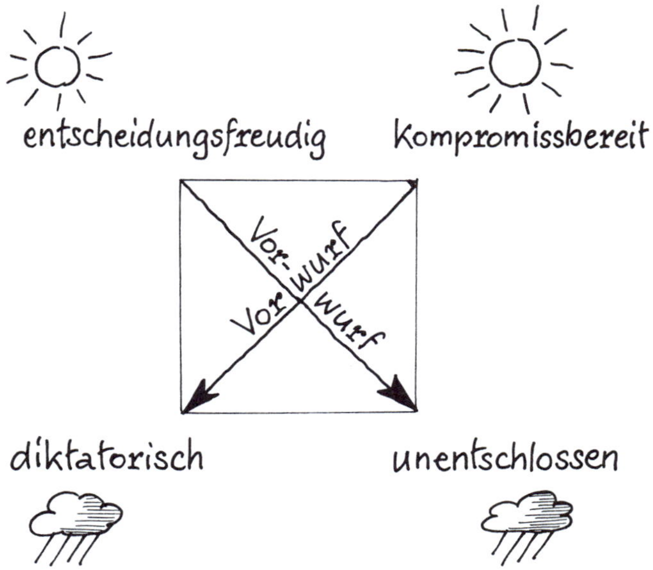

Der Vorwurf ist wie eine Speerspitze auf die Schattenseite des anderen gerichtet. Und die betrachten wir durch ein Zoomobjektiv. Daher erscheint es uns so nahe liegend und bedeutsam, alle Energie gegen dieses Verhalten, diese Eigenschaft, diese Wertvorstellung zu mobilisieren.

Übung

Aufgabe 1

genau im Umgang mit Zeit

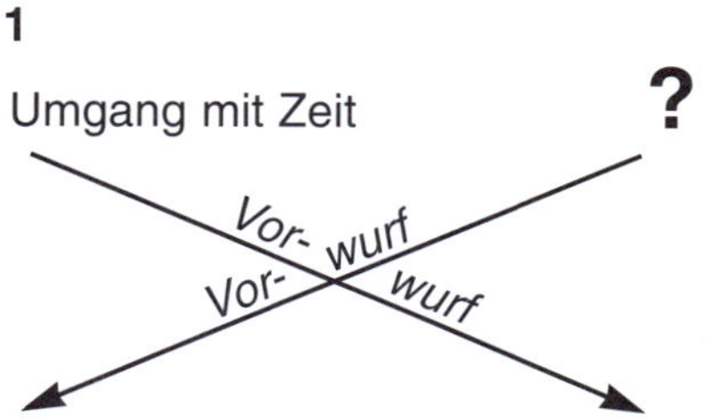

pedantisch

unpünktlich

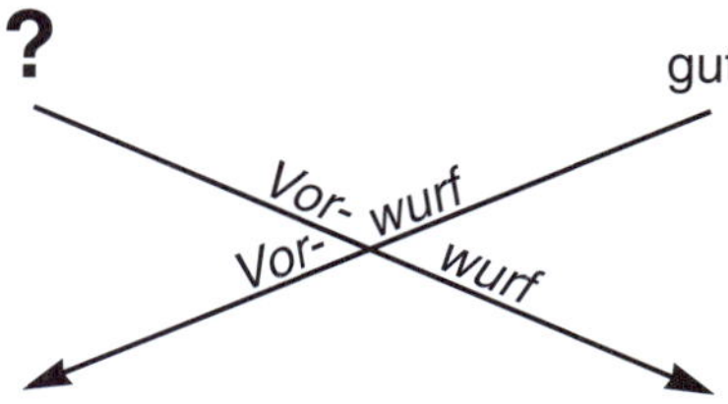

gut organisiert

planlos
unzuverlässig

bürokratisch
zwanghaft

Auflösung S. 130

Aufgabe 2

Wie lauten die Sonnenseiten zu folgenden Gegensatzpaaren?

a) streberhaft – faul

b) chaotisch – zwanghaft pedantisch

c) autoritär – rückgratlos

d) klammernd – verantwortungslos

e) Macho – Waschlappen

Auflösung S. 130

Eric BERNE sagt: „Wir lieben nicht die Person, sondern das Bild, das wir uns von der Person gemacht haben; wir hassen nicht die Person, sondern unser Bild von ihr. (...) Obwohl man seine Bilder langsam verändert, mag man es nicht, wenn andere versuchen, einen Bilderaustausch zu veranlassen, solange man (noch) nicht bereit ist. Deshalb schreien Leute und werden ängstlich."[2]
Die Beharrungskräfte sind gewaltig. Veränderungen können nur die Betroffenen vornehmen. Es kann fatale Auswirkungen haben, wenn ich meine einzige Hoffnung darauf setze, dass der/die andere sich (seine Position, seinen Kurs) ändert. Das wird sehr schön in folgender Geschichte erzählt.

[1] Vgl. Friedemann SCHULZ v. THUN: „Miteinander reden 1. Störungen und Klärungen. Allgemeine Psychologie der Kommunikation" Copyright © 1981 by Rowohlt Taschenbuch Verlag GmbH, Reinbek bei Hamburg
[2] Zitiert nach Vera BIRKENBIEHL: Kommunikationstraining, S. 254f.

Die Geschichte vom Leuchtturm

Zwei der Ausbildungsschwadron zugeteilte Kriegsschiffe übten seit Tagen bei schwerem Wetter Manöver. Ich fuhr auf dem Leitschiff und hatte gegen Abend Dienst auf der Brücke. Nebelschwaden erschwerten die Sicht, also blieb auch der Kapitän oben und überwachte alles.
Kurz nach Anbruch der Dunkelheit meldete der Ausguck: „Licht steuerbord voraus."
„Bleibt es stehen oder bewegt es sich achteraus?"
Der Ausguck antwortete: „Es bleibt, Kapitän." Das hieß, dass wir uns auf einem gefährlichen Kollisionskurs mit dem anderen Schiff befanden.
Da rief der Kapitän dem Signalgast zu: „Schicken Sie dem Schiff ein Signal: Wir sind auf Kollisionskurs, empfehlen 20 Grad Kursänderung."
Zurück kam das Signal: „Empfehlen Ihnen, den Kurs um 20 Grad zu ändern."
Der Kapitän sagte: „Melden Sie: Ich bin ein Kapitän, Kurs um 20 Grad ändern."
„Ich bin ein Unteroffizier", lautete die Antwort. „Sie sollten Ihren Kurs besser um 20 Grad ändern."
Inzwischen war der Kapitän ziemlich wütend. Er schimpfte: „Signalisieren Sie, dass ich ein Kriegsschiff bin. Er soll den Kurs um 20 Grad ändern."
Prompt wurde eine Antwort zurückgeblinkt: „Ich bin ein Leuchtturm."
Wir änderten unseren Kurs.[1]

B) PRAXIS

Phasen der Verhandlung

Phasen strukturieren die Verhandlung. Ortrud HAGEDORN schlägt folgenden Ablauf vor:[2]

0 Vorlaufphase: **Information**
- Stress abbauen
- ungestörte Rede – nacheinander, keine Beschimpfungen!

1. Phase: **Definition**
- subjektive Konfliktdarstellung
- aktives Zuhören und spiegeln
- Problem zusammenfassen, Synthese
- Vergewissern über treffende Definition

2. Phase: **Erhellung**
- Gefühle annehmen (wenn ... Situation, dann ... Gefühl)
- Ziel und Interesse klären
- Beziehung definieren (Metapher)
- Wünsche und Idealvorstellungen entlocken
- Vergewissern über treffende Erhellung

3. Phase: **Sammlung**
- Lösungsvorschläge entgegennehmen – keine Tabus!
- Sichtung verhandelbarer Lösungen
- Einvernehmen für beide erfragen

4. Phase: **Vereinbarung**
- Beratung der Modalitäten (wer, was, wann, wie lange, als Versuch?)
- Fixierung
- Bestätigung der sozialen Leistung
- Vertragshandlung (Handschlag, Hand auflegen, sprachl. Formel, Unterschrift, Vertrag, Sofortbild u. Ä.)

5. Nachbereitungsphase: **Bewertung**
- Erfragen der Effektivität
- Bestärkung der sozialen Kräfte
- Bei Ineffektivität Rückschau auf die Verhandlung, erneuter Einstieg bei Phase 3

[1] Quelle unbekannt
[2] Ortrud HAGEDORN: Konfliktlotsen, S. 27

Statt Vergangenheitsbewältigung Zukunftsgestaltung

Wenn Sie nach den Ursachen des aktuellen Konflikts fragen, finden Sie aus der Verstrickung nie heraus. Es kann im Konflikt um Sachverhalte, kontroversielle Interessen, um die Beziehung oder Werte oder auch die Strukturen gehen. Daraus ergeben sich unterschiedliche Schwerpunkte in der Vorgangsweise.[1] Auf die Frage nach dem „Warum?" folgen Schuldzuweisungen, die immer weiter in die Vergangenheit führen. Jede/r der beiden bringt seine eigene Ordnung in eine Kette von Ereignissen. Klar scheint nur: „Der/die andere hat angefangen!"

Aus diesem Grund ist es besonders wichtig, zukunftsgerichtete Fragen nach dem Ziel zu stellen. Ortrud HAGEDORN bringt dafür folgende Beispiele:[2]

Final orientierte Fragen hören sich etwa so an:

- Was willst du damit erreichen?
- Worauf kommt es dir an?
- Was bewirkst du damit – möchtest du das?
- Was wünschst du dir in so einer Situation? Was wäre ideal?
- Was müsste passieren?
- Was ist dein Motiv? Warum möchtest du das?
- Was ist deine Absicht, dein Ziel? Was möchtest du bei anderen auslösen? Kennst du die Wirkung bei anderen? Kann er das verstehen?
- In welchem Sinn möchtest du die Situation beeinflussen?
- Welche Möglichkeiten hast du in dieser Situation?
- Wozu führt dein Handeln?
- Wozu soll es führen? Was wäre gerecht?
- Wie soll es nach deiner Vorstellung weitergehen?

Hilfreiche Methoden

Wenn Sie es mit mehr als einer Person in der Beratung zu tun haben, brauchen Sie auch zusätzliches Handwerkszeug. Zusätzlich zu den hilfreichen Beratungstechniken (s. S. 65ff.) können Sie folgende Methoden für das Gespräch mit mehr als einer Person einsetzen.[3]

- **Zur Aussage auffordern**
  Falls eine Person viel spricht und die andere noch nichts gesagt hat, sollten Sie die Schweigende, den Schweigenden zur Aussage auffordern: „Was hat Sie dazu gebracht, dass Sie hier sitzen?" „Wie hat es deine Mutter geschafft, dich zu bewegen, hierher mitzukommen?"
  Auch im weiteren Gesprächsverlauf ergibt sich die Notwendigkeit, einen Betroffenen, eine Betroffene zwecks Klärung stärker einzubinden – durch reflexive und zirkuläre Fragen: „Wie ging es Ihnen dabei?" „Wie fühlen Sie sich von Ihrer Tochter verstanden?" „Was wollten Sie mit diesem Verhalten erreichen? Und wie war die Wirkung tatsächlich?"

- **Zur Reaktion auffordern**
  Der/die MediatorIn muss zwei Gefahren abwenden:
  – Er/sie darf nicht Mistplatz werden, auf dem ein Partner seine Klagen über den anderen deponiert.
  – Er/sie darf nicht BriefträgerIn sein und Botschaften weitergeben, die die Betroffenen selbst übermitteln können.

[1] Vgl. dazu Kurt FALLER, Wilfried KERNTKE, Maria WACKMANN: Konflikte selber lösen, S. 138f.
[2] Ortrud HAGEDORN: Konfliktlotsen, S. 25
[3] Modifiziert nach Christoph THOMANN / Friedemann SCHULTZ v. THUN: Klärungshilfe, S. 76ff.

Professionelle MediatorInnen achten darauf, dass sie nur kurzfristig als Notbrücke fungieren und entwickeln mit den Betroffenen Strategien, wie sie eine Brücke errichten können. Nur über eine tragfähige Brücke können schwere Sachen transportiert werden: „Wie reagierst du darauf?" „Was sagen Sie dazu?" „Sagen Sie das ihm/ihr direkt!" „Wie muss A die Aussage formulieren, dass Sie sie hören?"
Durch ein solches Vorgehen wird direkter Kontakt eingeübt. Weil viele Menschen völlig ungeübt in einer angemessenen Selbstdarstellung sind, kann die/der MediatorIn beispielhaft vormachen, wie das geht. Das ist die Kunst des Doppelns.

- **Doppeln**
  Beim Doppeln holt der/die BeraterIn die Erlaubnis bei einem Konfliktpartner ein, für ihn/sie zu sprechen. Damit unterstützt er vor allem die Person, die sich nicht so deutlich artikulieren kann, die eigenen Gefühle und Wünsche eher unter den Teppich kehrt. So wird er/sie also die Gefühle und Wünsche deutlicher zum Ausdruck bringen = drastifizieren (s. auch S. 75): „Ich bin tief enttäuscht ..." „Ich will einfach vollkommen allein – ohne dass auch nur irgendwer im Hintergrund was einflüstert – entscheiden, wann ich ... mache."
  Um für diese Botschaft ein offenes Ohr zu haben, wird die/der MediatorIn zeigen, wie das präventive aktive Zuhören geht: „Sicherlich macht dich mein Verhalten sehr wütend ..." „Wahrscheinlich nerven dich meine ewigen Vorwürfe schon total."
  Und er/sie könnte auch den Konfliktkern ansprechen, eine Synthese ansprechen: „Im Grunde genommen – glaube ich – wollen wir doch beide unsere Partnerschaft am Leben erhalten."

  Nochmals: Das sollte nur eine Notbrücke sein und nicht der Beginn des Briefträger-Spielens. Ermutigen Sie die Betroffenen selbst auszuprobieren, wie ein solches Streitverhalten ihre Situation beeinflusst.

- **Verständnisüberprüfung**
  Durch zirkuläres Fragen können PartnerInnen mit einbezogen werden, die sich nicht aktuell im Raum befinden. Man kann diese Frageform aber auch dazu einsetzen, Streitende dazu zu bringen, einen Perspektivenwechsel vorzunehmen: „Was glauben Sie, denkt er/sie?" „Wie vermuten Sie, fühlt er/sie sich, nachdem Sie ..." „Was hat A eben über sich gesagt?"
  Personen, die immer wieder Angriffe auf sich hören (mit dem Beziehungsohr), werden solcherart eingeladen, ihr Selbstvertretungsohr zu stärken, also zu hören, was der/die SprecherIn über sich selbst sagt. Dazu bedarf es einiger Beharrlichkeit des Mediators, der Mediatorin. Denn in der ersten, heißen Konfliktphase dreht sich jeder Streitpartner nur um sich selbst. Es hilft, den einen nochmals durch aktives Zuhören zu bestätigen, damit er in der Lage ist, seinerseits aktiv zuzuhören.

- **Gesprächsdiagnose**
  Bei der Mediation ist die Kommunikation der PartnerInnen ein wichtiges Thema. Der/die professionelle MediatorIn konzentriert sich also nicht nur auf die Gefühle und Bedürfnisse, sondern auch auf das Wie des gemeinschaftlichen Umgangs. Oft halten lang geübte Muster die Streit-Routine aufrecht. Dazu bringt er/sie Rückmeldungen in Form von Feststellungen. Diese kann verbal oder mit Hilfe einer Visualisierung oder von bereitliegendem Material erfolgen.
  Möglicherweise wird also das erste Ziel einer Vereinbarung sein, die Gesprächskultur zu verändern.

Der Konfliktkern: das Verbindende

Wenn das entzweiende Konfliktthema auf dem Tisch liegt, lautet die nächste Frage: Was verbindet sie? Was wollen beide gleichermaßen? Gibt es Einigkeit in der Uneinigkeit? Worin besteht also der verbindende Konfliktkern?

> Der Konfliktkern ist das, worum es den Menschen in ihrem Innersten – auf der Wunsch- und Gefühlsebene – geht.

Es geht beinahe immer
- um Anerkennung
- um Respekt
- um Beachtung
- darum, die eigene Position durchzusetzen
- darum, ernst genommen zu werden

usw.

Dieses Gemeinsame, die Synthese, bahnt Verständnis füreinander an, besonders dann, wenn Streitende nur mehr wahrnehmen, was sie trennt. Der Mediator, die Mediatorin kann das so ausdrücken:[1]

Es ist für euch beide sehr schlimm, stressig, belastend, aufreibend, ärgerlich, fürchterlich, nervig, erschreckend, unangenehm, peinlich, beängstigend …
Ihr seid beide sehr aufgeregt, genervt, empört, an der Grenze des Erträglichen, gestresst …
Ihr braucht beide erstmal frische Luft, um euch zu beruhigen.

Beide könnt ihr nicht mehr ruhig, verständig, nüchtern
… reagieren,
… in Frieden miteinander auskommen,
… freundlich miteinander umgehen.

Ihr fühlt euch beide schlecht behandelt,
… zu Unrecht angegriffen,
… in euren Erwartungen enttäuscht.

Ihr fürchtet beide, dass der andere dich einmachen will, dich fertig machen will,
… sich rächen will,
… dich nicht respektiert, dich nicht achtet,
… dich nicht mehr als Mitmensch wahrnimmt …,
… in dieser Situation ein hoffnungsloser Streithahn ist,
… dass mit dem anderen nichts Vernünftiges mehr geht,
… dass es eine aussichtslose Situation/aussichtsloser Fall ist.

Ihr möchtet euch beide durchsetzen,
… selbst behaupten.

Ihr möchtet beide, dass es nach eurem Willen geht,
… dass ihr erfolgreich aus dem Streit rauskommt.

Beide möchtet ihr gleichermaßen, dass es eine bessere Lösung für euch gibt,
… dass es erfolgreiche Wege gibt,
… dass ihr befriedigender klarkommt,
… eigentlich keine Gewalt.

Ihr meint beide, ihr habt gute Gründe für ein kämpferisches Verhalten,
… ein ehrenwertes Ziel in dem Streit,
… was ihr wollt, ist gerechtfertigt.

Den Konfliktkern zu benennen wirkt als Eisbrecher oder Feuerlöscher, je nachdem, ob der Konflikt „kalt“ oder „heiß“ ist. Manchmal werden zwischenmenschliche Konflikte chronisch. Sie schaukeln sich zu Teufelskreisen mit einer starken Eigendynamik auf.[2] Sie zu „Engelskreisen“ werden zu lassen, bedarf eines besonderen Einsatzes aller Beteiligten.
Mediation ist dann nicht möglich bzw. sinnlos, wenn es keine Gemeinsamkeit mehr gibt. Nicht jeder Streit lässt sich lösen. Dann müssen Konflikte durch Rechtsprechung oder den Einsatz von Macht entschieden werden.

Der Vertrag

Professionelle Mediation mündet in einem Vertrag, den die Streitpartner mit Hilfe des Mediators, der Mediatorin aushandeln. Der Vertrag enthält Vereinbarungen, zu denen beide Parteien Ja sagen können. Lösungen können sehr verschieden ausschauen:

- Der Wunsch von A wird von beiden erfüllt.
- Der Wunsch von B wird von beiden erfüllt.
- A und B finden einen Kompromiss, treffen sich auf halbem Weg.
- A und B verzichten auf die ursprünglichen Wünsche und ermöglichen einander etwas anderes (Wichtigeres).
- Ein Konsens wird gefunden, in dem beide Wünsche Platz haben.
- Besser als gar nichts: Jede/r schaut, wo er/sie das Gewünschte außerhalb bekommt. Das bewirkt Entkrampfung und mehr Distanz (was manchmal allerdings einen „heißen“ Konflikt zu einem „kalten“ und in der Folge zu Gleichgültigkeit dem/r anderen gegenüber werden lässt).
- Eine Vorstufe für den Vertrag kann in einer gemeinsam zu erledigenden Hausaufgabe bestehen, nämlich Antworten schriftlich zu sammeln auf die Frage: Was gibt es (noch) Gemeinsames zum Aufrechterhalten? Was wollen wir auch in einer veränderten Situation bzw. trotz des Konfliktes nicht aufgeben, nicht verlieren?

Ein Formular für den schriftlich festgehaltenen Vertrag kann so aussehen:

---

[1] Die Beispiele sind entnommen aus: Ortrud HAGEDORN: Konfliktlotsen, S. 34
[2] Vgl. Christoph THOMANN / Friedemann SCHULTZ v. THUN: Klärungshilfe, S. 278ff.

Vertrag zwischen

______________________________ und ______________________________

(Name von A) (Name von B)

Die Wünsche:

____________________ (Name von A) möchte ______________________________

____________________ (Name von B) möchte ______________________________

Das künftige Handeln:

________________ (Name von A) beachtet ab sofort: ______________________________

________________ (Name von B) beachtet ab sofort: ______________________________

Der Termin zur Nachbesprechung: ______________________________

________________________ ________________________

(Unterschrift von A) (Unterschrift von B)

____

Unterschrift der ZeugInnen

________________________ ________________________

Unterschrift der Vermittlerin/des Vermittlers Datum

Im Alltag ist meist nicht lange Zeit für gründliche Mediation. Trotzdem: wenn die zur Vermittlung sich einschaltende oder gebetene Person die Grundregeln beachtet, sind die Ergebnisse oft überraschend.

Beispiel

Sven, Miriam, Achim und Igor

Der spätsommerliche Sonnenschein hatte uns ins Freie gelockt. Ich tobte mit meinen vier Enkeln (7, 8, 9 und 10 Jahre alt) in unserer Wohnsiedlung herum. Sie bildeten – wie so oft – eine Räuberbande, die es mir, der alten Polizistin, schwer machte, einen von ihnen zu erwischen. Der Schatz, den ich wiederbekommen wollte (ein bunter Tischtennisball), flog unerreichbar zwischen ihnen hin und her.

Wir waren schon gut eine halbe Stunde vergnügt herumgelaufen. Plötzlich entbrannte zwischen den Brüdern Sven und Achim ein heftiger Streit. Einem gebrüllten Vorwurf war ein Faustschlag ins Gesicht von Achim gefolgt, was dieser rächte, indem er Sven kräftig an den Haaren riss. Ich hatte gar nicht mitgekriegt, worum es eigentlich ging. „Ich bring dich um“, schrie Sven. Sie waren ineinander verkeilt und nur mit Mühe gelang es mir, die Streithähne auseinander zu zerren. Die anderen beiden waren gerade dabei gewesen sich einzumischen.

„O. k. Ihr seid wahnsinnig wütend aufeinander. Trotzdem: Verhandlung! Setzt euch alle vier da zur Sandkiste.“ Dieses Vokabel und was es bedeutet, wussten sie schon. Trotzdem waren sie so in ihrer Wut gefangen und aufeinander zentriert, dass ich den Satz laut wiederholen musste.

Als sie alle vier in einigem Abstand voneinander in und neben der Sandkiste saßen, begann ich unser Ritual:

„So, jeder sagt, was er will. Dem Alphabet nach. Wer ist also der Erste? O. k. Achim, was willst du?“ Achim meinte in wehleidig klagendem Ton, er wolle nicht mehr herumrennen, das sei ihm zu blöd … Ich unterbrach ihn: „Achim, ich will nicht wissen, was du **nicht** mehr willst. Ich will wissen, was du jetzt willst.“ „Das hab ich eh schon gesagt.“ Ich beharrte darauf, wissen zu wollen, wofür er sich nun entscheiden will. Schließlich brummelte er, er wolle in der Sandkiste sitzen und ein Labyrinth konstruieren, in dem der Tennisball vor mir versteckt werden könne. Mein jüngster Enkel, Igor, war der Nächste. „Ich will weiter herumrennen. Das ist lustig.“ Miriam, meine Enkelin, verkündete, dass sie mit Achim am Labyrinth bauen wollte. Sven antwortete auf meine Frage, dass er das Bauen blöd fände, und außerdem sei das fad und warum … Ich unterbrach: „Ich hab dich nicht gefragt, wie du findest, was die anderen machen. Ich will wissen, was du willst.“ Noch einmal wollte er begründen, warum das Sandbauen nicht so klug wäre. Schließlich sagte er deutlich, dass er weiterrennen wolle, weil ihm das großen Spaß machte.

Ich fasste zusammen: Es gibt zwei sehr verschiedene Wünsche. Die einen wollen in der Sandkiste ein Labyrinth bauen. Die anderen wollen weiter herumrennen. Da sagte Igor, der Jüngste: „Na gut, ich bau auch mit.“ Ich meinte: „O. k.“ Es gibt immer noch verschiedene Wünsche. Was tun wir? Welche Lösung fällt euch ein?“ Innerhalb weniger Minuten hatten sie einen Plan entworfen, wie ich mit Sven so lange Räuber und Gendarm spielen könne, bis sie mit dem Bauen fertig wären und nach welchen Regeln wir dann zu fünft an der Sandkiste fortsetzen könnten.

Ich sauste zehn Minuten mit Sven durch die Gegend, was er sehr genoss. Die anderen drei saßen und bauten friedlich in der Sandkiste. Wir konnten das Spiel wie geplant zu Ende führen und waren alle fünf zufrieden.

Was ist verallgemeinerbar?

Ein immer gleiches **Ritual der Streitschlichtung**, in dem stets die folgenden Punkte beachtet werden, sodass sich akut Streitende darauf verlassen können, dass sie zu ihrem „Recht“ kommen werden, wenn sie sich auf die Verhandlung einlassen. Je öfter sie das erlebt haben, desto besser klappt der Ablauf. Wenn die Kinder bei Ihnen als LehrerIn oder JugendamtsleiterIn gewohnt waren, dass sie bewerten und schlichtend auf eine Versöhnung hinarbeiten, wird es bei den ersten Malen möglicherweise nicht so gut klappen, weil die Kinder verunsichert sind durch Ihren Rollenwechsel. Das sollte Sie aber nicht davon abhalten, für Ihre Entlastung und die Verantwortungsübernahme der Kinder dabei zu bleiben, „bloß“ Konfliktlotse/-lotsin zu sein.

Diese Verhaltensweisen unterscheiden eine Konfliktmediation von üblichen erzieherischen Maßnahmen:

- Die Gefühle (meist Wut und Verletztheit) werden ernst genommen und ausgesprochen.
- Die Wünsche (für die Zukunftsgestaltung!) jedes Einzelnen werden erhoben und als gleich wichtig wie die anderen definiert.
- Das Forschen nach Erklärungen für die Vergangenheit unterbleibt.
- Unterschiede werden deutlich und wertfrei benannt.
- Die Beteiligten suchen eine Lösung und nicht der/die schlichtende Erwachsene.
- (Falls das nicht klappt oder bei neuerlichen Streitigkeiten geht es von vorne los.)

Oft werden Bedenken geäußert, dass ja nicht jeder tun kann, was er will. Der Anspruch, alle müssen zur selben Zeit dasselbe tun und ihr Verhalten müsse gleichermaßen bewertet werden, ist tief verwurzelt. Die heimliche Sehnsucht nach Harmonie und Einigkeit erweist sich aber als kontraproduktiv: Sie bewirkt oft erst recht das Bedürfnis der Uneinigen, ihre Verschiedenheit zu demonstrieren. Sie wehren sich gegen jeglichen Versuch, Unterschiede glättend zu verwischen, zu bagatellisieren.

Wenn Verschiedenheit nicht ängstigt, kann sie eine positive Kraft entfalten. Diese bringt oft sehr kreative Konfliktlösungen hervor. Ein/e MediatorIn macht sich frei von dem Druck, Lösungen anbieten zu müssen.

In der Schule kann im Vorfeld einiges dazu getan werden. Anregungen dazu finden Sie im Buch „Die Klasse als Team. Soziales Lernen in der Sekundarstufe“.[1]

Beispiel

Mediation in der Schule

Drei Buben aus der 2. Klasse AHS, Patrick, Thomas und Christoph, sind zerstritten. Patrick ist Außenseiter, fühlt sich durch Hänseleien der anderen beiden ständig belästigt und geht sich immer wieder beschweren bei den LehrerInnen. Thomas und Christoph ärgern sich über dieses Verhalten von Patrick. Es stört sie, dass er immer „blöd lacht“. Wenn man ihn mit „originellen“ Namen benennt oder ihn verhaut, lacht er auch und sagt: „Mehr, mehr! Es macht mir gar nichts.“ Bei den LehrerInnen aber stellt er sich als Opfer dar und dann werden Thomas und Christoph wegen ihrer Aggressivität bestraft.

Ich führe eine Mediation durch. Hier das Ergebnis:

Patrick fühlt sich gering geschätzt, ausgestoßen aus einer kleinen Gruppe von Burschen. (Gefühle)

Der wichtigste Wunsch: „Ich will nur mit meinem Vornamen angeredet werden.“ (Bedürfnis)

Christoph und Thomas kennen sich nicht aus mit Patrick. Sie ärgern sich, wenn Patrick so „falsch“ ist und wenn sie von den LehrerInnen bestraft werden. (Gefühle)

Sie brauchen klare Botschaften, was Patrick ärgert. Und sie wollen Gerechtigkeit. (Bedürfnisse)

Wir setzen einen schriftlichen Vertrag auf, in dem die geäußerten Wünsche wörtlich niedergeschrieben werden. Die anderen Knaben der Gruppe unterzeichnen als Zeugen und fühlen sich in dieser Funktion sehr bedeutsam.

> Vertrag vom ...
>
> PATRICK will gleich behandelt werden und wird in Zukunft eindeutig sagen: „Ich will das nicht! Ich will Patrick genannt werden!“
> CHRISTOPH und THOMAS wollen beide Klarheit und nicht ungerecht von den Lehrerinnen und Lehrern behandelt werden.
>
> Unterschriften:
>
> Unterschrift der Zeugen:
>
> Unterschrift der Vermittlerin:

Der Erfolg: Die einst verfeindeten Burschen schließen sich zu einem Redaktionsteam zusammen und geben gemeinsam eine Klassenzeitung heraus. In einer der nächsten Stunden bittet ein anderer Junge darum, auch einen Vertrag schließen zu dürfen.

[1] Ruth MITSCHKA: Die Klasse als Team

Zusammenfassung

Eine vermittelnde Person regelt das Verfahren. So wird aus dem Streit eine Verhandlung. Alte Streitmuster werden gestoppt. Es muss für die getrennte Darstellung der entzweienden Konfliktthemen gesorgt werden. Der/die MediatorIn hilft, die darin verborgenen Gefühle und Bedürfnisse ans Tageslicht zu bringen. Er/sie hört jeder Konfliktpartei aktiv zu und erarbeitet die Ziele (Bedürfnisse, Wünsche). Es ist wichtig, den Unterschieden zur Geltung zu verhelfen.
Erst dann wird eine Verbindung hergestellt, der Konfliktkern benannt. Nun ist der Weg frei für die gemeinsame Suche nach Lösungen. Sie werden am besten in einem Vertrag schriftlich festgehalten und das Einhalten bei einem weiteren Termin überprüft.

Die Abfolge kurz gefasst:
Der/die MediatorIn
1. widmet sich der Person A und filtert aus dem Gesagten Gefühl(e) und Bedürfnis(se) heraus, benennt sie.
2. widmet sich der Person B und tut bei dieser dasselbe.
3. definiert den Konfliktkern. Das ist jener Bereich von Bedürfnissen, der den beiden Streithähnen gemeinsam ist; das Einzige, was sie im Augenblick verbindet.
4. sucht mit beiden gemeinsam Lösungen.

4. Konfliktgespräch

Einleitung

Aus dem Aufsatz einer 15-jährigen Schülerin:

> Bei uns kann es erst gar nicht zu Konflikten kommen, da es fast keine Kommunikation gibt. Warum? Nun, meine Eltern und mein Bruder sind berufstätig und ich gehe noch zur Schule. Das bedeutet, dass wir eigentlich erst am Abend zusammen sind. Doch so ist es nicht. Meine Mutter ist in der Küche und kocht, mein Vater sitzt im Wohnzimmer und sieht fern, mein Bruder hockt in seinem Zimmer vor dem Computer und ich sitze in meinem Zimmer und lerne.
>
> Wenn wir dann endlich beim Abendessen vereint sind, wird auch nicht viel gesprochen, da dann in der Küche der Fernseher aufgedreht wird. So ist es bestimmt nicht nur in meiner Familie.

Ist dieses friedliche Nebeneinander erstrebenswert? Der amerikanische Streitforscher BACH[1] meint: Ganz im Gegenteil. Es gäbe deshalb so viel Feindseligkeit und Gewalttätigkeit in unserer Gesellschaft, weil wir zu wenig mit den Menschen streiten, die uns wirklich etwas bedeuten.

Aus diesem Grund stelle ich das Konfliktgespräch zwischen PartnerInnen in den Mittelpunkt dieses Kapitels. Die Vorgangsweise des konstruktiven Streitens ist unabhängig davon, wie gut Sie die Person kennen oder ob Sie sie mögen.

Das Wort „Streiten" wird im folgenden Text synonym und wertfrei für Konfliktgespräche verwendet. Die nicht konstruktiven Streitgespräche, die eskalationsfördernd sind, werden als „Kampf" oder „Krieg" bezeichnet. Sie verlaufen nach dem Motto: Wie du mir, so ich dir. Die Zuneigung ist auf Tauchstation.

Warnung

Bis jetzt ging es noch um harmlose Gesprächsformen. Nun aber geht's ans Eingemachte! Jetzt geht es um Kriegszustände und wie man aus ihnen als Sieger hervorgeht. Überlegen Sie daher gut, ob Sie weiterlesen wollen.

[1] George BACH / Peter WYDEN: Streiten verbindet, S. 271

Manchmal gleichen die Kriegszustände eher permanenten Guerrilla-Angriffen, genannt Partnerschaft. Um sich davor zu schützen, sind kühle Strategen immer einen Schritt voraus. Die Vampir-Taktik ist hiefür besonders geeignet. Sie müssen ja Ihren Partner nicht gleich aussaugen. Aber die Zähne zu zeigen kann nicht schaden. Überhaupt ist Angriff die beste Verteidigung.

Das gilt nicht nur für Partnerschaften. Immer gewappnet sein. Lernen Sie auf der Klaviatur der Kampfmaßnahmen spielen:

Machen Sie Ihr Gegenüber klein, indem Sie es niederbrüllen, zur Not niederschlagen.

Wetzen Sie die scharfe Klinge witziger Bemerkungen oder wissenschaftlicher Analysen, die beweisen, dass Ihr Gegenüber ein armseliger Tropf ist.

Haben Sie immer noch Steigerungen im Köcher.

Wenn Sie eine besonders edle Phase haben, können Sie vorher drohen, was noch alles passieren würde, wenn der andere nicht sofort klein beigibt.

Die Softie-Variante, aber nicht minder wirkungsvoll: den pädagogischen Zeigefinger ausstrecken und mahnen oder ermüdend lange Vorträge halten, was alles zum Besten desjenigen wäre.

Paragraphenreiter oder Moralritter werden immer eine Vorschrift oder ein ethisches „Muss“ im Kopf haben, auf das sie verweisen können.

Ich will Sie vor der weiteren Lektüre warnen. Dann droht Ihnen nämlich der Verlust Ihrer Erziehungsmacht oder Ihres Werte-Banners.

Wenn Sie kein Schlappi sein wollen, der Kindern die Macht gibt, dann zeigen Sie, wo's lang geht. Erwachsene lassen sich durch fachliche Expertisen beeindrucken. Ein kleiner Schubladkasten mit einem Vorrat an Etiketten und Interpretationen hat sich noch immer bewährt. Den sollten Sie immer parat haben.

Falls Ihnen nichts einfällt, können Sie zur Not elegant die Trappistentaktik einsetzen: Schweigen Sie einfach. Schweigen Sie gesenkten Hauptes, erschüttert von der Schlechtigkeit der Welt im Allgemeinen und Ihrem Gegenüber im Besonderen. Ziehen Sie sich hinter eine geschlossene Tür zurück, vor der der andere vergeblich um Ihre Zuwendung bettelt. Falls Ihnen nicht nach Meditation zumute ist, können Sie natürlich auch fernsehen oder hinter der Tageszeitung verschwinden.

Geselligere Menschen sind im Krieg nie allein. Sie wissen immer jemanden, den Sie zwecks Unterstützung zitieren oder auch persönlich aufsuchen können. Ein netter Unterschlupf sind das Wirtshaus, der Gesangsverein oder die Kemenate mit der kleinen Freundin.

Frauen bevorzugen vielleicht die Sauna, das Selbsterfahrungs-Seminar oder die Mutter. Denen kann's anscheinend nicht heiß genug werden.

Entweder Sie stellen sich dem Kampf. Aber nur dann, wenn Sie Sieger sein werden. Oder Sie sorgen für rechtzeitige Abwehrmaßnahmen und Fluchtmöglichkeiten.

Sie fürchten, dass das einer Niederlage gleichkommt? Glauben Sie mir: Jemand, den nach Streiten gelüstet, geht ein vor Wut, wenn Sie zuckersüße Vorträge halten, beschwichtigend säuseln oder eine Tür krachend hinter sich zufallen lassen. Probieren Sie's!

Lesen Sie nicht weiter, wenn Sie in Konfliktsituationen die Oberhand behalten wollen! Lassen Sie mit der anderen Hand lieber dieses gefährliche Buch endgültig wie eine heiße Kartoffel fallen!

A) GRUNDLAGEN

Der Traum der Vampire

Wir alle träumen vom Paradies auf Erden, von einem Zustand wunschlosen Glücks.

Böserweise gibt es da Personen, die diesem Glück im Wege stehen.

Nein, man will sie – zumindest zumeist – gar nicht loswerden. Aber ein bisschen anders möchte man sie. Einem selbst halt ein bisschen ähnlicher. Das wäre fein. Das bedarf mühsamer Überzeugungsarbeit, wie der/die andere etwas sehen, wie er/sie handeln soll. Im Grunde geht es um die Botschaft: Sei eine andere, ein anderer! Wenn du nicht vorhanden oder zumindest nicht so wärst, dann wäre ich glücklich und zufrieden. Diese „Spiele" (s. Ausführungen zur Transaktionsanalyse, S. 35) sind genährt von Aggressionen, die den Wunsch tarnen, den Partner klein zu machen, zu manipulieren, zu erniedrigen.

„Wir streiten nie", verkünden Paare, die die Zuhörer davon überzeugen wollen, wie glücklich sie miteinander sind. Sie nähren die Botschaft: Je größer die Liebe, desto weniger darf gestritten werden. Sie fürchten, wenn sich durch Streitigkeiten die Büchse der Pandora öffnet, käme nur Schlechtes heraus.

Ärger wird als Tabu gehandelt, Aggression als schmutziges Wort und feindselige Gefühle einem Intimpartner gegenüber als Antithese zur Liebe. Konflikte seien demnach Symptome für eine kaputte Beziehung und würden beweisen, dass man versagt habe.

Trotz aller guten Vorsätze kommt man immer wieder in Situationen, wo man den anderen anders haben will. Durch Erdulden und Schweigen oder durch moralische Appelle und Warnungen meint man, sein Ziel ohne Streit erreichen zu können. „Durch das Streben nach symbiotischer Verschmelzung wird die Individualität des Partners gewissermaßen aufgelöst und in Baumaterial für das eigene Selbstgefühl verwandelt … Das Symbol dafür ist der Vampir, der das Blut der Geliebten trinkt und sie durch diese allzu intensive Verbindung tötet, also endlich nichts mehr ‚von ihr hat'."[1]

Die Landkarte des Partners wird als Rorschach'scher Klecks betrachtet, den man selbst beliebig deuten kann. Davon leben Verliebte. Doch was folgt später? Wie gehen wir mit der realen Erfahrung von Dissonanz um? Ein chinesisches Sprichwort sagt: „Solange du dem anderen sein Anderssein nicht verzeihen kannst, bist du weitab vom Wege zur Weisheit."[2]

Das Karussell dreht sich

„Die meisten Ehen sind chronische Beschwerdegesellschaften."[3]

> Aggression und Streit dienen der Information über Neues und als Vertrautheitsbestätigung.

Mit wem sonst kann man sich noch so schön im Kreis drehen wie mit dem-/derjenigen, den/die man lange kennt?

Der Rundlaufstreit oder das „Karussell" der Aggressionen besteht in Ritualen: Jeder beherrscht seinen Text und kennt den des anderen genau. Eine Streitfrage ist chronisch geworden, wird immer wieder aufgegriffen, aber nie erledigt. Einer bringt den anderen auf die Palme.

Die Rituale bringen, wenn sie nicht massiv verletzend sind, Entlastung. Langeweile und Einsamkeit zu zweit werden damit verhindert. Es tut sich was, es gibt Unterhaltung. Triviales Gezänk zwischen Erwachsenen ersetzt – so meint BACH – die aggressiven Kontaktspiele von Kindern.

Streitverweigerung ist nicht Großzügigkeit, Unterwürfigkeit oder gar Liebe, sondern Verweigerung der Zusammenarbeit. Es gibt keine reife intime Beziehung ohne aggressive Auseinandersetzung. Säcke, in denen unausgesprochener Groll gesammelt wird, können nur im Museum der nicht-gelebten Beziehung deponiert werden.

> „Täglich ein Streit – das hält den Arzt fern."[4]

---

[1] Wolfgang SCHMIDBAUER: Die Angst vor Nähe, S. 190f.

[2] Zitiert nach Michael Lukas MOELLER: Die Wahrheit beginnt zu zweit, S. 149

[3] George BACH / Peter WYDEN: Streiten verbindet, S. 39

[4] George BACH / Peter WYDEN: Streiten verbindet, S. 19

Streitformen

Ausschlaggebend für eine gelungene Partnerschaft ist nicht, wie gut man sich verträgt, sondern wie man mit den Unverträglichkeiten umgeht.

Schon früh erlernen wir geschlechtsspezifische Umgangsformen für den Konfliktfall: Knaben tragen Streitigkeiten eher handgreiflich aus und werden dafür als aggressiv geächtet. Mädchen werden für ein derartiges Handeln schon im Kindergartenalter zurechtgewiesen. Daher perfektionieren sie andere Verhaltensweisen: Mädchen verbreiten in Konfliktsituationen Gerüchte, brechen Freundschaften ab, schließen Opfer aus usw. Manipulation und Liebesentzug sind die versteckten Waffen, die Frauen benutzen.

Geschlechtsspezifische Stereotype werden bekämpft und damit erst recht zementiert: „Die Männer sollen endlich ihre weibliche Seite leben!" oder „Warum kann eine Frau nicht sein wie ein Mann?" Bedeutsame Unterschiede werden dabei übersehen: das Bedürfnis nach Nähe bzw. Distanz, das Bedürfnis nach Autonomie bzw. Gemeinsamkeit, das Bedürfnis nach Dauer bzw. Wechsel.

Und: Menschen unterscheiden sich stark in ihrem Ausmaß an Selbstkontrolle. Das hat Auswirkungen auf das Streitverhalten. Den einen passiert einfach, dass sie sich immer wieder mitten in einem Konflikt befinden, sie schüren ihn. Die anderen handeln nach dem Motto: „Reden ist Silber, Schweigen ist Gold" und tun alles dazu, dass ja kein lautes Wort fällt. BACH und WYDEN nennen die einen Falken, die anderen Tauben.

Tauben und Falken

> **Falke und Taube**
> *krrr …*
> *wie bitte?*
>
> *(Ernst JANDL)*

Falken haben messerscharfe Krallen und jagen ihre Beute mit ungeheurer Geschwindigkeit. Sie sind stolze Einzelgänger. Ihre Jungen füttern sie gern mit Tauben. Die Tauben gedeihen überall dort, wo es Zivilisation gibt. Sie finden aus Entfernungen von über 1.500 Kilometern wieder heim. Sie sind zum Unterschied von den Falken Experten für die Nähe: Sie sehen die Welt mit achtfacher Vergrößerung (verglichen mit dem Menschen). Bei den Tauben produzieren Vater und Mutter gleichermaßen Babykost in ihrem Organismus.

Auch unter den Menschen gibt es „Tauben" und „Falken", meinen die Streitforscher BACH und WYDEN.[1] Sie unterscheiden sich so voneinander.

Tauben

- verbergen ihren Ärger hinter einer stets freundlichen Maske
- schlucken ihren Ärger
- nehmen einen neutralen Standpunkt ein
- schweigen
- weinen
- schließen sich ein, gehen weg
- verweigern Leistungen
- halten Versprechungen nicht
- erzeugen Unordnung
- gehen in Therapie
- suchen Zuflucht in einer Gruppe (Heimatverein, Partei …) oder vor dem Fernsehschirm
- nehmen Alkohol, Drogen

[1] George BACH / Peter WYDEN: Streiten verbindet, S. 12

- beobachten Partner auf der Suche nach Fehlern
- halten Moralpredigten
- neigen zu Charakteranalysen und Interpretationen
- gehen zwecks Stärkung eine Koalition mit anderem ein (Freundin/Mutter/Kindern)
- enthalten Informationen vor („Ich sag nicht, was ich mir wünsche“, „Ich wollte dich nicht beunruhigen“)
- nehmen ihre präsentable Fassade wichtig
- „spielen Karambol-Billard“ (greifen Partner nicht direkt an, sondern wählen den Umweg über etwas, was dem anderen wichtig ist: Kind aus erster Ehe, Auto)

Tauben suchen oft Nähe und Verbundenheit.

Falken
- senden Signale: halte Abstand
- sagen ungefragt ihre Meinung
- entscheiden über den Kopf eines anderen hinweg
- befehlen
- drohen
- schreien, brüllen
- machen Lärm
- knallen Türen zu
- zerschlagen, ruinieren Dinge
- neigen zu ungerichteten „Vulkanausbrüchen“ (wehe, wenn man sie ernst nimmt und darauf eingeht, denn es handelt sich um eine Solo-Aufführung)
- machen Witze auf Kosten anderer
- neigen zu Sarkasmus
- wenden körperliche Gewalt an

Falken suchen oft Selbstbestimmung und Distanz.

Schattenboxen

Nicht die Inhalte, sondern die Art und Weise, wie wir in einem Konfliktfall reagieren, entscheidet darüber, ob das Ergebnis konstruktiv oder destruktiv ist.
Schattenboxen ist wichtig zur Steigerung der Konzentration. Für die Lösung eines Konflikts zwischen zwei Personen bringt es nichts. Schattenboxer leben mit dem Traum, dass der andere schon irgendwann einmal seinen Vorstellungen entsprechen wird. Sie konzentrieren sich auf sich selbst, wollen ihr eigenes Bild verbessern und bekämpfen projizierend ihre eigenen Schattenseiten an anderen.

Schattenboxer treten gern in Rudeln auf. Sie verweisen auf diese Verbündeten, die dasselbe denken, meinen und sagen wie sie selbst.

- Sie machen sich selbst „größer“: Sie stellen sich dazu aufs Stockerl, legen den Berufsmantel an, suchen sich Verbündete etc.
  Sie vermeiden das Wort „ich“ und verwenden stattdessen „man“, „wir“, „unsere Gesellschaft“, „die Vorschrift besagt“, „in der Hausordnung steht“, „dein Klassenvorstand meint das übrigens auch“ etc.
  Das ist die **„Stockerl- oder Mantelmethode“.**
- Sie machen den anderen kleiner durch Kolonialisierungen, durch Straßensperren, durch heuchlerisches Taubenverhalten („Ich gönne dir, dass du siegst, ich widerspreche dir nicht, weil ich so edel bin“) oder verletzende Falkenhiebe („Du wirst gleich erleben, dass du das Allerletzte bist“).
  Das ist die **„Hammermethode“.**

In beiden Fällen wird der Partner als (über)mächtig erlebt und als Person nicht ernst genommen. Das WIR wird unter den Teppich befördert.

Streiten verbindet

> Solange gestritten wird, ist eine Beziehung (eine Gruppe) lebendig.

Erst wenn mich ein anderer kalt lässt, ist die Beziehung extrem gefährdet. Meist beginnt die Person, die mehr Distanz braucht – der Falke –, den Streit. Der Streit soll die optimale Distanz bringen. Das ist auch der Grund, weshalb häufig gestritten wird bei Gelegenheiten, die mit extremer Nähe verbunden sind (der Urlaubsaufenthalt im kleinen Hotelzimmer, die Weihnachtsfeier).

Tauben errichten gern ein Museum der Verletzungen. Hier wird unausgesprochener Groll deponiert und das Schuldenkonto des Partners wird immer größer. So lange, bis das Museum überquillt und eine explosionsartige Entladung – meist aus nichtigem Anlass und diesem völlig unangemessen – erfolgt.

Für beide ist es angenehmer, den aktuellen Ärger täglich zu bearbeiten, das Konto täglich auszugleichen. Allerdings müssen der Gewinn und die Gefahr klar sein: Was steht auf dem Spiel?

Die häufigsten Themen sind Geld, Sex, Kinder, Verwandte. Die Trivialitäten, über die gestritten wird (die am Boden liegende Unterhose, das Schlürfen des Kindes, das Geschenk für die Schwiegermutter), sind „eine Art emotioneller Kurzschrift“ dafür.[1]

Tief in unserem Inneren geht es uns beim Streiten jedoch um zentrale Bedürfnisse: um eine gemeinsame Standortbestimmung, eine ausgehandelte Übereinkunft zu

- Nähe bzw. Distanz
- Freiheit bzw. Kontrolle (Macht)
- Dauer bzw. Wechsel

Das eigentliche Thema der Kommunikation ist das WIR, die Beziehung. Eine der Funktionen der Aggression und des Streitens ist also, ein Regulativ im System zu sein, das einen zweckdienlichen Gleichgewichtszustand von Autonomie und Verstrickung herstellt.

Jedesmal, wenn ein neuer Entwicklungsschritt in der Beziehung angesagt ist, wenn eine einschneidende Veränderung eintritt (Geburt eines Kindes, Wohnungswechsel, Kinder gehen aus dem Haus, Hausfrau wird berufstätig, Ehemann war auf Selbsterfahrungsseminar usw.), gibt es Streit. In diesem wird die neue Information eingebracht und bearbeitet. Dadurch kann die sich eben entwickelnde Ungleichheit ausgeglichen werden. Solch ein Wachstumsstreit hat manchmal das Ausmaß einer Krise und kann sich über Jahre hinziehen.

> „Veränderung und Aggression gehen Hand in Hand.“[2]

Nicht immer geht es um neue Information. Oft dient der Streit der Bestätigung bekannter Informationen: Wir kennen einander. Wir wissen, welche Themen wir wie anschneiden müssen, um zu provozieren. Alte Beleidigungen werden zum x-ten Mal wiederholt, ohne dass sich etwas ändert. Scheinstreit („Machten wir die Reise nach Ägypten 1988 oder 1989?“) findet ohne ersichtlichen Informationswert statt. Dennoch haben diese Kabbeleien reinigende, unterhaltende und kontaktsichernde Funktion.

Konstruktive Aggression erfüllt also mehrere Zwecke.

> Es geht um
> - authentische Information
> - Entlastung, Dampfablassen (Katharsis = Reinigung)
> - Unterhaltung
> - Kontaktsicherung
> - Veränderung
>
> in einem angemessenen Verhältnis zu Verletzungen.

Streiten enthält immer den Ausdruck von Aggression, die den anderen verletzt. Andernfalls ist die Auseinandersetzung nicht ein Streit, sondern eine Selbstdarstellung oder eine Verhandlung. Die Aggression ist in erster Linie informative Kommunikation und ermöglicht neue Verbindung.

---

[1] George BACH / Peter WYDEN: Streiten verbindet, S. 133

[2] George BACH / Peter WYDEN: Streiten verbindet, S. 267

B) PRAXIS

Weder das Verhalten der Tauben noch das der Falken garantiert, dass ein Konfliktgespräch konstruktiv verläuft. „Die Konfliktlösung beginnt, wenn wir die Wirklichkeit des anderen anerkennen und akzeptieren."[1]

Wie geht das – ohne allzu arge Verletzungen? Tauben und Falken können voneinander lernen. Tauben können sich gut zurücknehmen, anderen Raum geben und sich in andere einfühlen. Sie tun sich meist leichter mit dem aktiven Zuhören als die Falken. Das ist das Lernziel Nummer 1 für Falken.

Falken können sich meist gut vertreten. Sie schauen auf sich selber, nehmen ihr eigenes Gefühl und ihre Wünsche sehr wichtig und setzen die Strategien ein, die ihnen helfen, sich durchzusetzen. Sie tun sich meist mit den Ich-Botschaften leichter als die Tauben. Das ist das Lernziel Nummer 1 für Tauben.

Vorüberlegungen: Ein Selbstgespräch, ein innerer Dialog klärt, ob das Thema, der Ort, der Zeitpunkt geeignet für einen Streit sind. Zahlt es sich aus? Was ist für beide drin an Gewinn? Manchmal entlastet schon dieses Selbstgespräch ausreichend.

Wenn ich selbst voll Wut, Zorn, Enttäuschung oder Angst mit einem anderen Menschen zusammenkrache, ist es besonders schwierig, die angemessene Form für das Gespräch zu finden. Daher ist es gut, wenn ich die vielen Gelegenheiten genutzt habe, um professionelle Gesprächsformen (Selbstdarstellung in Ich-Botschaften, aktives Zuhören, zielgerichtetes und hilfreiches Fragen usw.) zu üben. Denn jetzt bin ich meine eigene Mediatorin, mein eigener Mediator.

Konstruktiv streiten

1. Trotz meiner intensiven Gefühle ist es wichtig, bei meiner Gesprächspartnerin, meinem Gesprächspartner zu beginnen. So, als ob ich sie beraten würde. Ich fühle mich in ihn, in sie ein und höre aktiv zu. Das aktive Zuhören wird präventiv angewandt, wenn ich damit den Streit eröffne oder wenn ich es als erste Antwort gebe auf Zündstoff, den mir ein anderer hingeworfen hat.
   Ich äußere eine Vermutung über die Wünsche des anderen oder frage direkt danach. Dabei lasse ich Kolonialisierungen nicht gelten, sondern sorge gemeinsam mit dem Partner dafür, dass das Ziel den erforderlichen Kriterien (genauso wie bei der Beratung, s. S. 60ff.) entspricht. Ich filtere dessen/deren Bedürfnis, das mir im Weg steht, heraus und benenne es.
2. Erst dann habe ich die Bereitschaft meines Gegenübers bewirkt mir zuzuhören. Nun sage ich deutlich und ausdrucksstark mit meinem ganzen Körper, welches Gefühl mich bewegt und was genau ich für mich brauche. Das ist die Selbstdarstellung.
3. Schließlich betone ich, dass wir beide dennoch im Grunde genommen etwas gemeinsam haben, nämlich ... Durch die Benennung des Konfliktkerns stelle ich wieder eine Verbindung her (Mediation). Nun kann die Verhandlungsrunde beginnen, was wer in Zukunft anders machen wird.
4. Oft hilft es, eine „Probezeit" von 1–3 Wochen auszumachen, damit man sich nicht für die Ewigkeit festlegen muss. Unbeschränkte Abmachungen vergrößern die Gefahr der Unverbindlichkeit. Nach der „Probezeit" findet ein Auswertungsgespräch als Verhandlungsgespräch statt. Haben sich neuerlich unangenehme Gefühle und Konfliktpunkte angesammelt, findet dieses Gespräch nach dem Muster des Konfliktgesprächs statt (d. h. Neustart bei Punkt 1).

BACH und WYDEN[2] halten diese Grundregeln der Kommunikation für nützlich: „Gewinne die Aufmerksamkeit des Empfängers. Bereite ihn darauf vor, deine Nachricht zu empfangen. Übermittle deine Nachricht klar und so ungestört wie möglich. Vergewissere dich, dass deine Informationen auf der Wellenlänge des Empfängers ausgestrahlt werden. Steck das Gebiet, über das du sprechen willst, genau ab und bleibe in seinen Grenzen. Sorg dafür, dass ihr beide, du selbst und dein Empfänger, auf das gemeinsame Interessensgebiet eingestellt seid. Rege deinen Empfänger an zu reagieren, indem er den Empfang

---

[1] James CREIGHTON: Schlag die Türe nicht zu!, S. 55

[2] George BACH / Peter WYDEN: Streiten verbindet, S. 92f.

bestätigt. Sorge für ‚Rückkopplungen', damit du prüfen kannst, wie deine Nachricht empfangen worden ist."
MonologsprecherInnen, die keine Rückkopplung ertragen, müssen zu DialogsprecherInnen werden.

Beispiel 1

Ich hielt eine zweitägige Blockveranstaltung zum Thema Gesprächsführung. Als Lehrerin hatte ich an der Sozialakademie zwar Zugang zu allen Räumen, aber keinen Schlüssel zum Eingangstor. So war ich am Samstag auf den Schulwart angewiesen. Um seine Anwesenheit sicherzustellen, muss man sich rechtzeitig in eine entsprechende Liste eintragen.
Samstag kurz vor halb neun waren schon die meisten StudentInnen vor dem verschlossenen Tor versammelt, als ich kam. Wir wollten um halb neun beginnen. Geduldig warteten wir 10 Minuten. Dann begann ich unruhig zu werden. Es nieselte leicht. Drinnen warteten ein trockener Raum auf uns, Plakate, die ich heute brauchen würde, und die Unterlagen von zwei Studenten, die meiner Aussage vertraut hatten, dass niemand das Haus betreten würde.
Wir diskutierten verschiedene Möglichkeiten, den Unterricht halten zu können. Da hatte ein Student die Idee, dass man das riesige Gebäude möglicherweise durch einen Seitenflügel betreten und ein Parterrefenster der Sozialakademie öffnen könne. Gesagt, getan. Es klappte!
Gerade als wir über einen Sessel und durchs Fenster ins Gebäude kletterten, kam der Schulwart. Wütend brüllte er uns an, was uns eigentlich einfiele.
Ich erklärte ruhig den Sachverhalt und verteidigte mich, da ich mich doch drauf verlassen hätte müssen, dass er vor halb neun da sei. Er wurde nur noch lauter und brüllte mich unflätig an. (Kein Wunder, ich hatte ja auch mit einer Straßensperre auf seine reagiert.)
In diesem Augenblick – ich war total wütend geworden – gelang es mir dennoch zu überlegen, ob ich den Streit hier und jetzt fortsetzen wollte. Mir wurde rechtzeitig bewusst: heute unterrichte ich das Konfliktgespräch. Was, wenn ich jetzt ein mieses Beispiel liefere?

Ich teilte dem Schulwart nur mit, dass ich das Gespräch in der Pause fortsetzen möchte.
Der Ärger, so ungerecht vor den StudentInnen heruntergemacht worden zu sein, grollte noch eine Weile, während ich unterrichtete. Doch eineinhalb Stunden später suchte ich den Schulwart mit dem festen Vorsatz auf, dass wir beide erhobenen Hauptes aus diesem Gespräch gehen sollten.

Ich eröffnete (aktiv zuhörend): „Herr X, ich hab gemerkt, wie sehr es Sie in der Früh geärgert hat, dass wir einfach ‚eingebrochen' sind." Er nickte und erklärte zwar aufgebracht, aber nicht mehr brüllend, dass er sich verantwortlich fühle und seiner Meinung nach ohnedies pünktlich vor neun Uhr da gewesen wäre. So sei das nämlich auf der Liste gestanden. Ich verstärkte (statt meine gegenteilige Meinung zu äußern) nochmals meine Bestätigung seiner Gefühle und seiner Bedürfnisse. Ich betrachtete das als Riesengeschenk an ihn, nicht gleich mit meiner Rechtfertigung einzuhaken. Aber ich wusste auch, dass niederlagelose Konfliktlösung nur so möglich wird: „Ich hör ja, und ich hab in der Früh gesehen, wie sehr Sie das geärgert hat, dass wir da einfach eingedrungen sind. Sie werden dann verantwortlich gemacht und fragen sich, wie komm ich dazu ..." Nun war er schon sehr besänftigt und ich konnte ihn darum bitten, meine Version zu hören:
„Wissen Sie, ich hab Unterrichtsbeginn um halb neun. Ich steh da mit einem Haufen Leute und kann nicht wissen, ob Sie noch kommen. Ich war verzweifelt und dann froh, dass ein Student diese Möglichkeit gesehen hat, bei der ja nichts kaputtgemacht wurde. Ich hab die Verantwortung übernommen und mich dann sehr geärgert, als Sie mich vor den StudentInnen angeschrien haben. Ich will nichts anderes, als in Ruhe in einem Raum der Sozialakademie meinen Unterricht halten können (= lauter Ich-Botschaften). Und ich glaub, dass wir beide in unserer Verantwortlichkeit geachtet werden wollen (= Konfliktkern!)".
Ehe der Schulwart nochmals mit einer Wiederholung seines Standpunktes beginnen konnte, fügte ich die Frage nach seinem Wunsch für die Zukunft hinzu: „Wie wollen Sie das haben, was kann ich tun, damit Sie und ich in Zukunft nicht mehr solchen Ärger haben müssen?"

Erstaunlicherweise sprach er nicht von der Zukunft und auch nicht mehr von heute Morgen. Sondern meine Frage hatte als Türöffner gewirkt. Er erzählte nun – leise und traurig –, wie sehr er sich in diesem Haus von allen missachtet fühlt. Er erzählte lange. Dass er das eh nicht mehr aushalte und schon um Versetzung angesucht habe.
Ich hörte einfach zu, mein Ärger löste sich nach und nach in Luft auf und machte meinem Mitgefühl Platz: „Da haben Sie's nicht leicht mit uns Lehrern. Und dann müssen Sie sich auch noch über mich ärgern." Nun war er so weit, dass er sagen konnte „Na, es tut ma Leid, aber wissen'S eh … Sie san eh in Ordnung."
Ich konnte nie klären, ob ich vielleicht irrtümlich neun Uhr in die Liste eingetragen hatte. Das war auch nicht mehr so wichtig.
Nach der Pause ging ich in den Unterricht und sagte: „Schade, dass ich jetzt kein Tonband dabeigehabt habe. Ich glaube, dann hätten Sie ein gelungenes Beispiel für ein Konfliktgespräch hören können."

Beispiel 2

Die Lehrerin will am Anfang des Schuljahres wissen, was die SchülerInnen vom Unterricht erwarten. Sie teilt für jede/n einen Zettel aus. Darauf sollen die Erwartungen geschrieben werden. Anschließend, so lautet die Anweisung, sollen in drei Gruppen die Ergebnisse gesammelt und durch Sortieren die Schwerpunkte herausgefunden werden.
Während alle SchülerInnen sich eifrig in die genannten Gruppen begeben, bleibt eine Schülerin sitzen, zerreißt ihren Zettel und schaut die Lehrerin wütend an. Die Lehrerin wählt zwischen folgenden Möglichkeiten zu reagieren:

- Sie übersieht die Schülerin und tut nichts.
- Sie reagiert zynisch: „Brauchst du eine Extra-Einladung?"
- Sie mahnt milde: „Geh bitte, willst du nicht auch mittun!?"
- Sie droht laut: „Das sag ich dir gleich: So ein Verhalten dulde ich nicht. Du hast dich gefälligst an meine Anweisung zu halten."
- Sie moralisiert: „Du solltest lernen, dich an Regeln zu halten. Im späteren Leben wirst du dir das nicht mehr erlauben können."
- Sie fragt beschwichtigend: „He, welche Laus ist denn dir über die Leber gelaufen? Na komm, sei nicht so fad."
- Sie analysiert: „Typisch pubertäre Anstrengungsvermeidung. Du brauchst eine Therapie!"
- Sie …

Kommt Ihnen das bekannt vor? Es handelt sich um die Straßensperren (= Kolonialisierungen = Gesprächsblocker). Sie tragen dazu bei, den Streit anzuheizen. Wie wär's mit aktivem Zuhören?
Die Lehrerin sagt: „Irgendwas hat dich jetzt total wütend gemacht."
Die Schülerin (nickt leicht und) pfaucht: „Ich könnt schreien und heulen. Ich halt das nicht mehr aus. Ewig diese Gruppenarbeiten. Ich kann das nicht. Das schaff ich nicht."

Die Lehrerin hat keine Zeit für ein Beratungsgespräch (noch sind die anderen in ihren Gruppen beschäftigt), sie will rasch handeln. Sie (fragt nicht „Warum?", sondern) stellt fest: „Dir ist eine aktive Beteiligung in der Gruppe derzeit unmöglich. Was hindert dich, dich einfach an den Rand zu setzen und zuzuhören?"
Schülerin: „Aber dann lern ich ja nichts. Ich glaub, ich sollte lernen, in Gruppen zu arbeiten."
Lehrerin: „Kannst du dir vorstellen zu beobachten?"
Schülerin: „Ist das nicht zu wenig?"
Lehrerin: „Ich halte es für eine Leistung, zu eigenen Bedürfnissen zu stehen und auch Nein sagen zu können (= positive Umdeutung der Verweigerung). Wenn du deine Beobachtungen der Gruppe mitteilst, können die Gruppe und du davon profitieren. Wir werden das nächste Mal besprechen, ob das für deine MitschülerInnen o. k. ist."
Die Schülerin strahlt über das ganze Gesicht, setzt sich schweigend zu ihrer Gruppe und lauscht konzentriert.
Durch das aktive Zuhören konnte sich die Schülerin aktiv auf die Anforderungen, die an sie gestellt waren, einlassen. Die Lehrerin hat es nicht notwendig, ihre Position durch eine deutliche Ich-Botschaft zum Ausdruck zu bringen. (Dann würde es sich um ein Konfliktgespräch handeln.) Sie hat keine beein-

trächtigenden Gefühle oder wichtigen eigenen Bedürfnisse und setzt daher wie in einer Beratung fort, d. h. mit dem Schwerpunkt: die andere.

Beispiel 3

Ein 9-Jähriger hat auf den Boden gespuckt. Ich (als LehrerIn/als MitarbeiterIn des Jugendzentrums ...) kann auf verschiedene Weise reagieren.
Mit Straßensperren:

- „Danke, die Luft war eh schon so trocken."
- „Was tust du da? Hör sofort auf damit!"
- „Wieso machst du das?"
- „Bist du wahnsinnig? Weißt du nicht, dass man ausrutschen und sich den Fuß brechen kann?"
- „Was ist los? Hast heute deinen Schlechte-Laune-Tag?"

ErzieherInnen schwanken zwischen Machtdemonstration („An mir kommt keiner vorbei") und sensiblem Verständnis. Beides passiert mit einem Blick von oben, vom Stockerl. Wie kann ich reagieren, wenn ich mich auf dieselbe Ebene stelle?
Aktiv zuhören: „Dir ist zum Ausspucken zumute."
Reaktion 1: Der 9-Jährige senkt den Kopf und zieht brummelnd davon. Er signalisiert, dass ihm bewusst ist, dass er unrecht gehandelt hat.
Reaktion 2: Der 9-Jährige nickt leicht und verteidigt sich gleich: „Ja aber der X hat das auch gemacht und niemand hat reagiert." Jetzt gibt es eine neue Gelegenheit, um aktiv zuzuhören.
Aktiv zuhören: „Du fühlst dich also ungerecht behandelt." Nun wird sich ein konstruktives (Beratungs-)Gespräch entwickeln.
Eskalation entsteht, falls ich statt aktiv zuzuhören wieder mit Straßensperren reagiere: „Das ist mir völlig wurscht, was der X macht. Auf deine Ausreden kann ich verzichten. Du sollst dich ganz einfach nicht wie ein Schwein aufführen."
Reaktion 3: Der Bub geht wie ein begossener Pudel davon, mit unsagbarer Wut auf mich im Bauch; er fühlt sich unterlegen und sinnt auf Rache.
Reaktion 4: Er kontert seinerseits lautstark: „Das ist total ungerecht. Immer ich werd geschimpft. Der X kann machen, was er will."
Wenn ich noch nachsetze, dreht sich die Spirale immer vehementer Richtung Gewalt. Beide wetzen bald die Messer.

Je früher Sie aktiv zuhören, desto wirksamer. Solange Sie Ihr Gefühl unter Kontrolle haben (Ihren Wasserball leicht unter Wasser halten können), verläuft das Gespräch wie eine Beratung – zum Thema Ärger oder Sich-ungerecht-behandelt-Fühlen.
Wenn Ihr eigener Ärger Sie überschwemmt, ist Selbstdarstellung angesagt: „Ich will respektvoll behandelt werden. Ich werde sehr wütend, wenn ..."
Der Konfliktkern: „Wir beide wollen doch ernst genommen werden."

Übung

Entwerfen Sie ein konstruktives Konfliktgespräch für folgende Situationen:

Aufgabe 1

Die Lehrerin will frische Luft, reißt das Fenster mit einem munteren Spruch auf. Eine Schülerin schließt das Fenster, regt sich fürchterlich auf, sie „erfriere". Die Lehrerin ist wütend.

Auflösung s. S. 130

Aufgabe 2

Die Mutter bittet ihren Sohn, den Mistkübel wegzutragen und zu leeren. Der 10-jährige Sohn meint, das könne doch die Schwester tun. Die Mutter erklärt, dass die Schwester morgen Schularbeit habe und der Sohn könne es also ruhig einmal machen. Der Sohn redet „frech" zurück und weigert sich, was die Mutter zornig macht.

Auflösung s. S. 131

Der Streit übers Streiten

Wenn man auf Verabredung streitet, ist ein zufrieden stellendes Ergebnis am wahrscheinlichsten. Je ruhiger und konzentrierter man sein Anliegen und seine Argumente vortragen kann, desto überzeugender wirken sie. Wer die Kunst des Streitens lernen möchte, verwendet Zeit dafür.

Im sogenannten **Deuterostreit**, dem Streiten über den Streit, wird ausgehandelt: Wo, wann, wie und worum wird gestritten. Die Gürtellinie wird definiert, um künftig die Achillesferse besser zu schützen.

Unter **Gürtellinie** versteht man jene Linie, unterhalb derer jeder Schlag bedingungslos unerträglich ist. Es ist jene Grenze der Schmerztoleranz, unter der Partner Verletzungen nicht hinnehmen können ohne ernsthafte Gefährdung der Beziehung. Allerdings haben manche Menschen ihre Gürtellinie in Ohrhöhe.

Das sind meist Menschen, deren Beziehungs-Ohr (s. S. 53) besonders groß geraten ist. Sie hören ständig Vorwürfe und Angriffe gegen sich. Andere sind sehr erfinderisch, um ihre Streitpartner daran zu hindern, die „Wahrheit" auszusprechen. Sie schlüpfen in die Rolle der Märtyrer, die schon so viele Schicksalsschläge erdulden mussten und selbstanklagend sich entschuldigen, dass sie ohnedies alles falsch machen. Kann man eine solche Person noch zusätzlich belasten?

Diese Menschen brauchen Hilfe, um ihre Frustrationstoleranz erhöhen zu können. Die Hilfe wird in Form konstruktiver Rückmeldungen gegeben. Bestätigen und ermutigen Sie die Betroffenen möglichst oft. Dazu eignet sich die **Metakommunikation** (meta, griech. = über), das Gespräch über die gemeinsame Kommunikation.

Im Deuterostreit, einer Spezialform der Metakommunikation, findet – unbelastet von aktuellen unangenehmen Gefühlen – eine Verhandlung über das Streiten statt.

Der Schlussstrich

Die Erwartung, dass jeder Streit eine sofortige Lösung bringen muss, ist unrealistisch. Im Streit werden die anstehenden Probleme an die Oberfläche befördert und ein erstes Mal bearbeitet. Es geht darum zu erkennen, dass beide verschiedene Sichtweisen haben und behalten dürfen und dennoch beide an einer Lösung arbeiten. Die Lösung zu finden kann ein (lebens)lang dauerndes Programm sein.

Der akute Streit wird mit einer gemeinsamen Übereinkunft abgeschlossen. Diese wird durch folgende Verhaltensweisen ausgedrückt:

- einen Konsens formulieren
- einen Kompromiss formulieren
- gemeinsam ganz verrückte Lösungen entwickeln
- Ge-lassen-heit gewinnen, dass es (momentan) keine Lösung gibt
- ohne Lösung und mit einer versöhnlichen Geste abschließen (Umarmung, Händedruck, Anlächeln)
- auf einen nächsten Termin vertagen

Zusammenfassung

Streiten informiert, entlastet, unterhält, verletzt, verändert und verbindet Menschen. Konstruktives Streiten setzt sich aus aktivem Zuhören, Ich-Botschaften und dem Willen, Gemeinsamkeiten zu entdecken, zusammen. Es bringt keine SiegerInnen und keine VerliererInnen hervor und manchmal nicht einmal Lösungen. Je wichtiger einem andere Menschen sind, desto größer ist die Bereitschaft, sich auf Konflikte einzulassen. Vor allzu großen Verletzungen kann man sich schützen, wenn man über die Form des Streitens streitet.

5. Verhandlung

Einleitung

Die Geschichte mit dem Hammer

Ein Mann will ein Bild aufhängen. Den Nagel hat er, nicht aber den Hammer. Der Nachbar hat einen. Also beschließt unser Mann hinüberzugehen und ihn auszuborgen. Doch da kommt ihm ein Zweifel. Was, wenn der Nachbar mir den Hammer nicht leihen will? Gestern schon grüßte er mich nur so flüchtig. Vielleicht war er in Eile. Aber vielleicht war die Eile nur vorgeschützt und er hat etwas gegen mich. Und was? Ich habe ihm nichts angetan; der bildet sich da etwas ein. Wenn jemand von mir ein Werkzeug borgen wollte, ich gäbe es ihm sofort. Und warum er nicht? Wie kann man einem Mitmenschen einen so einfachen Gefallen abschlagen? Leute wie dieser Kerl vergiften einem das Leben. Und dann bildet er sich noch ein, ich sei auf ihn angewiesen. Bloß weil er einen Hammer hat. Jetzt reicht's mir wirklich. – Und so stürmt er hinüber, läutet, der Nachbar öffnet, doch noch bevor er „Guten Tag“ sagen kann, schreit ihn unser Mann an: „Behalten Sie sich Ihren Hammer, Sie Rüpel!“[1]

Neben den verständigungsorientierten Sprechhandlungen gibt es die informativen und erfolgsorientierten Sprechhandlungen (s. S. 10). Dabei stellen die Sprechenden Sachverhalte dar, weisen auf etwas hin und argumentieren. Durch das Reden wird das Handeln geordnet, begleitet und vorbereitet. Während es bei der Selbstdarstellung darum geht auszudrücken, wie mir zumute ist und was ich will, will der Redner beim Verhandlungsgespräch überzeugen. Wenn dargestellt und argumentiert wird, wird eine Absicht verfolgt.

Da gibt es die Diskussion mit Freunden, die Planung in der Konferenz, die Stellungnahme, das Kaufgespräch, die Reklamation, das Kritikgespräch, die Debatte in einer öffentlichen Versammlung, ... Sie alle sind gemeint, wenn im Text von Verhandlung die Rede ist.

Es würde allerdings den Rahmen dieses Buches sprengen genau darzustellen, wie sich die Gespräche je nach Absicht voneinander unterscheiden. Daher stelle ich Grundlagen vor und gehe etwas genauer auf das Kritikgespräch im Hinblick auf den Nutzen im sozialen und pädagogischen Arbeitsfeld ein.

Warnung

Sie können aber auch gar nicht genug bekommen!? Sie haben sich durchgequält durch das Buch, damit Sie endlich bessere Arbeitsbedingungen aushandeln können? Ihre SchülerInnen/Ihre KollegInnen/Ihr Chef, Ihre Chefin sind Ihnen dabei im Weg? Zumindest wollen Sie denen einmal gehörige Rückmeldungen geben?

Sparen Sie sich den Rest des Buches, sonst könnten Sie möglicherweise überlegt und planvoll vorgehen.

Sie haben doch schon im ersten Teil zur Gesprächsführung gelernt: Gefühle sind angesagt. Machen Sie also Ihrem Herzen so richtig Luft. Seien Sie spontan! Wozu Argumente sammeln und eine günstige Situation abwarten? Überfallen Sie die Zielperson, lassen Sie einen Sprühregen von Einfällen auf sie niederregnen. Dann kann der-/diejenige nur baff Ja und Amen sagen. Geben Sie der Person keine Zeit zum Überlegen, schon gar nicht, wenn Sie eine saftige Rückmeldung loslassen wollen. Sagen Sie dem oder der anderen einfach die Wahrheit ins Gesicht.

Sie können ja nett sein und den heißen Kaffee ein bisschen auskühlen lassen. Servieren Sie Eiskaffee ein Jahr nach dem Vorfall, dann kann sich keiner beschweren, dass Sie ihn verbrühen wollten. Und umschreiben Sie dezent verallgemeinernd, was „immer“ oder „im Allgemeinen“ passiert.

Auch das Ziel Ihrer Aktion vernebeln Sie dezent. Lassen Sie sich nicht in die Karten schauen. Je verwirrter Ihr Gegenüber, desto großartiger wirken Sie selbst!

Ein gewisses Tempo ist günstig. Vor allem beim Ausweichen. Nehmen Sie sich vor Retourkutschen in Acht! Die verkehren überall. Sie haben hoffentlich die Warnung zum Kapitel „Konfliktgespräche“ berücksichtigt und sich daher nicht demoralisieren lassen. Das Motto Ihres (Ver-)Handelns lautet: Sie werden als Sieger aussteigen.

---

[1] Paul WATZLAWICK: Anleitung zum Unglücklichsein, S. 37f.

Den Glauben an den Weihnachtsmann haben Sie weit hinter sich gelassen. Zur Wunscherfüllung sind die anderen Menschen da. Sich als Weihnachtsmann/-frau zu fühlen – dieses erhebende Gefühl muss doch Ihren Verhandlungspartner, Ihre Verhandlungspartnerin seiner/ihrer Niederlage ausreichend entschädigen. Und wenn nicht: sein/ihr Problem!

Sie selbst stehen auch nicht mit leeren Händen da. Sie sind ja kein Unmensch. Eine kleine Wortspende, ein Lob zur rechten Zeit kann sicher nicht schaden. Doch bitte nicht ausufern lassen. Keine Schleimereien! Fügen Sie sofort das wichtige Wörtchen „Aber" hinzu, sonst kennen sich die Leute nicht aus. Schließlich geht es um eine Verhandlung, also Sie wollen etwas. Und das bitte äußern Sie nach dem ABER.

Misstrauen Sie daher auch Lobhudeleien, die irgendjemand über Sie ergießt. Wer weiß, was der oder die wirklich will? Hören Sie immer und überall die Angriffe und stehen Sie daher mit der Retourkutsche abfahrbereit.

Wer behauptet da, Vertrauen sei die Basis für gute Gespräche? Vertrauen ist gut, Kontrolle ist besser, hat schon Altvater LENIN gewusst.

Wenn Sie also auch noch der letzten Versuchung widerstehen, sich durch dieses Machwerk zur Gesprächsführung irgendwie beeinflussen lassen, kann ich Ihnen nur gratulieren. Sie besitzen wertvolle Eigenschaften in einem hohen Maße: Selbstsicherheit und Siegeswillen und die Fähigkeit, Bewährtes zu bewahren. Sie haben sich und Ihre Umwelt unter Kontrolle.

Wozu sollten Sie die aufgeben? Wer weiß, was Sie sich stattdessen einhandeln? Zunächst einmal eine gehörige Portion Verunsicherung.

Ich gratuliere zu Ihrer Beharrlichkeit! Der Rest ist Schweigen.

A) GRUNDLAGEN

„Wenn du mir die Briefmarke mit der Kuh gibst, darfst du dir dafür drei von denen, die ich doppelt habe, aussuchen!"

Verhandlungen gehören zum Geschäftsleben und in die Politik. Sie sollen dazu dienen, Kriege zu verhindern, einen höheren Lohn zu ergattern oder vor Gericht Recht zu bekommen. Wir verhandeln aber auch mit dem Freund über den günstigsten Termin für das nächste Treffen, handeln in der Familie einen Haushaltsplan aus und der Achtjährige verhandelt mit der Schwester beim Briefmarkentausch.

Anliegen und Wünsche werden vertreten. „Bei all diesen Gelegenheiten wollen Sie etwas klären, eine Einigung herbeiführen oder eine Entscheidung vorbereiten."[1] Weil das nicht immer problemfrei abgeht, brauchen Sie dazu jene Fähigkeiten, die für die verständigungsorientierten Gesprächsarten vonnöten sind. Damit vertreten Sie ihr Anliegen deutlich und lassen sich gleichzeitig auf die anderen GesprächspartnerInnen ein. Sie beweisen Sozialkompetenz, indem Sie unter Umständen zwischen anderen vermitteln. Selbst ein Konflikt bringt Sie nicht aus dem Konzept.

Bei der informativen Sprechhandlung kommt noch hinzu, Dinge und Sachverhalte verständlich darstellen zu können. Je komplexer die Gesprächssituation, desto wichtiger ist eine gute Vorbereitung und eine klare, bündige Darstellung.

Kontakt, Struktur und Verständlichkeit heißt die Erfolg versprechende Trias!

[1] Barbara SCHOTT / Klaus BIRKER: Kompetent verhandeln, S. 7

B) PRAXIS

Die Vorbereitung

Vorbereitung ist der halbe Erfolg. Luft holen, entspannen und – wenn es Ihnen möglich ist – einen günstigen Zeitpunkt wählen. Führen Sie ein schwieriges Gespräch, eine Verhandlung, nicht zwischen Tür und Angel, in Hektik, abgelenkt durch andere, wenn Sie den Kopf voll haben mit 1.000 Dingen, die noch zu erledigen sind oder wenn Ihnen ein Problem das Herz schwer macht.

Was genau wollen Sie? Was ist Ihr Ziel? Welche Personen sind beteiligt? Wieviel Zeit ist vorgesehen? Was kann realistisch betrachtet herauskommen? Und was ist, wenn sich Ihr Wunsch tatsächlich erfüllt?

Ein Zitat von Oscar WILDE aus Lady Windermeres Fächer passt gut dazu: „Es gibt im Leben zwei Tragödien. Die eine ist die Nichterfüllung eines Herzenswunsches. Die andere ist seine Erfüllung. Von beiden ist die zweite bei weitem die tragischere."

Auch Ihre PartnerInnen haben Wünsche. „Verhandeln Sie nicht gegen, sondern mit Ihrem Partner", sagen SCHOTT/BIRKER.[1] Versetzen Sie sich in Ihren Gesprächspartner, Ihre Gesprächspartnerin: Wie ist dessen/deren Situation? Würde er/sie durch die Erfüllung Ihres Wunsches das Gesicht verlieren? Was könnte sein/ihr Gewinn sein? Was könnte er/sie als Vorteil für sich betrachten?

Leitfragen für die Vorbereitung	und die Ausführung
Vorüberlegung: Wie wird die Gesprächssituation sein und was muss ich noch herausfinden? Was erwartet mich und was muss ich daher für die Planung berücksichtigen (zeitliche und örtliche Umstände, persönliche Voraussetzungen der Beteiligten, Rollenverteilungen, typischer Verlauf etc.)?	
1. Worum geht es? Was ist das Ziel des Argumentierens? Mit welcher Absicht spreche ich?	Aufmerksamkeit der ZuhörerInnen erreichen. Was spricht ihr Herz an (Bild, Geschichte, provokante Frage etc.)?
2. Was ist der Gegenstand, das Thema, die Ausgangssituation? Ist-Analyse: Wie sind die Zustände, was ist?	Die Lage/Situation/das Problem/das Anliegen darstellen.
3. Stattdessen? Wie könnte die Zukunft aussehen?	Worin besteht Verbesserung, Gewinn (für den/die andere/n)?
4. Was spricht für und was gegen eine Veränderung des Ist-Zustandes? Argumente sammeln (Gewinn für andere überlegen)	Pro und Kontra der verschiedenen Auffassungen sammeln.
5. Welche Schwierigkeiten sind zu erwarten? Mögliche Gegenargumente und Antworten darauf überlegen. Welche förderlichen Bedingungen und Ressourcen gibt es?	Erreichte Übereinstimmung und Meinungsunterschiede formulieren
6. Wie könnte der Abschluss aussehen?	Ergebnisse zu einem Maßnahmen- bzw. Tätigkeitskatalog zusammenfassen, den ersten Schritt bestimmen.

[1] Barbara SCHOTT / Klaus BIRKER: Kompetent verhandeln, S. 39

Zur Sache, Schätzchen

So hieß ein Film, in dem es nicht um Sachinformation ging. Doch wer hat diesen Satz – vielleicht etwas abgewandelt – nicht schon klammheimlich gedacht, wenn er/sie als ZuhörerIn auf die Quintessenz einer Botschaft gewartet hat. Auch wenn der Ablauf gut vorbereitet wurde, kann die Ausführung im Detail so grobe Mängel aufweisen, dass erst recht kein befriedigendes Ergebnis erzielt wird.

Den handelnden Personen mangelt es an Kompetenz, verständigungsorientierte Gesprächselemente adäquat einzusetzen. Sie vergessen völlig darauf, eine Verständigungsbrücke zu bauen. Und wundern sich, wenn der Transport schwieriger Sachthemen nicht gelingt. Doch auch das Gegenteil kann der Fall sein: Jemand hört einfühlsam aktiv zu, kann wunderbar zwischen Streitenden vermitteln und sogar eigene Gefühle ausdrücken. Nur Sachinformationen verständlich ausdrücken oder ein Gespräch strukturieren kann er/sie nicht.

Nie enden wollende Bandwurmsätze, vernebelnde Sprechblasen voll mit Füllseln oder Fremdwörtern, ungeordnetes vom Hundertsten-zum-Tausendsten-Kreiseln und monotones Geschwafel: Wer kennt das nicht? Sich über andere ärgern oder wundern ist einfacher, als es selbst besser zu machen. Was hilft dabei? SCHULTZ v. THUN lässt die **vier Verständlichmacher** sich selbst vorstellen.[1]

1. Die **Einfachheit** sagt: „Bei mir kann man alles gut verstehen. Ich mache kurze Sätze und verwende bekannte Wörter. Fachwörter werden erklärt. Und ich bringe die Sachen anschaulich, sodass sich jeder was darunter vorstellen kann. Ich rede wie ein normaler Mensch, nicht wie ein Gelehrter."
2. Die **Kürze, Prägnanz** sagt: „Viel Information mit wenig Worten, kurz und bündig, aufs Wesentliche beschränkt. Manchmal zu gedrängt."
3. Die **Gliederung, Ordnung** sagt: „Ich tue alles, damit der Leser sich zurechtfindet und die Übersicht behält. Wie erreiche ich das? Indem ich sowohl für äußere Übersichtlichkeit als auch für innere Folgerichtigkeit sorge.
   Äußere Übersichtlichkeit (‚Gliederung'): Dazu gehört die Ankündigung, wie der Text aufgebaut ist; dazu gehören Absätze, Überschriften, strukturierende Bemerkungen und die Hervorhebung wichtiger Stellen.
   Innere Folgerichtigkeit (‚Ordnung'): Dazu gehört, dass alles logisch aufeinander aufbaut, dass alles schön der Reihe nach kommt. Auf gedankliche Beziehungen und Querverbindungen wird deutlich hingewiesen."
4. Die **Anregung (zusätzliche Stimulanz)** sagt: „Gestatten: ‚zusätzliche Stimulanz', aber Sie können ruhig ‚Anregung' zu mir sagen (da freut sich mein Kollege ‚Einfachheit'). Ich tue alles, damit ein bisschen Leben in die Bude kommt. Bin sozusagen das Salz in der Informationssuppe: Ohne mich hätte sie denselben ‚Nährwert', aber mit mir ist sie schmackhafter. Und das fördert ja bekanntlich die Verdauung. Ich höre förmlich, wie Sie als Leser sagen: ‚Anregung, du bist mir zwar ganz sympathisch, aber zuviel von dir würde die Suppe versalzen!' Ich sage: ‚Gut, aber vergessen Sie mich nicht ganz, wenn Sie selber mal kochen.'"
   Die Verständlichmacher nutzen wenig, wenn Informationen geäußert werden, um Kritik und Beschwerden zu begründen. Was ist zu beachten, um das erstrebte Ziel trotz oder gar mit Hilfe kritischer Argumentation zu erreichen?

Das Kritikgespräch – Feedback

Selbst Unterstützung und Beratung sind – wie wir festgestellt haben (s. S. 40f.) – nur im Doppelpack zu haben: Hilfe verschwistert sich mit Kontrolle. Entwicklung ist nur möglich, wenn Bestätigung und Konfrontation ermutigen.

Kritik und Konfrontation kann auf zweierlei Weise eingesetzt werden:

1. Ich setze als LehrerIn/SozialarbeiterIn/ErzieherIn/Vorgesetzte/r ein Ziel fest (oder habe es gar nur heimlich für mich formuliert). An dieser Latte messe ich jegliches Verhalten und gebe entsprechende Rückmeldungen.
2. Ich vereinbare gemeinsam mit den SchülerInnen/KlientInnen/Kindern/MitarbeiterInnen ein Ziel. Wir überprüfen gemeinsam in einem Beurteilungsgespräch das Ergebnis.

[1] Friedemann SCHULTZ v. THUN: Miteinander reden, Bd. 1, S. 142ff.

Wenn die Zielvorgaben (der „Soll-Wert") gemeinsam formuliert wurden, ist es wahrscheinlicher, dass die Beteiligten sie erreichen wollen. Das dialogische Vorgehen beginnt mit einer Verhandlung.
Anforderungen an die Ziele (s. auch Zielformulierung im Beratungsgespräch S. 60ff.):

- hinsichtlich der Formulierung
  klar
  einfach, prägnant
  positiv
- in Bezug zum Angesprochenen
  erreichbar
  abgesprochen
  überprüfbar
  herausfordernd

Die **Checkliste für ein Kritikgespräch** kann dann so aussehen (Ersetzen Sie dabei z. B. Mitarbeiter durch SchülerIn und Führungskraft durch LehrerIn):[1]

Eröffnung

- Gespräch unter vier Augen suchen, vorher ankündigen, Termin vereinbaren
- Die gute Zusammenarbeit betonen
- Die festgestellte Abweichung vom Soll-Wert offen besprechen
- Möglichst konkret beschreiben
- Verhalten bzw. Leistungsdaten, nicht die Person kritisieren
- Persönliche Angriffe vermeiden
- Anfänglich noch keine eigenen Vermutungen über die Ursache äußern

Stellungnahme erbitten

- Den Mitarbeiter bitten, dazu Stellung zu nehmen
- Wie sieht er die Situation?
- Wie ist es aus seiner Sicht dazu gekommen?

Dabei soll die Führungskraft …

- bei unklaren Aussagen nachfragen
- Ausreden lassen und Widersprüche des Mitarbeiters weder moralisch missbilligen noch überlegen ausspielen
- die Argumente des Mitarbeiters ernst nehmen und nicht gleich als billige Ausflüchte betrachten. Weshalb? Weil ein und dieselbe Gelegenheit von zwei Personen wirklich unterschiedlich wahrgenommen werden kann.
- abschätzen, ob eine letzte und verbindliche Ursachendiagnose möglich oder zweckmäßig ist
- bedenken, was sie selbst zu dieser Abweichung beigetragen hat

Vereinbarung

Gemeinsam erörtern, was getan werden kann, um diese Abweichungen zu verringern oder künftig unwahrscheinlicher zu machen:

- Vorschläge sammeln
- Sich auf Maßnahmen einigen, die beide akzeptieren können
- Konkrete und eindeutige Vereinbarung treffen

Kontrolle

- Ankündigen, dass die Führungskraft nachprüft, ob die Vereinbarung eingehalten wird
- In Aussicht stellen, dass der Mitarbeiter für die Beseitigung des kritisierten Zustandes Anerkennung finden wird

Abschluss

- Ergebnisse zusammenfassen
- Respekt für das offene Gespräch zollen
- Der Hoffnung Ausdruck geben, dass sich die Soll-Ist-Abweichungen in Zukunft verringern

So sollst du sein!

Meist wird nichts gemeinsam verhandelt. Ungefragt und ungebeten geben wir Rückmeldungen. Oft beinhalten sie Kritik, negative Beurteilungen, Wünsche, wie andere Menschen sich ändern sollen, damit es uns selbst besser geht. Es handelt sich dabei um verunglückte Wünsche, die sogenannten Straßensperren (s. S. 23ff.). Sie errichten zwischen uns und den anderen Barrikaden. Wir selbst steigen zwar kolonialisierend drüber, wundern uns aber, wenn ein Gefährt diese Sperre durchbricht: die Retour-Kutsche. Retour-Kutschen verkehren regelmäßig!
Der ausgestreckte Zeigefinger weist auf den anderen: So sollst du sein! Gleichzeitig weisen aber drei andere Finger auf einen selbst zurück. Daher besser: viel

[1] Aus dem Skriptum der Casinos Austria: Das neue Mitarbeiterbeurteilungssystem, S. 20

bestätigen, ermutigen, anerkennen, loben. Nur wenn es der Entwicklung förderlich ist: beanstanden, kritisieren, sich beschweren, Nein sagen.

Was mich am anderen besonders stört, hat viel mit mir und meinen Eigenheiten zu tun. Was fällt mir auf? Welches Verhalten kommentiere ich? Boxe ich gegen meinen eigenen Schatten? Welche Projektionen gibt es?
Wie häufig ermutige ich durch positive Rückmeldungen und Anerkennung? Wie wichtig ist mir Kritik, Beschwerde, Beanstandung?

Übung

- Ich gebe mir selbst Anerkennung für folgendes Verhalten:
- Dieses Verhalten will ich (weiter-)entwickeln, das will ich lernen:

Wirksames Feedback hat folgende Merkmale.
Es ist
- erbeten
- beschreibend
- zukunfts- und zielorientiert
- konkret und klar
- angemessen
- eindeutig
- offen

Wie sag ich's meinem Freund?

Folgende Grundsätze erweisen sich für das Geben von Rückmeldungen als günstig.

1. **Feedback ist erbeten**
Rückmeldungen sind dann am wirksamsten, wenn sie erbeten wurden. Man kann vor einer Beobachtungsphase aushandeln, was beobachtet werden soll und worüber es dann Rückmeldungen gibt. Es ist sinnvoll, wenn solche Gespräche (etwa als Klassenrat oder als Teambesprechungen[1]) in regelmäßigen Abständen stattfinden. Routine nimmt Ängste. Die Rückmeldung kann auch bei einem Mediationsgespräch oder einem akuten Konflikt für einen Kontrolltermin ausgemacht werden.
Wenn schon nicht erbeten, so kann ich das unangenehme Gefühl beim Zuhörer vorwegnehmen durch **präventives aktives Zuhören**:
„Du ärgerst dich möglicherweise über das, was ich sagen möchte."
„Ich fürchte, du bist betroffen, wenn ich dir meine Beobachtungen mitteile."
„Du wirst dich freuen, wenn ich dir sage ..."

2. **Feedback ist beschreibend**
Feedback wird zumeist als (ab-)wertende Identitätsdarstellung eingesetzt: „Franz ist ...!" „Du bist ..." Es ist oft gespickt mit eigenen Gefühlen und Urteilen, (wissenschaftlichen) Analysen und Verhaltensinterpretationen. Diese sind etikettierend und sagen eher etwas über den Sender/die Senderin aus (Stichwort: Projektionen).
Die sprachlichen Formulierungen lassen erkennen, ob Rückmeldungen ausschließlich beschreibend sind. Dann enthalten sie Beobachtungen, wie sie auch ein Apparat registrieren kann:

[1] Materialienpaket des BMUK: betrifft demokratie lernen

Statt:	besser so:
„Als Ihr Mann Sie angebrüllt hat, waren Sie völlig verschreckt. Aber Gott sei Dank haben Sie sich nichts gefallen lassen!“	„Wann immer die Stimme Ihres Mannes lauter wurde, sind Sie blasser geworden, haben sich verspannt und flacher geatmet. Und wenn Sie den Kopf zurückgelehnt und die Augenbrauen um einige Millimeter angehoben haben, hat Sie Ihr Mann kurz angeschaut und wurde leiser.“
„Ich fand Ihren Laisser-faire-Stil den Schülern gegenüber unmöglich.“	„Als die Schülerin X lachte, schauten Sie in Ihr Buch und fuhren dann mit sanfter Stimme in Ihrem Vortrag fort.“
„Führ dich nur weiter so auf. Du wirst gleich erleben, wohin das führt.“	„Innerhalb der letzten fünf Minuten hast du dich, während ich sprach, laut mit deinem Nachbarn unterhalten.“

Übung

Aufgabe 1

Beschreiben Sie ein Verhalten, das sie in der letzten Stunde wahrgenommen haben, so als ob Sie mit Fotoapparat, Videorekorder oder einem Aufnahmegerät gearbeitet hätten.

Vermischungen mit eigenen Gefühlen sollten unterbleiben. Wenn das Gefühl massiv ist und zum Ausdruck drängt, dann ist eine klare Selbstdarstellung angesagt. Sie kann natürlich mit der Beschreibung des störenden Verhaltens verknüpft werden: „Mich nervt es fürchterlich, wenn ich unterbrochen werde.“ statt: „Du nervst“, „Du bist eine Nervensäge.“ „Ständig unterbrichst du mich.“ „Unterbrich mich nicht ständig“ usw. Das sind Kolonialisierungen.

Aufgabe 2

Stellen Sie sich vor, bei irgendjemandem (Ihnen?) hätte das in der vorigen Übung beobachtete und beschriebene Verhalten ein starkes Gefühl (Überraschung, Freude, Ärger, Enttäuschung usw.) verursacht.

Formulieren Sie als der-/diejenige eine Rückmeldung, in der Sie die Beobachtung mit dem Gefühl verknüpfen.

Als ich ____________________ beobachtete,

3. **Feedback gibt Information für die Zukunft**
   Oft beabsichtigen wir mit Rückmeldungen Vergangenheitsbewältigung. Sie sind **rückwärts** gewandt: „**Warum** hast du damals meinen Geburtstag vergessen?“ „Das hast du schon immer gemacht. Wie deine Mutter.“ Kalter Kaffee wird aufgewärmt und durch Verallgemeinerungen so lange verwässert, bis das dunkle Gesöff unbeschadet geschluckt werden kann – sein „Genuss“ aber auch gar nichts bewirkt. Außer, dass der Koch etwas losgeworden ist.
   Rückmeldungen sollten unmittelbar nach dem Verhalten, auf das man sich bezieht, gegeben werden. Also: nicht schlucken und kein Schuldenkonto eröffnen!
   Vorwärts gewandtes Feedback beschreibt, **wozu** eine Verhaltensänderung führen kann. Das erwünschte Verhalten wird beschrieben und der Gewinn in Aussicht gestellt.
   Statt: „Wenn du nicht, dann …“ (Drohung)
   „Sobald/wenn du ...., können wir/schaffst du …“ (Ziel, positive Aussicht)

„Wenn du eine halbe Stunde allein spielst, kann ich mich ausruhen und hab dann ganz entspannt nur für dich Zeit."
„Wenn Sie sich selbst beim Amt X erkundigen, sehe ich, dass Sie Verantwortung für sich übernehmen und kann dann ruhigeren Gewissens Geldaushilfe beantragen."
„Wenn Sie die SchülerInnen in Gruppenarbeit allein tätig werden lassen, können Sie in dieser Zeit Ihre Stimme und Ihre Nerven schonen."

4. **Feedback ist konkret und klar formuliert**
Das ergibt sich schon aus Punkt 2. Eine Formulierung wie: „Du bist einfach dominant", ist auf die ganze Person und das Gesamtverhalten bezogen. Weder konkret noch klar sind Ausdrücke wie „immer", „schon damals", „nie", also Verallgemeinerungen: „Das hab ich dir schon 1000-mal gesagt!"

   Hilfreiches Feedback beschreibt ein konkretes begrenztes Verhalten: „Du beachtest meine Argumente gar nicht, sondern entscheidest über meinen Kopf hinweg für uns beide, was wir heute Abend tun." statt: „Du bist immer dominant!"

5. **Feedback ist angemessen**
Es schildert Verhalten, das der andere auch ändern kann. „Warum war ich auch so blöd, einen Adeligen zu heiraten!" Das blaue Blut lässt sich wohl nicht ändern, vielleicht aber ein sehr konkretes Verhalten, das gemeint ist.
Wirksames Feedback wird zu einem Zeitpunkt gegeben, da der/die andere offene Ohren hat. Jemandem, der stöhnend nach einem stressigen Arbeitstag bei der Tür hereinkommt, mitzuteilen: „Übrigens, was ich dir schon immer einmal sagen wollte: Du bist ...", verfehlt sicher seine Wirkung.

   Wirksames Feedback beachtet die Gürtellinie: Was kann der/die Angesprochene (noch) aushalten, nehmen, einstecken? Manche Menschen hören immer und überall Kritik. Ihr Beziehungsohr (s. S. 53f.) ist weit offen und die Gürtellinie dieser Mimosen in Ohrhöhe. Wenn Sie das bei derselben Person oft feststellen, ist eine entsprechende Rückmeldung hilfreich.

6. **Feedback ist – auch bei Widersprüchen – eindeutig**
Es hat sich herumgesprochen, dass Lob motivierender ist als Tadel. Das wurde zum Leitsatz der Pädagogik. Was spricht dagegen, auch im Berufsleben oder in der Partnerschaft Anerkennung zu zollen? „Lassen Sie sich in erster Linie bei Ihren Mitarbeitern blicken, um sie bei Erfolgen und nicht bei Fehlern zu erwischen", ermutigen BLANCHARD und ZIGARMI.[1]

   Eindeutigkeit verhilft zu einem realistischen Selbstbild. Schon in der Bibel steht: Deine Rede sei: ja, ja – nein, nein. HelferInnen schlucken vor lauter Harmoniebedürfnis und Rücksichtnahme (als Tauben) das NEIN oder sie ergänzen das **JA** durch **ABER**. Das ABER löscht den vorangegangenen Satz. Bei dieser Taktik fürchtet der/die EmpfängerIn des „Lobs" zu Recht: Das „dicke Ende" kommt noch.
„Das hast du sehr schön gemacht, aber ich weiß, du kannst es noch viel schöner, wenn du dich nur bemühst."
„Sie sind eine fürsorgliche Mutter, aber Sie tun einfach zuviel des Guten."
„Ich finde das o. k., aber so kann es nicht weitergehen."
Am schlimmsten ist der Satz: „Ich versteh dich/Sie ja, ABER ..."

   Durch das ABER wird alles gestrichen, was davor gesagt wurde. Eine sorgsame Selbstprüfung bringt zutage, ob Sie in Wahrheit nur die Kritik so anbringen wollen, dass sie geschluckt wird. Oder wollen Sie tatsächlich zwei – einander widersprechende – Mitteilungen machen?
Wenn das der Fall ist, verbinden Sie sie durch UND. Das bedarf einiger Übung UND es hört sich ganz anders an. Nochmals die Situationen von vorhin:
„Ich sehe, wie du dich bemüht hast, **und** ich gehe davon aus, dass du noch viel mehr leisten kannst."
„Sie kümmern sich sehr um Ihr Kind, **und** ich frage mich, wie lange Sie das noch schaffen wollen."
„Bis jetzt war das o. k., **und** heute sollten wir darüber sprechen, wie es in Zukunft laufen kann."
Entwicklung ist das Ergebnis von Akzeptanz UND Konfrontation.

---

[1] Kenneth BLANCHARD / Patricia ZIGARMI / Dea ZIGARMI: Der Minuten-Manager, S. 75

7. **Feedback ist offen**
Respektvolle Rückmeldungen lassen offen, wie der/die EmpfängerIn reagiert. Sie erheben keinen Anspruch auf die absolute Wahrheit der eigenen Wahrnehmung und meiden daher jegliche Kolonialisierung. Ohne Herrschaftsanspruch wird **eine** subjektive Wahrnehmung geäußert und fragend die des/der anderen erkundet.
Statt: „Haben Sie eigentlich nicht bemerkt, ...?" / „Wie konnte das nur passieren!" / „Du musst endlich ...!"
besser: „Mir ist aufgefallen, dass ... Wie sehen Sie das?"
„Da kam von einer Mutter folgende Beschwerde ... Was werden Sie künftig tun, um ähnliche Vorkommnisse zu vermeiden?"
„Ich vermute, du willst ... Was wirst du tun, um das Problem zu lösen?"
Mit dieser Art Feedback zu geben, ist den EmpfängerInnen freigestellt, ob und wie sie auf das Gehörte reagieren.

Rückmeldungen empfangen

- Aufmerksam zuhören. Notfalls nachfragen, wie etwas genau gemeint ist.
- Nicht rechtfertigen, nicht erklären, keine Gegenangriffe starten.
- Überzeugt sein: Es handelt sich um **eine** Wahrnehmung, nämlich die des Senders, der Senderin.
- Über die Botschaft nachdenken.
- Übereinstimmung mit der eigenen Landkarte oder mit den Wahrnehmungen anderer überprüfen.
- Später mitteilen, ob und was man selbst gelernt hat.

Wechselseitige Rückmeldungen fördern das Gesprächsklima. Sie bauen auf Vertrauen auf und fördern Vertrauen. Einseitiges Feedback erzeugt ein Machtgefälle. Eine gute Vertrauensbasis macht schwierige Verhandlungen leichter.
„Je tragfähiger die Beziehungs-Brücke ist, umso besser lassen sich auf der Sachebene auch schwierige Probleme behandeln und lösen: Erst wird die Brücke gebaut, bevor man Lastwagen (die Last der Sachthemen) darüber fahren lassen kann – nicht umgekehrt."[1]

Zusammenfassung

Erfolgsorientierte Gespräche, Verhandlungen jeder Art verlaufen professionell, wenn Folgendes beachtet wird.

Erstens Kontakt herstellen: Je schwer wiegender der Sachverhalt, desto tragfähiger muss die Kontaktbrücke sein (Ich-Botschaften und aktives Zuhören, besonders bei Chaos oder in „heißen" Situationen).

Zweitens Struktur nutzen: Von der Zielformulierung bis zum Konzept für den Ablauf, von den vorbereiteten Argumenten bis zu Tagesordnungspunkten, von der Ordnung der eigenen Gedanken bis zur Protokollierung der Gespächsergebnisse: eine klare Struktur hilft.

Drittens Verständlichkeit sichern: Dazu dienen die vier Verständlichkeitsmacher Kürze, Einfachheit, Ordnung und Anregung.

[1] Barbara SCHOTT / Klaus BIRKER: Kompetent verhandeln, S. 37

Schluss – Genug der Worte

Sie haben fünf Gesprächsarten kennen gelernt. Wir verwenden sie sowohl im privaten Umgang wie beim professionellen Vorgehen. Dieselben Fähigkeiten, die in beruflichen Gesprächen nützlich sind, sind auch in Alltagssituationen hilfreich.
Ein wirklich bedeutsamer Unterschied besteht bloß darin, dass ProfessionalistInnen ihre Gespräche kritisch betrachten und ihnen daher ständig bewusst ist, dass und wie sie durch das Reden beeinflussen und gestalten.
Worum geht es bei den fünf Gesprächsarten?

1. Bei der **Selbstdarstellung** handelt es sich um Gespräche, in denen es mir wichtig ist, in meinem momentanen So-Sein erkannt und ernst genommen zu werden.
   Im Brennpunkt des Geschehens: Ich selbst.
   Meine „Herzensangelegenheiten“, meine Gefühle, meine Wünsche und Bedürfnisse werden offen gelegt. Sie werden nicht geleugnet und nicht mittels verwaltendem Sprechen in Sprechblasen voll mit Sachinformationen verborgen.
   Im Zentrum des Handelns: Ich-Botschaften (statt Kolonialisierungen und Straßensperren). Ich drücke aus, wie es mir geht und was ich will und brauche.
2. Die **Beratung** ist jene Gesprächsform, bei der ich mich zurücknehme und mich voll und ganz auf den anderen einstelle. Dazu gehören auch alle Alltagssituationen, in denen trotz umfänglicher Verpackung in Sachbotschaften deutlich wird, dass meinem Gegenüber etwas „auf dem Herzen liegt“.
   Im Brennpunkt des Geschehens: der/die andere.
   Es geht darum, das Gegenüber mit allen Sinnen wahrzunehmen und seine angemessene Selbstdarstellung zu fördern. Lösungen werden immer gemeinsam gesucht, denn der/die andere ist Experte, Expertin für sich selbst – nicht ich (auch wenn ich noch so fähige/r ProfessionalistIn bin).
   Im Zentrum des Handelns: aktives Zuhören als „Übersetzungsarbeit“ und hilfreiches Fragen sowie förderliche Feststellungen (Bilder, strukturierende Zusammenfassungen etc.).
3. Die **Mediation** ist eine Vermittlung zwischen Streitenden. Sie wird dann notwendig, wenn Menschen einander ihre Unterschiede vorwerfen und sich dadurch massiv beeinträchtigt oder blockiert fühlen. Ich kann als VermittlerIn tätig werden, wenn ich selbst nicht Partei bin. Dabei geht es um Zukunftsgestaltung statt Vergangenheitsbewältigung.
   Im Brennpunkt: die Streitenden.
   Beide Parteien erhalten Gelegenheit zur Selbstdarstellung und die Chance, dass sie vom jeweils anderen wahrgenommen werden.
   Im Zentrum des Handelns: Verfahrensregeln definieren, die garantieren, dass alle Standpunkte gehört werden. Durch aktives Zuhören wird den Gefühlen Platz verschafft. Dann hilft der Mediator, die Mediatorin durch förderliches Fragen und strukturierendes Zusammenfassen den Betroffenen zur Selbstdarstellung in Form von Ich-Botschaften. Die Unterschiede werden deutlich herausgearbeitet und erst danach das verbindende Element benannt (der Konfliktkern). Schließlich wird ein verbindlicher „Vertrag“ geschlossen, dessen Einhalten gemeinsam überprüft wird.
4. Das **Konfliktgespräch** wird zwischen mir und einem oder mehreren KontrahentInnen geführt. Es setzt die Bereitschaft voraus, sich überhaupt auf das Konfliktthema einzulassen und es nicht taubenhaft zu tabuisieren, zu verdrängen oder zu verharmlosen.
   Im Konfliktgespräch geht es im Grunde genommen um authentische Information, um Dampfablassen und auch um Unterhaltung, Kontaktsicherung und um Veränderung.
   Im Brennpunkt: der/die andere/n und ich als Streitende
   Beim Streiten gibt es immer Aggression und Verletzung. Daher ist im Vorfeld zu klären, ob und mit welchen Kosten sich Gewinn erzielen lässt. Hilfreich kann eine Streitregelung sein, die im Streit um das Streiten getroffen wird (Deuterostreit).
   Im Zentrum des Handelns: Wenn ich mich – nach einem Augenblick des Durchatmens – für das Austragen des Konflikts entschieden habe, ist meine erste Leistung – trotz meines massiven eigenen Gefühls –, das Gefühl des anderen – u. U. im Vorhinein – anzusprechen (aktiv zuzuhören). Das erhöht die Chance, dass der/die andere bereit ist, meine Gefühle ernst zu nehmen.
   Ich sorge dafür, dass ich und – durch mein hilfreiches Fragen und Feststellen – der/die andere den je eigenen Wunsch ohne Kolonialisierung aus-

drücken (Ich-Botschaft). Ich bin mein/e eigene/r MediatorIn. Daher spreche ich unsere Gemeinsamkeit an und erarbeite mit dem/der/den anderen Lösungen.

Die dabei vom anderen aufgestellten Straßensperren entschärfe ich durch zusätzliches aktives Zuhören und (auch körpersprachlich) deutlichere Ich-Botschaften.

Wenn die Änderung für einen kurz bemessenen Zeitraum vereinbart wird, wird sie eher durchgeführt. Ein Kontrolltermin sichert die Verbindlichkeit.

5. Das **Verhandlungsgespräch** dient in erster Linie dem Transport von Sachverhalten und ist auf Erfolg ausgelegt. Planen spielt dabei eine wichtige Rolle. Diese Gesprächsform finden wir im beruflichen und im privaten Kontext. Es geht über unverbindliches Plaudern hinaus und tritt mit verschiedenen Schwerpunkten auf. Die Intentionen können folgende sein: entscheiden, beurteilen, argumentieren, „verkaufen", koordinieren, planen usw.
   Ich stelle mich – im eigenen Interesse – auf andere ein (höre aktiv zu und erforsche deren Ziele und Bedürfnisse). Im Bedarfsfall muss ich auch vermitteln und konstruktiv mit Konflikten umgehen können.
   Im Brennpunkt: das Ziel
   Kontakt, Struktur und Verständlichkeit fördern die Effizienz. Die Wahl der Mittel richtet sich nach der verfolgten Absicht. Lähmende Verworrenheit und Langeweile oder das „Streiten um des Kaisers Bart" weisen darauf hin, dass einer dieser Grundsätze missachtet wurde.
   Der Kontakt wird durch Ich-Botschaften und aktives Zuhören gesichert. Die Struktur in Planung und Durchführung macht den roten Faden Richtung Ziel deutlich. Die vier Verständlichkeitsmacher Kürze, Einfachheit, Ordnung und Anregung fördern die Verständlichkeit des Gesagten.

Genug der Worte. Genug über das Reden.
Irgendwo habe ich folgendes Zitat des Sprach- und Kulturphilosophen George STEINER gefunden. Es passt meiner Meinung nach gut ans Ende: „Es gibt eine Ethik der Tat, die nicht will, dass man zuviel von ihr spricht. Das Tun hat seine eigene Grammatik – und das ist vielleicht nicht die der Sprache."

Auflösungen

Seite 26, Aufgabe 1
- zureden, predigen, mahnen
- Vorwürfe
- kritisieren, beschuldigen

Seite 26, Aufgabe 2
moralisieren, Vorwürfe machen, drohen, unangenehm fragen, lächerlich machen, befehlen

Seite 26, Aufgabe 3
Lehrerin, Reaktion 1: beschwichtigen. Reaktion 2: mahnen. Max ist unsicher, hat Angst sich zu blamieren, er fühlt sich inkompetent. Darauf geht die Lehrerin mit ihren Reaktionen nicht ein. Die Lehrerin wird immer ungeduldiger. Das sagt sie aber nicht.

Seite 26, Aufgabe 4
Die Übersetzung in die „Giraffensprache" lautet: „Ich bin ungeduldig (= Ich-Botschaft: Gefühl). Mir läuft die Zeit davon und ich möchte in fünf Minuten mit einem neuen Thema beginnen (= Ich-Botschaft: Wunsch). Und du bist unsicher, ob du die Aufgabe gut schaffst!" (= aktives Zuhören, s. Kapitel Beratung, S. 54ff.).

Seite 27
Ich freu mich, wenn mein Handeln erfolgreich ist.
Ich ärgere mich, wenn ich nicht ernst genommen werde.
Ich bin momentan unsicher, wie es am besten weitergeht.
Ich fühl mich völlig überfordert, wenn ich für … allein zuständig bin.
Mich ärgert, wenn jemand …
Ich bin es leid, mich ständig zu wiederholen.
Ich bin völlig genervt, wenn …
Ich bin irritiert …

Seite 28, Aufgabe 1
Ich möchte gehört werden.
Ich möchte ernst genommen werden.
Ich möchte dafür die Verantwortung abgeben.

Seite 29, Aufgabe 2
- Mutter

1) Ich bin momentan total genervt und erschöpft.
2) Ich brauche einige Minuten absolut Ruhe. Danach …

- Ehefrau

1) Ich fühl mich vernachlässigt und vermisse Anerkennung.
2) Ich wünsch mir ein Zeichen dafür, z. B. Blumen.

- Lehrer/Sozialarbeiterin

1) Ich hab das ungute Gefühl, ich strudle mich allein ab. Ich fühl mich völlig im Stich gelassen.
2) Ich möchte die Gesamtverantwortung teilen und erleben, dass meine Arbeit Sinn macht/erfolgreich ist. Ich werde künftig ausschließlich … tun.

Seite 41

Als LehrerIn könnten Sie zum Beispiel zu einer Rat suchenden Mutter sagen: „Ich bin zwar nicht eigens für eine beratende Tätigkeit ausgebildet, aber ich kann möglicherweise doch ein wenig helfen. Mir sind andere Menschen wichtig und ich höre ihnen konzentriert zu. Ich kann Eindrücke gut ordnen. Vielen hilft es, wenn ich ihnen nach einer Weile sage, was mir aufgefallen ist. Ich kann Ihnen also meine eigene Wahrnehmung als eine zusätzliche Informationsquelle anbieten. Nicht mehr und nicht weniger."

Wenn Sie etwas mehr Zeit, Energie und Beratungskompetenz haben, können Sie hinzufügen: „Ich nehme mir Zeit, mit Ihnen gemeinsam zu überlegen, welche Lösung für Ihre Situation die beste ist."

Seite 43

12

A 13 C

14

Seite 52

Aufgabe 1:

Die Mutter ist Jammerin, die völlig unklare und überfordernde Botschaften sendet. Sie spricht für ihre Tochter („wir"). Bei der Lösung wird es darum gehen, die Tochter in ihrer Selbstständigkeit zu unterstützen. Sobald die Mutter (als Kundin) ihre Bereitschaft signalisiert, kann sie in einem klar abgegrenzten Bereich ihren Beitrag leisten.

Aufgabe 2:

Die Mutter ist Klägerin, die nur scheinbar die Verantwortung abgibt, also Doppelbotschaften sendet. Denn sie fragt und antwortet gleich, ohne zu warten. Wenn sie als Kundin gewonnen werden kann, geht es darum, Unterschiede zwischen den Geschwistern als bereichernd wahrzunehmen, die Stärken der Tochter zu erkennen und zu fördern und Verantwortungsbereiche klar zu trennen.

Aufgabe 3:

Der Vater ist Besucher. Er fördert die Selbstständigkeit seiner Tochter bis hin zur Verweigerung. Daher ist mit der Tochter als Kundin ein Plan zu entwickeln, was sie in Bezug auf Frau Prof. Wagner verändern wird.

Aufgabe 4:

Kundin. Sie nimmt ihre Empfindungen ernst und drückt sie aus („ich"). Es wird darum gehen, den Zusammenhang zwischen dem eigenen Handeln und dessen Wirkung auf die Tochter zu überprüfen, um die Rückmeldungen der Beraterin anzureichern und daraus einen zielgerichteten Handlungsplan zu entwickeln.

Seite 56

Straßensperren: fragen, diagnostizieren, lächerlich machen, befehlen, drohen
Hindernis: Lehrer fühlt sich irritiert, wird ärgerlich, wütend
Aktiv zuhören: „Anscheinend fühlst du dich außerstande mitzutun."
Ich-Botschaft zum Gefühl: „Ich fühl mich dadurch irritiert (wenn so offensichtlich Desinteresse demonstriert wird)" oder auch: „Ich ärgere mich (wenn der Unterricht gestört wird)."
Ich-Botschaft zum Wunsch: „Ich möchte mich auskennen, was los ist" oder auch: „Ich möchte ungestört unterrichten."

Seite 57

Aufgabe 1:
Er/sie fühlt sich über-/unterfordert.
Er/sie hat keine Lust.
Er/sie ärgert sich.
Er/sie lehnt Nähen ab.
Er/sie fühlt sich bevormundet.
Er/sie fühlt sich benachteiligt.

Aufgabe 2:
Du bist völlig fertig.
Das ... ist dir sehr wichtig.
Das freut dich riesig.
Du fühlst dich davon genervt.
Du fühlst dich unter Druck gesetzt.

Seite 59
„Sie sind überfordert."

Seite 72
a) Sie machen sich Sorgen, fühlen einen Verantwortungsdruck und sind ratlos.
b) Was wollen Sie durch die Beratung für sich selbst erreichen?
c) (Auswahl) Was genau hören Sie beim „Wirbel"? Wie unterscheiden sich Zeiten mit und ohne Wirbel? Wer aller hört diesen Wirbel? Was tun Sie, wenn Sie Verantwortung übernehmen? Wie viele Tonnen wiegt Ihr Verantwortungsdruck momentan? Was könnte das Gewicht um ein Gramm verringern? Wer kann was genau dazu beitragen? Was wird geschehen, wenn Sie Verantwortung übernehmen? Was ist realistisch drin? usw.

Seite 73
a) Sie sind ratlos und fühlen sich sicherer, wenn ich Ihnen einen Rat gebe.
b) Sie sind unentschlossen und fühlen sich sicherer, wenn Sie hören, wie ich mich entscheiden würde.

Seite 80

Auffälliges Verhalten	Umdeutung
lügt	schont andere vor der Wahrheit, kreativ, fantasievoll
schlampig	fantasievoll, großzügig
hysterisch	empfindsam
unzuverlässig	nicht kleinkariert, flexibel, sorgt für sich
unterwürfig	lässt anderen den Vortritt, nimmt sich zurück
besserwisserisch	informiert, gebildet, interessiert
Schmutzwäsche auspackend	gutes Gedächtnis, weiß über andere gut Bescheid, redegewandt, an anderen interessiert
langatmig	stellt umfassend dar, genau
provokant	fordert heraus, bringt auf den Punkt

Seite 87
überfordert, ungehalten, in ihrer Zuständigkeit oder Kompetenz infrage gestellt, unterlegen, übergangen, unsicher, ob und wie sie etwas sagen sollen …

Seite 88

	L(ehrer): „Guten Tag, Frau Müller. Bitte nehmen Sie Platz!"
	M(utter): „Grüß Gott, Herr Professor. Ich komm wegen der Susi."
	L: „Sie wollen also wissen, wie es mit ihr steht."
	M: „Ja, ich weiß nicht … So gut scheint's ja nicht zu gehen. Aber was kann ich denn tun? Ich hab noch eine Kleinere, für die brauch ich viel Zeit und arbeiten geh ich auch und wissen'S, in Rechnen war ich auch nie so gut …"
aktiv zuhören	L: „Sie sind ein bissel ratlos, wie Sie der Susi helfen können und auch ziemlich überfordert."
	M: „Ja" (nickt leicht) „sicher. Die Kleine ist einfach anstrengend. Die Susi regt sich eh auf, dass sie nie in Ruhe lernen kann. Aber wie soll ich denn der Kleinen das erklären? Die will halt auch nach dem Kindergarten mit ihrer Schwester spielen."
aktiv zuhören	L: „Das ist also ziemlich mühsam für Sie."
	M: „Ja. Aber ich will ja was machen. Weil die Susi soll ja auf die HAK und da braucht's ja das Rechnen. Aber bei der letzten Schularbeit. Da hat sie g'sagt, ihre Nachbarin hätt denselben Fehler und mehr Punkte kriegt."
aktiv zuhören	L: „Die Susi fühlt sich von mir ungerecht behandelt."
	M: „Na, irgendwie schon."
Zielfrage	L: „Das werd ich mit der Susi besprechen. Und was brauchen Sie, dass Sie sich weniger Sorgen machen müssen um die Susi?"
	M: „Na, wenn Sie mir sagen, was ich tun soll."
Zielfrage	L: „Was ist Ihnen wichtig dran, was brauchen Sie für sich?"
	M: „Na nix. Die Susi muss eine positive Note schaffen."
aktiv zuhören	L: „Sie wollen einfach sicher sein, dass das klappt mit der Mathematik und dass sie dann auf die HAK gehen kann."
	M: „Ja!"
	L: „Ich find das für die Susi schon sehr hilfreich, dass Sie sich so kümmern um sie. Vielleicht entdecken Sie ja noch eine Möglichkeit, wie das mit der Kleinen besser geht, dass die Susi auch wirklich eine gewisse Zeit am Tag ganz ungestört arbeiten kann."
	M: „Na, ich könnt in der schönen Jahreszeit öfter in den Park gehen."

hilfreiche Frage	L: „Wissen Sie, wenn die Susi zu mir kommt, kann ich ihr noch einmal genau sagen, was genau sie wie üben kann. Wie könnte die Susi planen und sich verlassen können auf Zeiten, wo sie in Ruhe lernen kann?“
	M: „Na, ich versuch's halt, mehr drauf zu schauen.“
hilfreiche Frage	L: „Und woran könnte die Susi nächste Woche merken, dass Sie es versuchen? Angenommen, sie will jetzt wirklich total eifrig lernen!?“
	M: „Ja, ich werd mit meiner Schwester sprechen. Einmal in der Woche könnt die schon aufpassen auf die Kleine.“
hilfreiche Frage	L: „Die Susi wird also ab nächster Woche wissen: am Donnerstag (z. B.) hab ich von bis keine Ausrede. Da ‚darf‘ ich ungestört Mathematik lernen. Sie kennen Ihre Tochter am besten. Wie wird sie reagieren?“
	M: „Ja, ich weiß nicht, o ja, ich glaub, das geht. Weil sie ist ja eigentlich ehrgeizig. Sie will ja unbedingt auf die HAK.“
Kontrolltermin ausmachen	L: „Ja, ich denke, wenn wir sie beide unterstützen, kann's gehen, Frau Müller. Da draußen warten noch viele Eltern. Darf ich Sie bitten, dass wir in drei Wochen einfach kurz telefonieren, wie der Plan klappt? Ich habe am Dienstag von 9 bis 9.50 Sprechstunde. Können Sie mich da anrufen und erzählen?“
	M: „Ja, Herr Professor. Und danke auch für den Rat. Auf Wiedersehen.“

Seite 95

Aufgabe 1:

locker im Umgang mit Zeit
flexibel, spontan, locker

Aufgabe 2:

fleißig – sorgt für Freizeit
kreativ – genau
sagt, was er/sie will, ist entschieden – offen, flexibel
fürsorglich – schaut auf sich
kann sich durchsetzen – nachgiebig

Seite 113

Aufgabe 1:

Die Lehrerin sagt: „Du hast dich jetzt geärgert (= aktiv zuhören). Dir ist kalt und du willst es warm haben (vermutetes Bedürfnis). Möglicherweise geht es dir auch darum, nicht bevormundet zu werden. Vielleicht ärgert dich, dass ich ohne zu fragen einfach gehandelt habe (weitere Vermutung über Befinden und Bedürfnis = verbalisieren).
Ich fand den Gestank beim Hereinkommen in die Klasse Ekel erregend und jegliche Konzentration behindernd. Ich wollte für mich und ein gutes Arbeitsklima sorgen (= Ich-Botschaft).

Ich nehme an, dass wir gemeinsam haben, dass wir uns in der Klasse wohl fühlen (und miteinander arbeiten) wollen (= Konfliktkern).
Was schlägst du vor, wie können wir das gemeinsam erreichen?“

Aufgabe 2:

Die Mutter sagt: „Du fühlst dich ungerecht behandelt und deiner Schwester gegenüber benachteiligt. Du hast dich jetzt über mich geärgert (= aktiv zuhören). Ich vermute, du bist grad mitten in deinem Spiel und willst ungestört weitermachen (= verbalisieren).
Ich hab halt das Problem, dass ich mich völlig überfordert fühle. Die Hausarbeit wächst mir über den Kopf und ich möchte ein bisschen Freizeit für mich. Dazu brauch ich Unterstützung. Von deiner Schwester will ich die heute Nachmittag nicht verlangen, weil sie eh so schwach ist in Mathematik und ich mir sonst Vorwürfe mache, wenn sie bei der morgigen Schularbeit versagt (= Ich-Botschaft).
Ich geh davon aus, dass wir beide uns erholen wollen und nicht die alleinigen „Tescheks“ sein wollen, die arbeiten (= Konfliktkern).
Mach einen Vorschlag, wie wir das lösen können!“

Literaturverzeichnis

Im ersten Teil sind die Quellenangaben aufgenommen, die sich theoretisch oder praktisch mit dem Thema befassen. Bücher, die besonders empfehlenswert für die Praxis sind, werden mit * gekennzeichnet.
Im zweiten Teil werden die Quellen literarischer u. ä. Texte angegeben.

Zur Gesprächsführung

ARGYRIS, Chris: Wissen in Aktion. Stuttgart: Klett-Cotta 1997

ASBELL, Bernard / WYNN, Karen: Du bist durchschaut! Hamburg: Bastei-Lübbe (TB 66 338) 1991

*BACH, George / WYDEN, Peter: Streiten verbindet. Frankfurt: Fischer (TB 3321) 1983

*BACHMAIR, Sabine et al.: Beraten will gelernt sein. Weinheim: Beltz (TB) 1999

BANDLER, Richard / GRINDER, John: Metasprache und Kommunikation. Paderborn: Junfermann 1981

BERNE, Eric: Spiele der Erwachsenen. Reinbek bei Hamburg: Rowohlt (rororo TB 6735) 1990

BIRKENBIEHL, Vera: Kommunikationstraining. München: Goldmann (TB 10 559) [4]1982

BLANCHARD, Kenneth / ZIGARMI, Patricia / ZIGARMI, Dea: Der Minuten-Manager: Führungsstile. Reinbek bei Hamburg: Rowohlt (rororo TB 19934) 1998

BMUK: betrifft demokratie lernen. Materialienpaket. Wien 1999

CASINOS AUSTRIA, Skriptum. Wien 1994

*CREIGHTON, James L.: Schlag die Türe nicht zu! Konflikte aushalten lernen. Reinbek bei Hamburg: Rowohlt (rororo TB 9194) 1992

DE SHAZER, Steve: Der Dreh. Donauwörth: Auer 1994

*FALLER, Kurt / KERNTKE, Wilfried / WACKMANN, Maria: Konflikte selber lösen. Ein Trainingshandbuch für Mediation und Konfliktmanagement in Schule und Jugendarbeit. Mülheim: Verlag an der Ruhr 1996

FAST, Julius: Körpersprache. Reinbek bei Hamburg: Rowohlt (rororo TB 7244) 1979

FATZER, Gerhard (Hrsg): Supervision und Beratung. Köln: Edition Humanistische Psychologie [8]1998

FORGAS, Joseph P.: Soziale Interaktion und Kommunikation. Weinheim: PsychologieVerlagsUnion 1992

*FURMAN, Ben / AHOLA, Tapani: Die Kunst, Nackten in die Tasche zu greifen. Systemische Therapie: Vom Problem zur Lösung. Dortmund: borgmann 1996

GIBRAN, Khalil: Über das Leben. München: Mosaik 1998

GLASERSFELD, Ernst von: Einführung in den radikalen Konstruktivismus. In: P. Watzlawick (Hrsg.): Die erfundene Wirklichkeit. München: Piper 1981

GORDON, Thomas: Familienkonferenz. Copyright © 1978 by Hoffmann und Campe Verlag, Hamburg

*GORDON, Thomas: Die Neue Familienkonferenz. München: Heyne (TB 19) 1989

GORDON, Thomas: Managerkonferenz. München: Heyne (TB 28) 1991

*HAGEDORN, Ortrud: Konfliktlotsen. Stuttgart: Ernst Klett Grundschulverlag 1994

HANDY, Charles: Im Bauch der Organisation. Frankfurt: Campus 1993

ILLICH, Ivan: Entschulung der Gesellschaft. München: Beck ^{4}1995

*JONAS, David / DANIELS, Anja: Was Alltagsgespräche verraten. Wien: Hannibal 1987

KAST, Verena: Der schöpferische Sprung. Freiburg i. B.: Walter ^{2}1987

KERNER, Charlotte: Das Fräulein ging den Bach hinab. In: GEOWissen: Kommunikation 2/1989

LOBENTANZER, Hans: Deutsch muss nicht schwer sein. München: dtv (TB 10548) 1986 © H. Lobentanzer

MAGER, Robert F.: Lernziele und Unterricht. Weinheim: Beltz 1973

MARMET, Otto: Ich und du und so weiter. München-Weinheim: PsychologieVerlagsUnion ^{2}1988

MATURANA, Humberto R. / VARELA, Francisco J.: Der Baum der Erkenntnis. Bern: Goldmann (TB 11460) 1987

MEVES, Christa: Kleines ABC für Seelenhelfer. Freiburg: Herder (TB 810) 1980

MILOWIZ Walter: Teufelskreis und Lebensweg – Systemisches Denken in der Sozialarbeit. Wien-New York: Springer 1998

MITSCHKA, Ruth: Die Pubertät gemeinsam bewältigen. Wien: ÖBV ^{4}1998

*MITSCHKA, Ruth: Die Klasse als Team. Soziales Lernen in der Sekundarstufe. Linz: Veritas ^{2}1999

*MOELLER, Michael Lukas: Die Wahrheit beginnt zu zweit. Reinbek bei Hamburg: Rowohlt 1988

MOHL, Alexa: Metaphern-Lernbuch. Geschichten und Anleitungen aus der Zauberwerkstatt. Paderborn: Junfermann 1997

MOLCHO, Samy: Körpersprache im Beruf. © Samy Molcho

*MOLNAR, Alex / LINDQUIST, Barbara: Verhaltensprobleme in der Schule. Dortmund: borgmann 1990

OAKLANDER, Violet: Gestalttherapie mit Kindern und Jugendlichen. Stuttgart: Klett ^{2}1984

*PAMLOWSKI, Wilfried: Der Anstoß des Steines. Dortmund: borgmann 1995

PESESCHKIAN, Nossrat: Auf der Suche nach Sinn. Frankfurt/Main: Fischer 1983

*PFEIFER-SCHAUPP, Hans-Ulrich: Jenseits der Familientherapie. Freiburg: Lambertus 1997

PÖRKSEN, Uwe: Plastikwörter. Die Sprache einer internationalen Diktatur. Stuttgart: Klett-Cotta ^{2}1988

ROGERS, Carl: Therapeut und Klient. München: Kindler 1977

ROSENBERG, Marshall: Das Giraffen-Klassenzimmer. Berlin: Skriptum der Basis für Gewaltfreie Kommunikation Berlin 1997

*SATIR, Virginia: Selbstwert und Kommunikation. Familientherapie für Berater und zur Selbsthilfe. Aus dem Amerikanischen von Maria Bosch und Elke Wisshak. © 1972 by Science and Behavior Books, Inc. Pfeiffer bei Klett-Cotta (Reihe Leben lernen Nr. 18) Stuttgart 1975

SCHMIDBAUER, Wolfgang: „Du verstehst mich nicht!" Die Semantik der Geschlechter. Reinbek bei Hamburg: Rowohlt 1991

SCHMIDBAUER, Wolfgang: Die Angst vor Nähe. Reinbek bei Hamburg: Rowohlt 1985

*SCHNEIDER, Wolf: Deutsch für Profis. Hamburg: Goldmann (TB 11536) 1984

*SCHOTT, Barbara / BIRKER, Klaus: Kompetent verhandeln. Reinbek bei Hamburg: Rowohlt (rororo Sachbuch 9773) 1995

*SCHULZ v. THUN, Friedemann: Miteinander reden 1. Reinbek bei Hamburg: Rowohlt (rororo Sachbuch 7489) 1981. © 1981 by Rowohlt Taschenbuch Verlag GmbH, Reinbek

*SCHULZ v. THUN, Friedemann: Miteinander reden 2. Reinbek bei Hamburg: Rowohlt (rororo Sachbuch 18496) 1989

*SCHULZ v. THUN, Friedemann: Miteinander reden 3. Reinbek bei Hamburg: Rowohlt (rororo Sachbuch 60545) 1998

SIMON, Fritz B.: Die Kunst, nicht zu lernen. Donauwörth: Auer 1998

SPRENGER, Reinhard: Das Prinzip Selbstverantwortung. Frankfurt: Campus ²1995

*STAHL, Thies: Triffst du 'nen Frosch unterwegs. Paderborn: Junfermann 1988

TANNEN, Deborah: Du kannst mich einfach nicht verstehen. Hamburg: Kabel 1990

TANNEN, Deborah, In: Psychologie heute, Februar 1995

*THOMANN, Christoph / SCHULTZ v. THUN, Friedemann: Klärungshilfe. Reinbek bei Hamburg: Rowohlt (rororo Sachbuch 8406) 1988

*TOMM, Karl: Das systemische Interview als Intervention. In: System Familie 2/1989. Wien-New York: Springer.

*WALTER, John L. / PELLER, Jane: Lösungsorientierte Kurztherapie. Dortmund: verlag modernes lernen 1996

WATZLAWICK, Paul: Anleitung zum Unglücklichsein. © Piper Verlag GmbH, München 1983

WATZLAWICK, Paul: Die Unsicherheit unserer Wirklichkeit. München: Piper (TB 742) ⁶1998

*WEBER, Wilfried: Wege zum helfenden Gespräch. München/Basel: Ernst Reinhardt Verlag ¹¹1996

*WEISBACH, Christian-Rainer: Professionelle Gesprächsführung. München: Verlag C. H. Beck. dtv (TB 5845) ⁴1999

*WEISS, Thomas: Familientherapie ohne Familie. München: Kösel 1988

YALOM, Irvin: Der Panama-Hut oder Was einen guten Therapeuten ausmacht. München: btb 2002 (btb 72848)

Weitere zitierte Literatur

ENDE, Michael: Momo oder Die seltsame Geschichte von den Zeit-Dieben und von dem Kind, das den Menschen die gestohlene Zeit zurückbrachte. Ein Märchen – Roman. Stuttgart: Thienemann 1973

GOETHE, Johann Wolfgang von: Gesammelte Werke in acht Bänden. Band 1. Gütersloh: Bertelsmann

GRILLPARZER, Franz: Der Traum ein Leben. Sämtliche Werke in sechzehn Bänden. Berlin – Leipzig 1909

HOEG, Peter: Der Plan von der Abschaffung des Dunkels. Reinbek bei Hamburg: Rowohlt (rororo TB 13790) 1998

SHAW, Bernard: Pygmalion. Aus: Gesammelte Stücke, Band 10. Ü: Harald Mueller. © Suhrkamp Verlag Frankfurt am Main 1970